全国高等职业教育机电类“十二五”规划教材

机械制图 AutoCAD 项目实践教程

主　编　杨玉霞　赵　军
副主编　苑成友　赵永彪
主　审　殷国富

黄 河 水 利 出 版 社
·郑州·

内容提要

本书是全国高等职业教育机电类“十二五”规划教材，是根据“以项目为导向、以任务为驱动”的项目化教学思路编写的。全书共分6章，主要内容包括AutoCAD 2008总体介绍、二维图形绘制、实体造型、视图的绘制、正等轴测图的绘制及零件图的绘制等。在重点章节后有小结，总结了AutoCAD 2008常用的快捷方法及注意事项。

本书可作为高等职业院校相关专业的教学用书，亦适合作为AutoCAD 2008培训教材或AutoCAD 2008初学者的自学参考书。

图书在版编目(CIP)数据

机械制图AutoCAD项目实践教程/杨玉霞，赵军主编. 郑州：黄河水利出版社，2011.9

全国高等职业教育机电类“十二五”规划教材

ISBN 978-7-5509-0050-9

Ⅰ.①机… Ⅱ.①杨… ②赵… Ⅲ.①机械制图：计算机制图-AutoCAD软件-高等职业教育-教材 Ⅳ.①TH126

中国版本图书馆CIP数据核字(2011)第187809号

策划编辑：王文科　电话：0371-66028027　E-mail：wwk5257@163.com

出 版 社：黄河水利出版社

地址：河南省郑州市顺河路黄委会综合楼14层　邮政编码：450003

发行单位：黄河水利出版社

发行部电话：0371-66026940、66020550、66028024、66022620(传真)

E-mail：hhslcbs@126.com

承印单位：黄河水利委员会印刷厂

开本：787 mm×1 092 mm　1/16

印张：9.25

字数：225千字　　印数：1—4 000

版次：2011年9月第1版　　印次：2011年9月第1次印刷

定价：24.00元

前　言

AutoCAD(Auto Computer Aided Design)是美国 Autodesk 公司首次于1982 年开发的计算机辅助设计软件,用于二维绘图、详细绘制、设计文档和基本三维设计。现已经成为国际上广为流行的绘图工具,尤其是在二维绘图方面,有其明显的优势,. dwg 文件格式成为二维绘图的标准文件格式。AutoCAD 软件具有完善的图形绘制功能、强大的图形编辑功能,可以采用多种方式进行二次开发或用户定制,可以进行多种图形格式的转换,具有较强的数据交换能力,并具有通用性、易用性等特点。AutoCAD 已成为二维工程图绘图的通用平台。AutoCAD系统是全国制图员职业资格考试的指定软件之一。

本教材的主要内容包括 AutoCAD 2008 总体介绍、二维图形绘制、实体造型、视图的绘制、正等轴测图的绘制、零件图的绘制等。

本教材根据“以项目为导向、以任务为驱动”的项目化教学思路编写。教材中所选的图例经典,所介绍的绘图方法简便,每个实例均给出了详细的绘图步骤,内容由易到难,循序渐进。本教材在一个个任务的驱动下从 AutoCAD 2008 的简单操作过渡到机械零件的零件图的绘制。通过对本教材的学习,学生应熟悉 AutoCAD 2008 环境下的绘图技巧,掌握用 AutoCAD 2008 绘图时的简便方法,提高绘图速度,基本适应工程技术工作的要求,为今后的课程设计、毕业设计和就业工作打下坚实的基础。

本教材由济源职业技术学院杨玉霞、赵军任主编,苑成友、赵永彪任副主编。其中第一、三、五章由杨玉霞编写,第二章由赵军编写,第四章由苑成友编写,第六章、附录由赵永彪编写。全书由杨玉霞统稿,由殷国富任主审。本教材的编写工作得到了商冬青、高清冉、王德春、姚亚平、苗雅丽等各位同仁的帮助与指导,在此一并表示感谢!

由于编者水平有限,教材中难免有欠妥和错误之处,恳请读者批评指正。

编　者

2011 年 6 月

目 录

第一章　AutoCAD 2008 总体介绍

AutoCAD 是美国 Autodesk 公司开发的通用计算机软件，CAD 英文全称为 Computer Aided Design，是当今设计领域应用最广泛的绘图工具之一，尤其是在二维图形绘制方面应用更为广泛。AutoCAD 自 1982 年诞生以来，经过不断的改进和完善，经历了十多次的版本升级，使其性能和功能都有较大的增强，同时保证了低版本的完全兼容。

第一节　AutoCAD 2008 启动

AutoCAD 2008 软件的启动方法，最常用的有两种，一种是从菜单中启动，另一种是用快捷方式启动。

一、启动方法一

AutoCAD 2008 启动方法一，如图 1-1 所示。

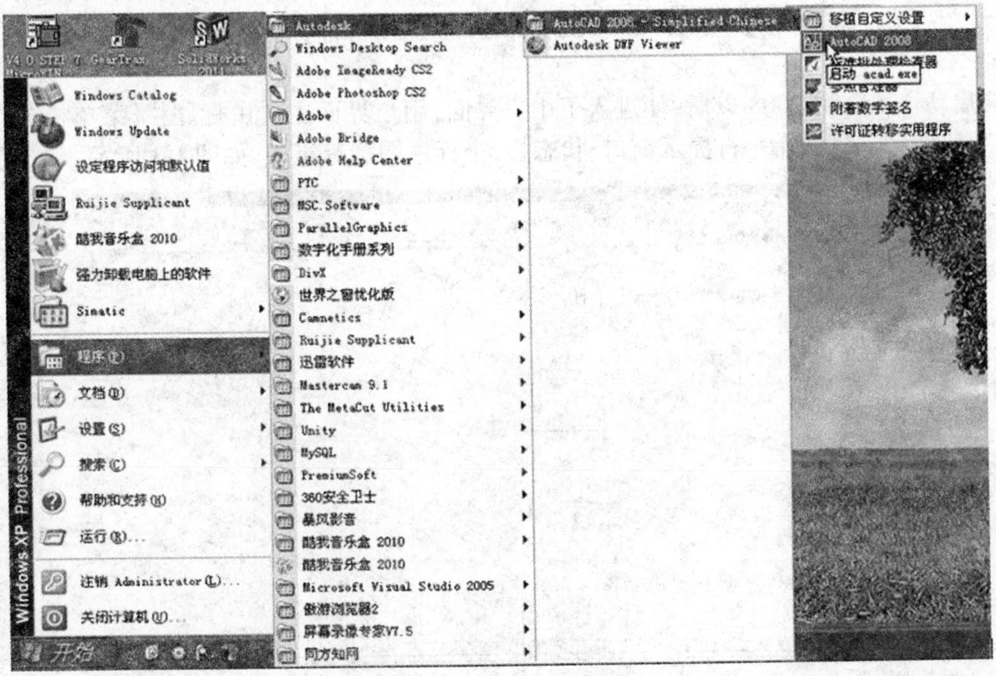

图 1-1　AutoCAD 2008 启动方法一

二、启动方法二

AutoCAD 2008 启动方法二，是直接双击桌面上的快捷方式，如图 1-2 所示。

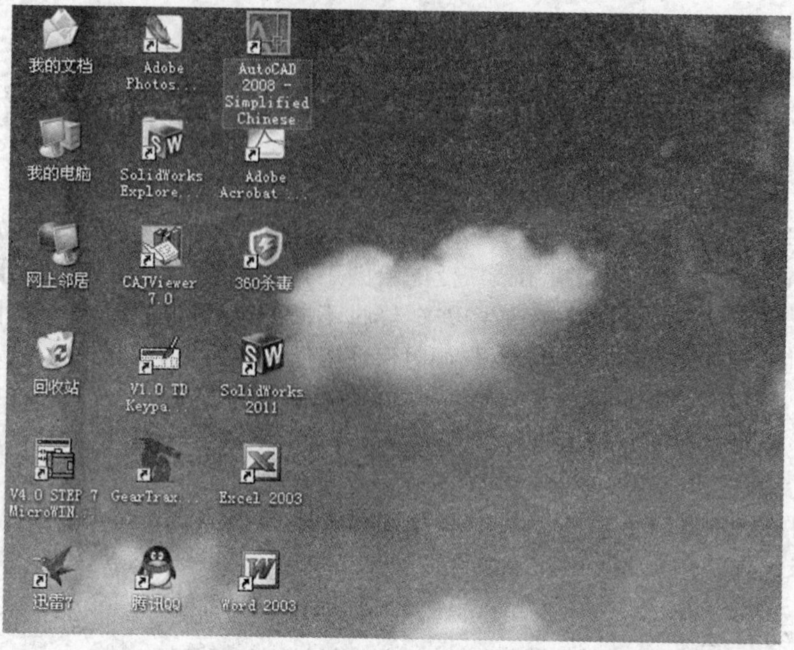

图 1-2　AutoCAD 2008 启动方法二

第二节　AutoCAD 2008 用户界面

启动 AutoCAD 2008 以后，便进入了用户界面，用户界面主要由标题栏、菜单栏、各种工具栏、绘图区、光标、命令行提示窗口、状态栏、坐标系图标等组成，如图 1-3 所示。

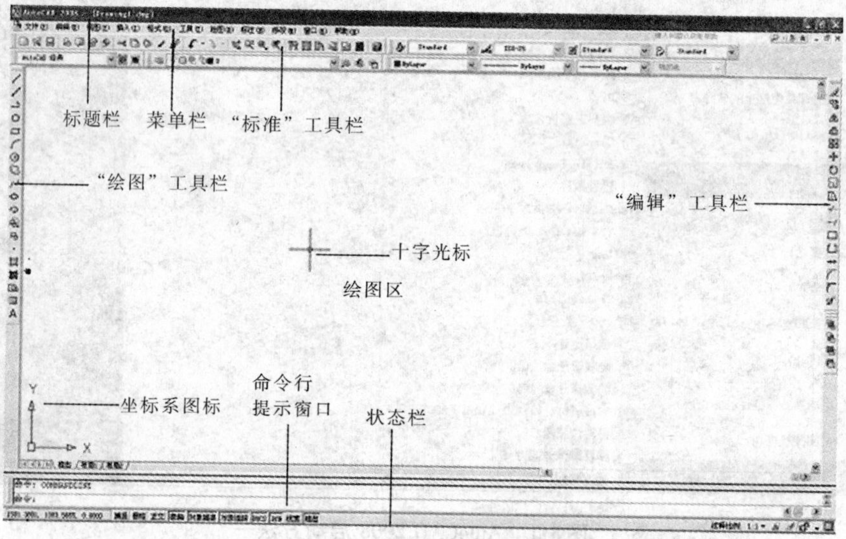

图 1-3　AutoCAD 2008 用户界面

一、标题栏

AutoCAD 2008 标题栏位于用户界面的最上面，用于显示 AutoCAD 2008 的程序图标、当前的文件名及文件路径。

二、菜单栏

菜单栏是 AutoCAD 2008 的主要菜单，集成了 AutoCAD 2008 各种工具和系统的环境设置及帮助功能。

三、"绘图"工具栏

"绘图"工具栏提供了调用 AutoCAD 2008 命令的各种快捷方式，它包含了许多绘图命令图标，把光标放在某一命令图标的上方，可显示相应命令的名称。单击某个命令图标，AutoCAD 2008就会执行相应的绘图命令。所谓绘图命令，就是用户为使鼠标执行绘图动作发出的一个指示。例如，想绘制一直线，可在"绘图"工具栏单击直线命令图标 ╱，命令行会提示"指定第一点"，如图 1-4 所示。

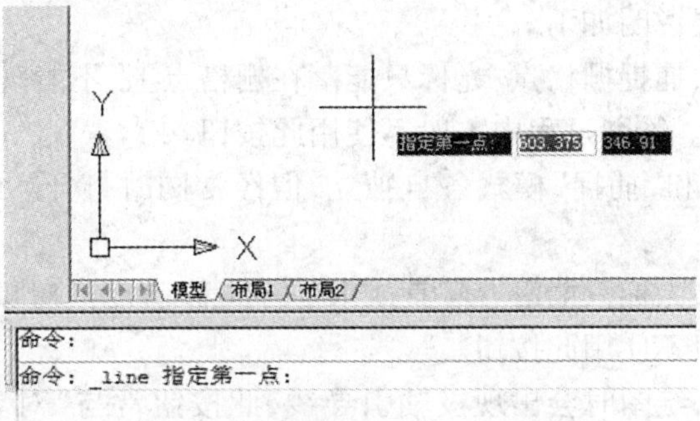

图 1-4　指定直线的第一个端点

在绘图区任意位置单击一点，移动光标，命令行提示"指定下一点或［放弃(U)］"，如图 1-5所示。

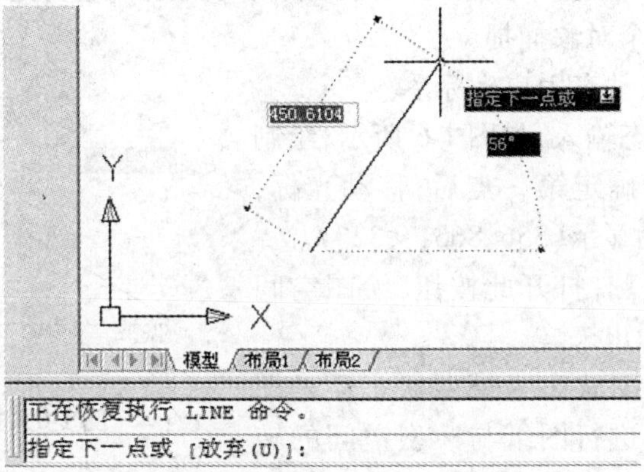

图 1-5　指定直线的另一个端点

再在绘图区单击一点，单击空格键确定，绘图命令完成，在绘图区绘制了一条直线。

四、"编辑"工具栏

"编辑"工具栏集成了许多编辑命令，可方便地对绘图窗口中所绘的图形进行编辑。例如，选中绘图区中的对象，单击删除命令图标，可把选中的对象删除；选中绘图区中的对象，单击复制命令图标，可把选中的对象进行复制。

五、命令行提示窗口

用户输入的命令、AutoCAD 2008 提示信息都将在命令行提示窗口显示，该窗口是用户与AutoCAD 2008进行命令交互的窗口。所谓交互，就是用户输入命令，告诉系统想要执行的动作；系统给出提示信息，提示用户需要进行的操作。按 F2 可打开命令窗口，再次按 F2 可关闭此命令窗口。

六、状态栏

状态栏用于反映和改变当前的绘图状态，包括当前光标的坐标、正交开关状态、极坐标状态、自动捕捉状态、线宽显示状态以及当前的绘图空间状态等。按钮沉下为“开”的状态，否则为“关”的状态。

各按钮的意义简要说明如下。

捕捉：打开此按钮，捕捉栅格点，光标只能落在栅格点上，不能落在任意位置。打开此按钮，光标有跳跃的感觉。绘图过程中一般不使用此按钮。

栅格：“栅格”模式和“捕捉”模式各自独立，但经常同时打开。绘图过程中一般不使用此按钮。

正交：打开此按钮，光标只能沿着竖直或水平方向移动，由“对象追踪”功能进一步发展而来。绘图过程中一般不使用此按钮。

极轴：打开此按钮，绘图时会出现极轴引导线，此按钮常与“对象追踪”按钮一起使用，可提高绘图效率。它与“正交”按钮同一时间只能打开一个。

对象捕捉：捕捉绘图窗口中对象的特殊点，如端点、中点、交点、象限点等。

对象追踪：光标可以沿基于其他对象捕捉点的对齐路径进行追踪。要使用对象捕捉追踪，必须打开一个或多个对象捕捉。

DUCS：允许或禁止动态用户坐标系。

DYN：是否显示动态输入，如图 1-6 所示，绘制直线时，打开此按钮在确定第一点后，移动光标，光标的相对坐标值自动显示（356.8661 < 32°）。

线宽：显示线宽，只有打开此按钮，绘图空间中的线宽区别才能显示出来。

模型：显示当前绘图状态为模型状态还是图纸状态，单击此按钮可进行图纸与模型空间的转换。一般都是在模型状态下绘图。

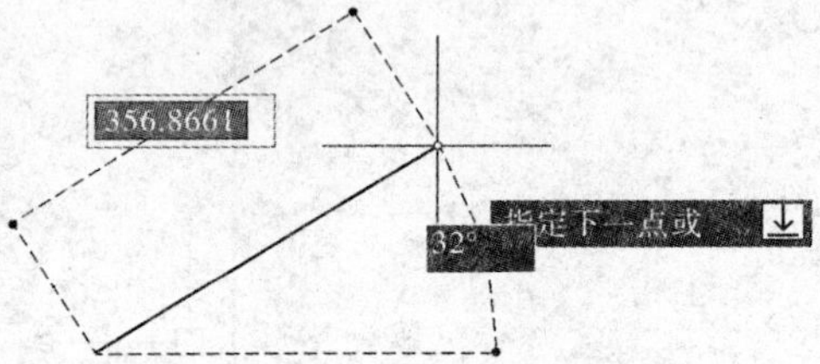

图 1-6　显示动态输入点

七、绘图区

绘图区是用户绘制图形的区域，在该区域可绘制自己想要的图形。左下角是表示坐标系的图标，它表示绘图区的方位。“X”、“Y”分别指示 X 轴和 Y 轴的正方向。

当移动鼠标时，绘图区域的十字光标会跟着移动，与此同时窗口底部的状态栏将显示出光标点的坐标读数，此处坐标形式是直角坐标（X 坐标，Y 坐标）。而在绘图时，绘图窗口还会显示光标的极坐标（距离 < 角度）。

八、打开、移动工具栏

(一)打开工具栏

在"标准"工具栏上单击右键,弹出光标菜单,前面有对号的表示此工具栏已打开,单击工具栏名称可关闭相应的工具栏;前面没对号的表示此工具栏没打开,单击工具栏名称,可打开相应的工具栏。例如,在当前窗口没有"对象捕捉"工具栏,把光标移至"标准"工具栏上,单击右键,如图1-7所示。

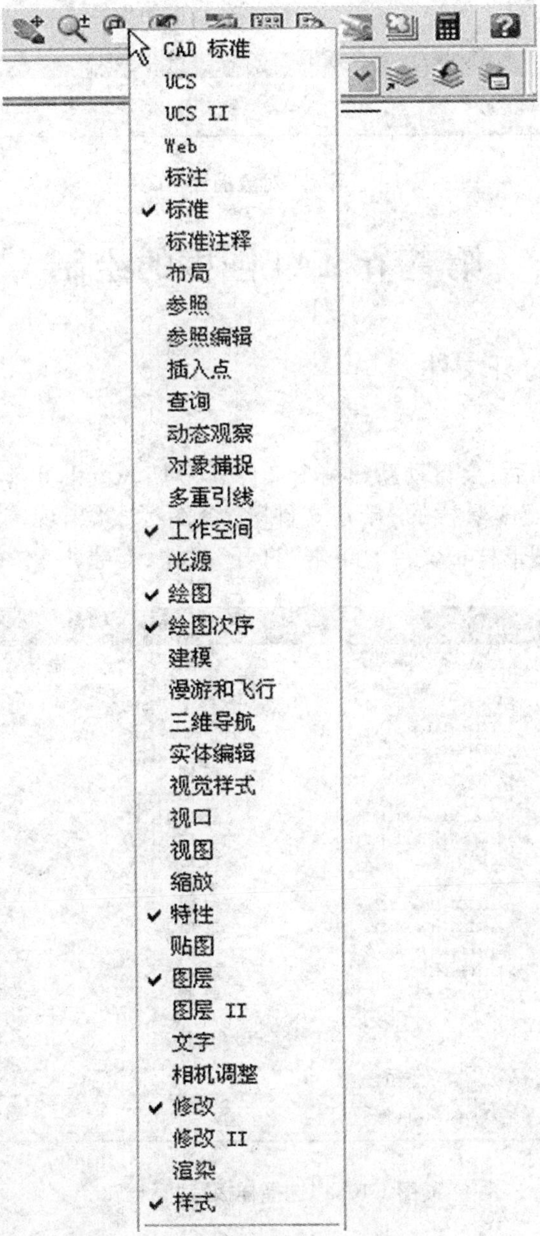

图1-7　打开工具栏

再单击“对象捕捉”选项,可调出“对象捕捉”工具栏,如图 1-8 所示。

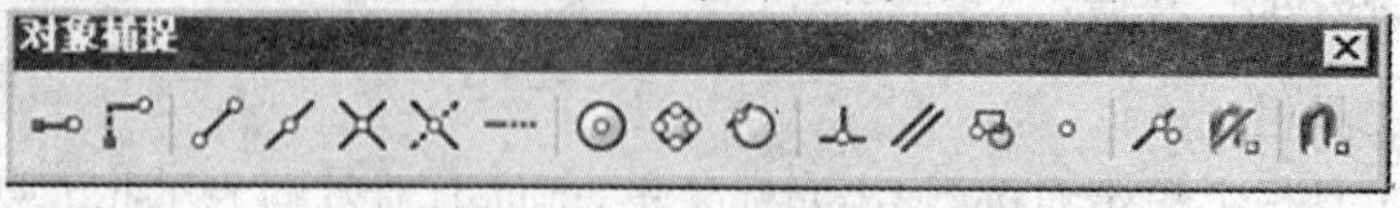

图 1-8　打开“对象捕捉”工具栏

(二)移动工具栏

移动光标到工具栏上,如图 1-9 所示。按鼠标左键,可拖动相应工具栏,放到想要放的地方。

图 1-9　移动“对象捕捉”工具栏

第三节　A4 图框的绘制

一、新建、保存、打开文件

(一)新建文件

AutoCAD 2008 启动后,会自动新建一个文件名为 Drawing1. dwg 文件。在绘图过程中如需新建文件,单击“标准”工具栏的“新建文件”命令图标□,出现“选择样板”对话框,选择如图 1-10 所示的二维图形样板文件。单击“打开”按钮,新建一个文件。

图 1-10　“选择样板”对话框

(二)保存文件

在绘图过程中,文件没有及时保存,当意外情况(如停电)出现时,所绘的图会全部丢失，因此要注意保存。单击“标准”工具栏上的保存图标就可保存文件。若要保存的文件是第一次保存，会弹出“图形另存为”对话框，如图 1-11 所示。此时我们可以单击“我的文档”的下拉菜单，找到想要把文件保存的位置，同时可以把“文件名”中的“Drawing3. dwg”改为想要的文件名，如 A4 图框等。若文件不是第一次保存，则不会出现“图形另存为”对话框，但所绘的图形会默认保存到第一次保存时所设置的位置。

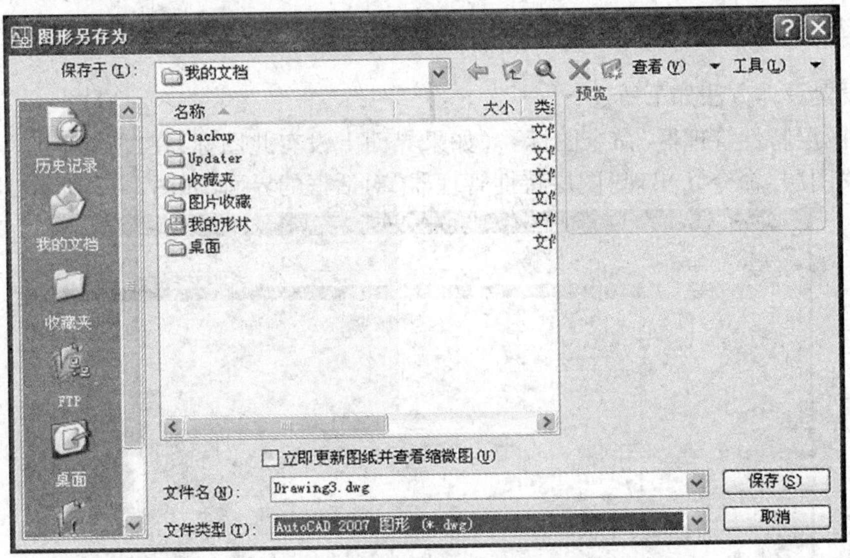

图 1-11 “图形另存为”对话框

单击“标准”工具栏“文件”下拉菜单的“另存为”命令，可把文件换一个存放位置，也可把文件以另外一个文件名存在同一个位置。

(三)打开文件

在硬盘上看到图标，可以双击左键，把它打开，也可以单击右键，再选择“打开”命令。在 AutoCAD 2008 中打开文件，可单击“标准”工具栏的打开文件图标，然后选择要打开的文件就可把文件打开。

二、设置图层、线型及颜色

AutoCAD 2008 图层是透明的电子图纸，用户把各种类型的图形元素画在这些电子图纸上，AutoCAD 2008 将它们叠加在一起显示出来。

用 AutoCAD 2008 绘图时，图形元素是处于某个图层上的，缺省情况下，当前层是 0 层，若没有切换到其他图层，则所画图形在 0 层上。每个图层都有其相关联的颜色、线型、线宽等属性信息，用户可以对这些属性进行重新设定或修改。当在某一图层上作图时，生成的图形元素的颜色、线型、线宽就与当前图层的设置完全相同。对象的颜色将有助于辨别图样中相似实体，而线型、线宽等属性表示不同类型的图形元素。如果图层划分合理且命名正确，那么图形信息会更清晰、有序，也会给以后的修改、观察及打印带来很大的便利。

绘制机械图样时，常根据图形元素的性质划分图层，一般创建如表 1-1 所示图层。

表 1-1　图层设置一览表

图层名称	颜色	线型	线宽
粗实线	默认	Continuous	0.50 毫米
细实线	绿色	Continuous	默认
中心线	红色	Center	默认
虚线	黄色	ACAD_ISO02W100	默认
尺寸标注	蓝色	Continuous	默认

图层设置具体方法如下所述：

单击“图层特性管理器”命令图标（如果界面上没有此图标，在“标准”工具栏上单击右键，单击“图层”命令），出现“图层特性管理器”对话框的界面，如图 1-12 所示。

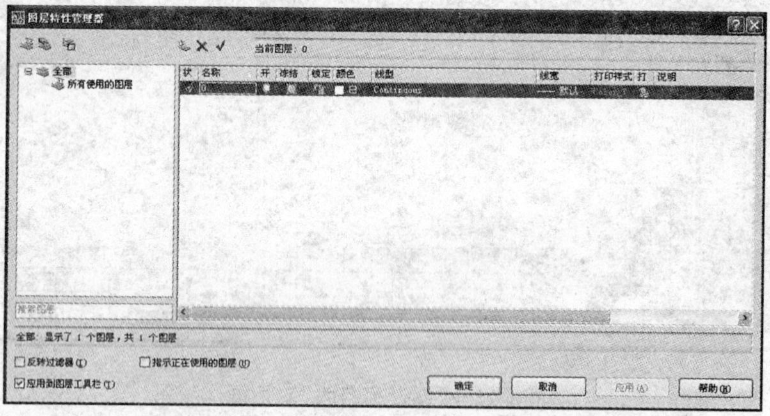

图 1-12　“图层特性管理器”对话框

：此图标用来新建图层。新建图层后，用户可以对其重命名，如图 1-13 所示为新建的粗实线层。

图 1-13　新建的粗实线层

单击图层对应的颜色图标，可对图层颜色进行设置或更改；单击图层对应的线宽图标，可对图层线宽进行设置或更改；单击图层对应的线型图标，可对图层线型进行设置或更改，若没有需要的线型可点击“加载”按钮，对线型进行加载。

✕：单击此按钮删除选中的图层。

✓：单击此按钮将选中的图层设置为当前图层。

由于 A4 图框中没有过多的线型，只建立粗实线层、细实线层与中心线层三个图层，如图 1-14 所示。单击“确定”按钮，图层设置完成。

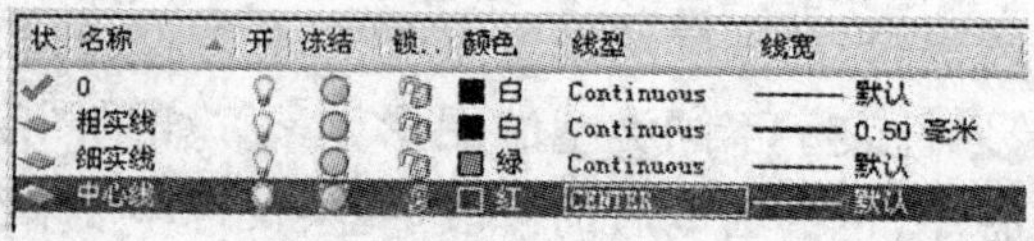

图 1-14　A4 图框的图层设置

三、绘制图框及标题栏

绘制图框及标题栏的具体步骤如下所述：

(1)在“图层”工具栏的下拉列表中选择细实线层，此图层就被置为当前层，如图1-15所示。

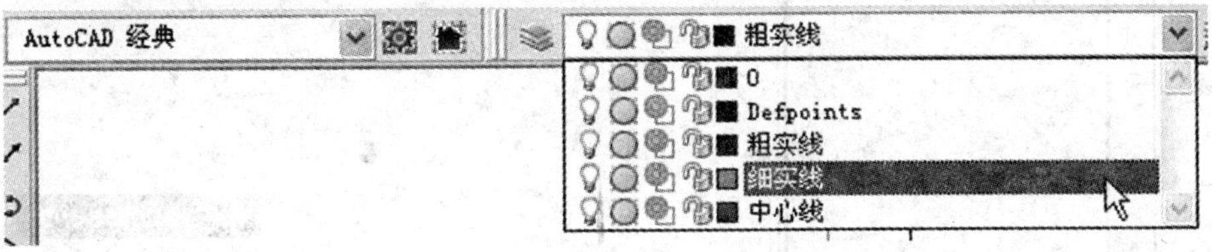

图 1-15　细实线层被置为当前图层

(2)单击“绘图”工具栏上“矩形”命令图标(绘制图幅边框)。

命令行提示：

指定第一个角点或[倒角(C)/标高(E)/圆角(F)/厚度(T)/宽度(W)]：（在屏幕上单击一点）

指定另一个角点或[面积(A)/尺寸(D)/旋转(R)]:@210,297　(输入“210,297”，即输入矩形的长和宽，按回车键，确定，命令行会自动加上“@”，表示相对坐标)

在命令行输入“z”，按空格键，再输入“e”，按空格键，可使绘图区域中所有的图充满窗口显示。

(3)采用如图1-15所示的方法，把粗实线层置为当前图层。

(4)单击“绘图”工具栏上的“矩形”命令图标(绘制图框)。把鼠标放在“标准”工具栏上右击，单击“对象捕捉”命令，调出“对象捕捉”工具栏，如图1-8所示。

命令行提示：

指定第一个角点或[倒角(C)/标高(E)/圆角(F)/厚度(T)/宽度(W)]：（单击“捕捉”工具栏上“捕捉自”按钮）

_from 基点：（单击上面所绘矩形的左上角一点）

<偏移>:@25，-5　(输入“25，-5”，回车确定。图框左上角相对于图幅左上角的坐标)

指定另一个角点或[面积(A)/尺寸(D)/旋转(R)]:@180，-287　(输入“180，-287”，回车确定。图框右下角相对于图框左上角的坐标)

图幅与图框绘制完成，如图1-16所示。

(5)单击“绘图”工具栏上的“直线”命令图标，开启对象捕捉、极轴、对象追踪按钮(在状态栏上，单击此按钮，下沉为开启状态)，当光标捕捉到图1-17中的点1时，即点1处有方框出现时，竖直向上移动光标进行追踪，在此状态下输入距离32，回车确定，就绘出了直线的一个端点。再水平向左移动光标进行追踪，如图1-18所示，输入距离140，回车确定。再竖直向下移动光标进行追踪，捕捉到交点，如图1-19所示，单击，在键盘上按空格键或回车键确定。

(6)采用如图1-15所示方法，切换到细实线图层(绘制标题栏分隔线)。

(7)右键单击状态栏中的“对象捕捉”按钮—单击“设置”，出现如图1-20所示“草图设置”对话框，单击“对象捕捉”按钮，把“中点”选上，单击“确定”按钮。

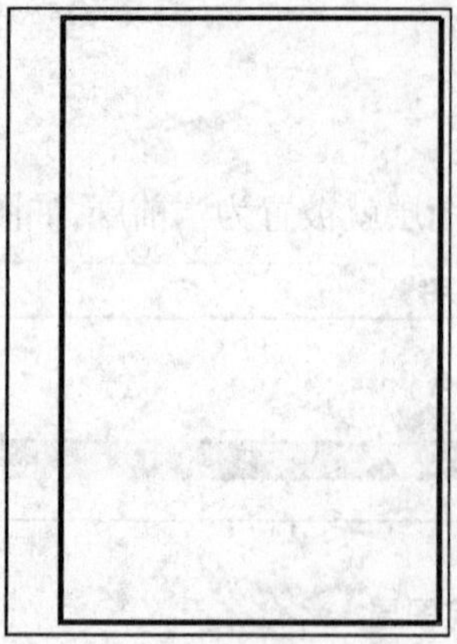

图 1-16　图幅与图框

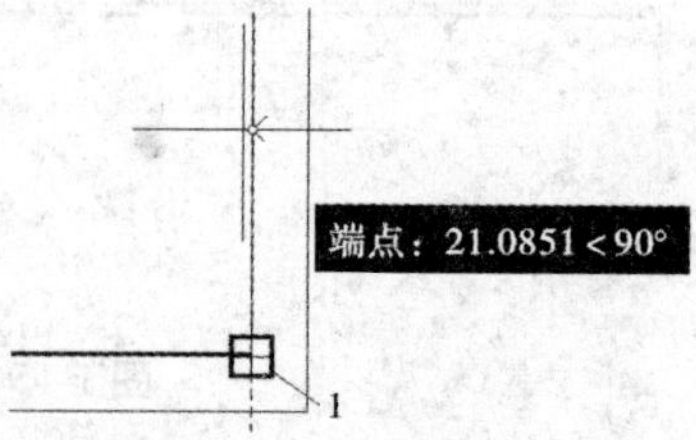

图 1-17　向上追踪

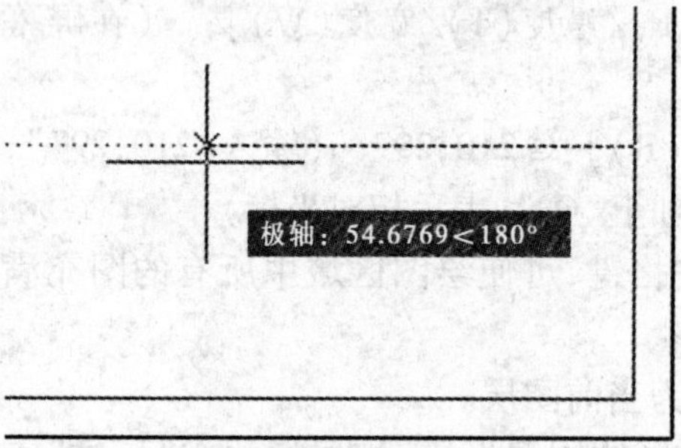

图 1-18　向左追踪

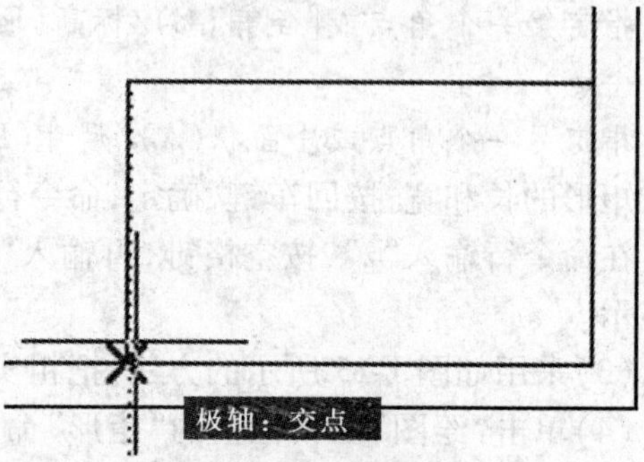

图 1-19　捕捉交点(一)

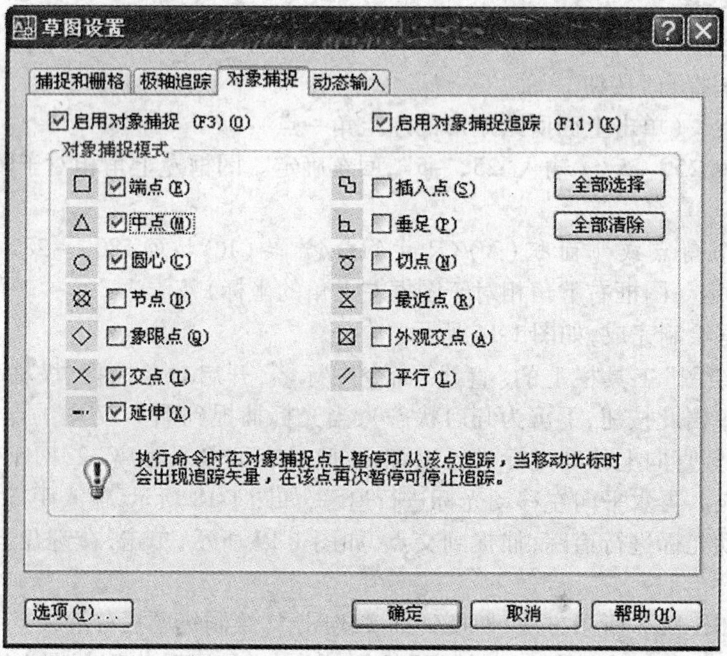

图 1-20　设置对象捕捉

(8)单击“绘图”工具栏上的直线命令图标，捕捉标题栏左边线段的中点作为直线的起点，单击，如图 1-21 所示。

(9)水平移动光标，进行追踪，直至捕捉到与图框的交点，如图 1-22 所示，单击，绘制出直线的另一端点，单击空格键确定。

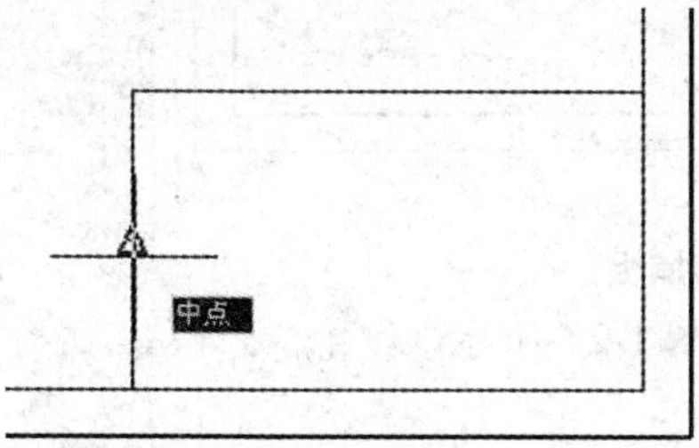

图 1-21　捕捉中点

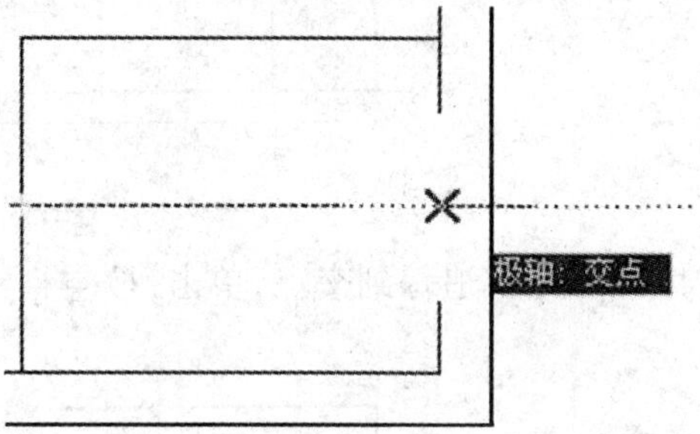

图 1-22　捕捉交点(二)

(10)单击“绘图”工具栏上的直线命令按钮，从标题栏左下角开始追踪，输入距离为 15，如图 1-23 所示；向上追踪到交点，如图 1-24 所示，单击，按空格键确定。

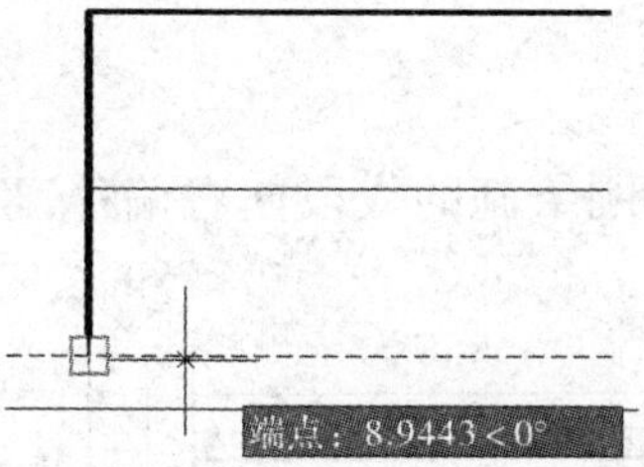

图 1-23　对象追踪(输入距离)

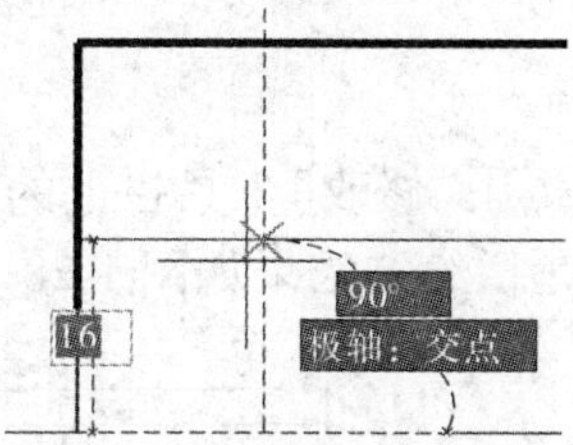

图 1-24　对象追踪(捕捉交点)

(11)单击“修改”工具栏上的偏移命令按钮(把绘制的直线向右偏移，作平行线)。

命令行提示：

指定偏移距离或［通过(T)/删除(E)/图层(L)］<通过>：(输入 25，即偏移距离，回车确定)

选择要偏移的对象，或［退出(E)/放弃(U)］<退出>：(选择图 1-24 中所绘直线)

指定要偏移的那一侧上的点，或［退出(E)/多个(M)/放弃(U)］<退出>：(单击直线右侧)

选择要偏移的对象，或［退出(E)/放弃(U)］<退出>：(按 Esc 键退出，完成偏移)

(12)采用同样的方法把新偏移出来的直线再向右偏移 20 后绘出一条新的直线，结果如图 1-25 所示。

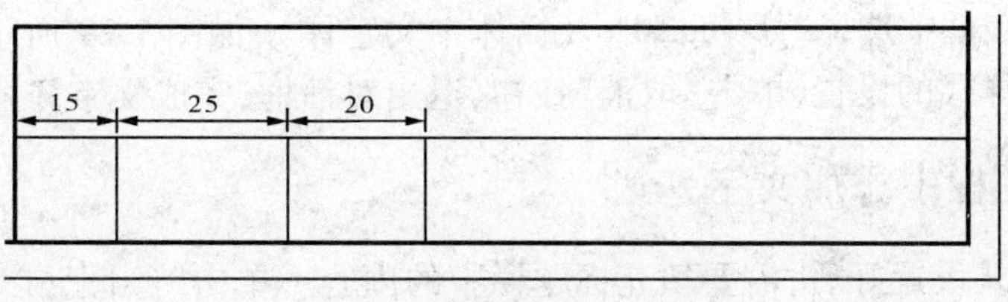

图 1-25　偏移复制后的直线

(13)单击“绘图”工具栏上的直线命令按钮,捕捉线段端点,单击,如图 1-26 所示。

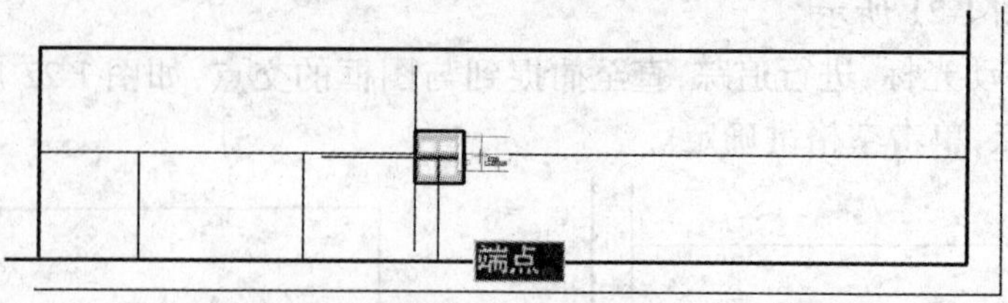

图 1-26　直线端点捕捉

(14)向上追踪到交点,单击,按空格键确定,如图 1-27 所示。

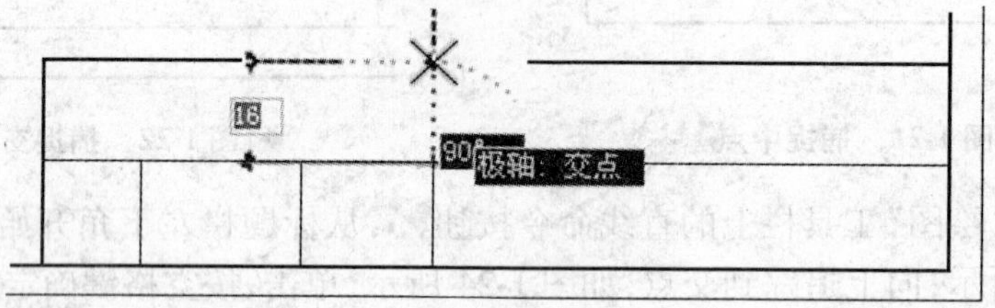

图 1-27　交点捕捉

(15)再用“修改”工具栏上的偏移命令按钮,把刚绘制的线段向右偏移,绘制出新的线段。标题栏绘制结果如图 1-28 所示。

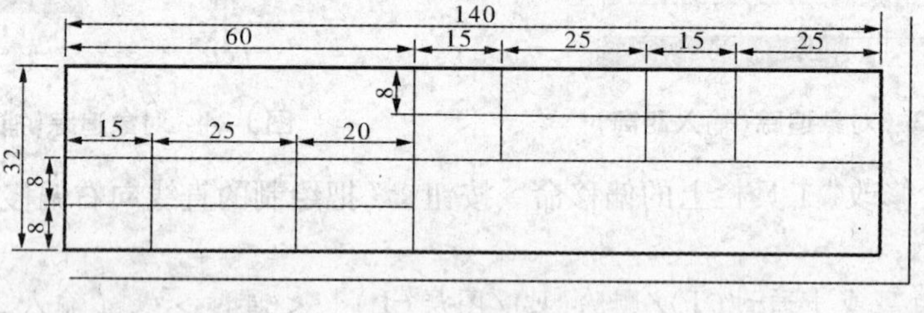

图 1-28　标题栏

四、设置文字样式

书写文字之前,需设置文字样式。需设置两种文字样式,分别用来书写汉字和数字。设置方法如下:

在“格式”菜单栏中选取“文字样式”菜单或单击“样式”工具栏中的按钮,弹出“文字样式”对话框,在“SHX 字体(X)”下拉列表框中选择“gbenor. shx”(国标工程字),在“大字体(B)”下拉列表框中选择“gbcbig. shx”(简体中文字体),如图 1-29 所示,单击“应用(A)”按钮,完成文字样式的设置,单击“取消”按钮,退出对话框,完成文字样式的设置。

五、向标题栏中添加文字

(1)文字样式设置好后,需要填充标题栏中的内容。单击“绘图”工具栏的“多行文字”图标,命令行提示指定第一个角点时,捕捉到如图 1-30 所示的端点,单击,将其作为第一

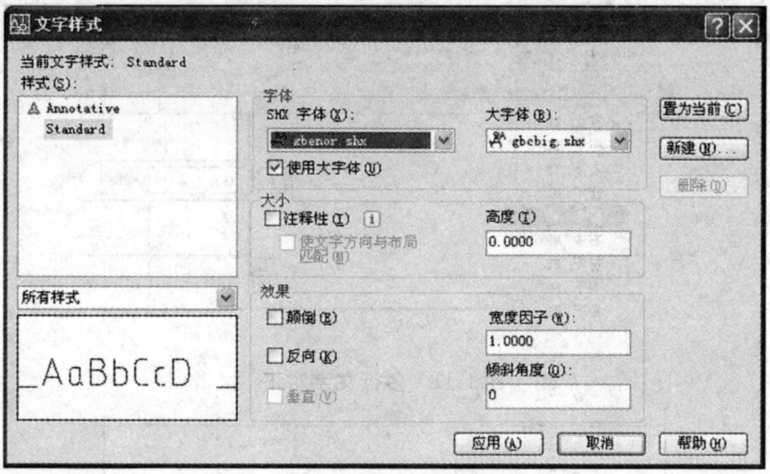

图 1-29 “文字样式”对话框

个角点。命令行提示指定对角点时，捕捉到如图 1-31 所示的中点，单击，将其作为对角点。

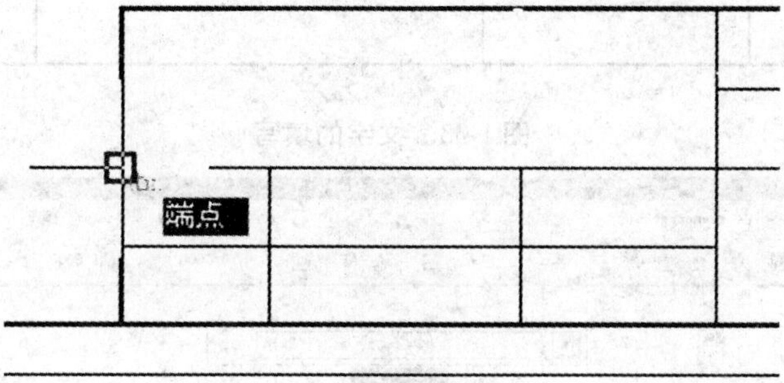

图 1-30 端点捕捉(一)

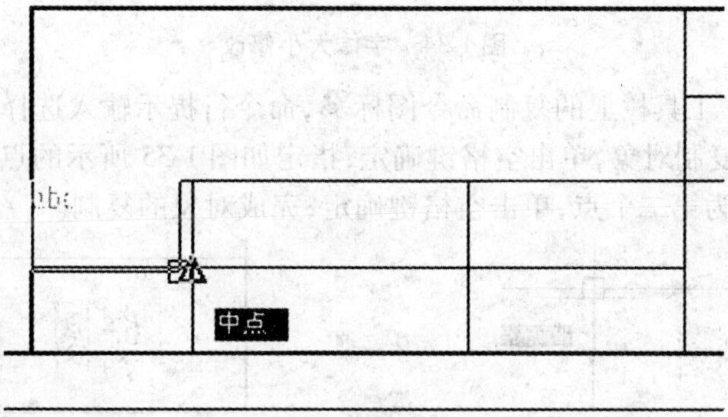

图 1-31 端点捕捉(二)

然后再选择“多行文字对正”为“正中”，如图 1-32 所示(填写的文字就刚好在图 1-31 和图 1-32 指定的两个角点所形成矩形的正中间)，看到光标移动至正中间，填写上文字后，单击“确定”按钮，完成文字的输入，如图 1-33 所示。

若此时发现字体大小不合适，可双击输入的文字，对它进行修改，如图 1-34 所示，选中所写的文字，改变字体大小为 3.5，单击“确定”按钮，完成文字大小的修改。

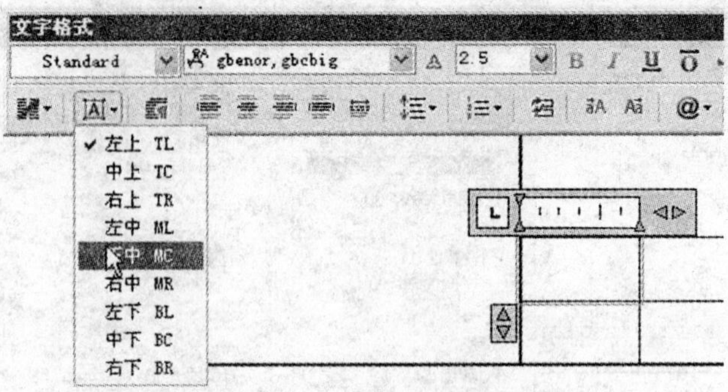

图 1-32　多行文字对正

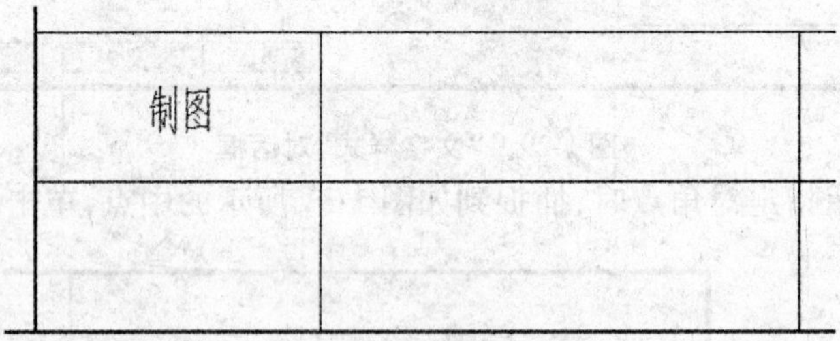

图 1-33　文字的填写

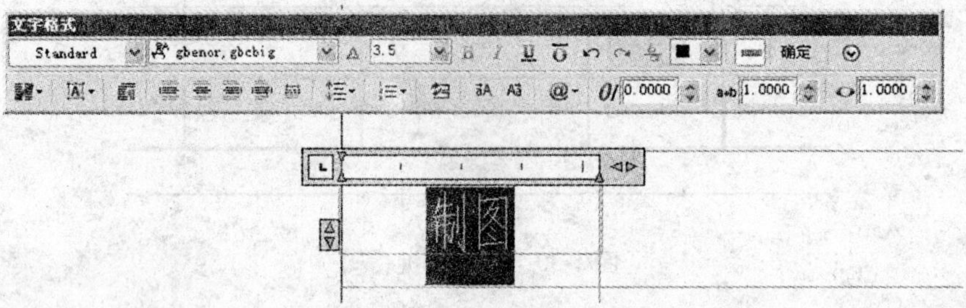

图 1-34　字体大小修改

(2)单击“修改”工具栏上的复制命令图标，命令行提示输入选择对象时，选择图 1-34 所示“制图”两字为复制对象，单击空格键确定，指定如图 1-35 所示的点为复制的基点，指定如图 1-36 所示的点为第二个点，单击空格键确定，完成对象的复制。

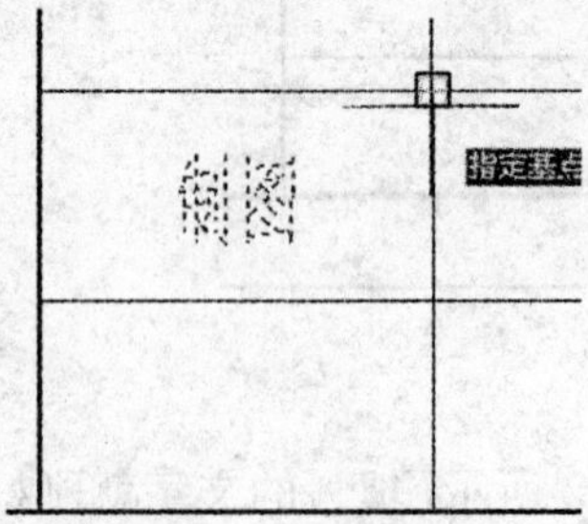

图 1-35　选取基点

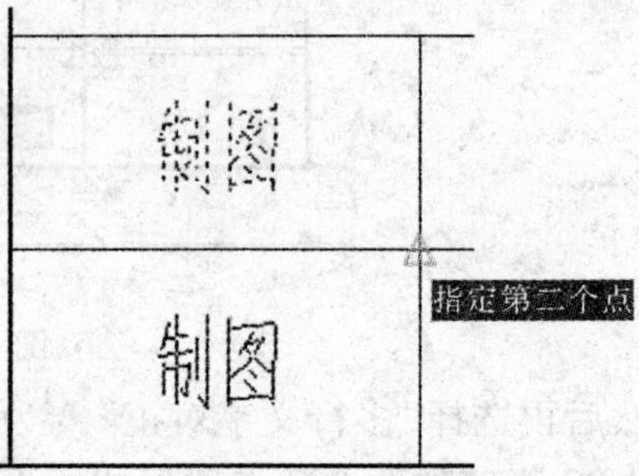

图 1-36　选取目标点

再双击刚复制的“制图”两字，把它改为“审核”（当然“审核”的填写也可以用“多行文字”命令，但这种方法速度较快）。采用同样的方法依次填上其他文字，完成标题栏内容的填充，完成 A4 图框的绘制，如图 1-37 所示。

图 1-37　A4 图框

六、建立标注样式

选择菜单“格式”—“标注样式”或“样式”工具栏上的标注样式命令图标，弹出“标注样式管理器”对话框，如图 1-38 所示。

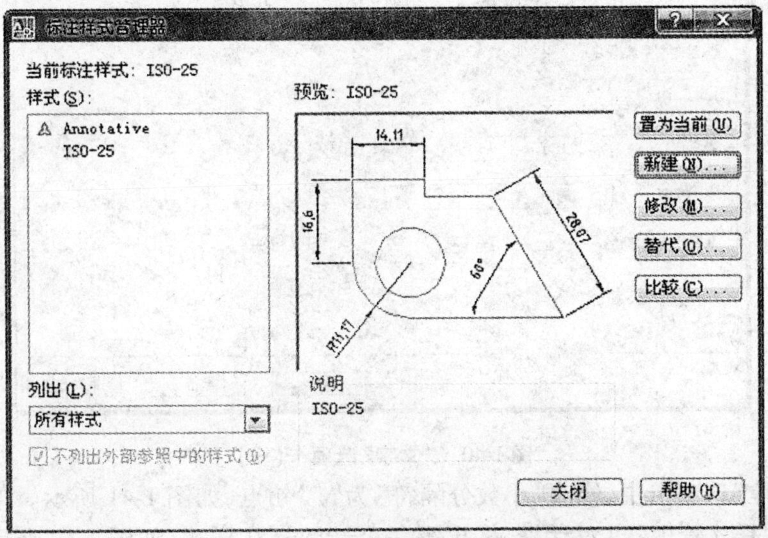

图 1-38　“标注样式管理器”对话框(一)

单击“新建”按钮，弹出“创建新标注样式”对话框，把“新样式名”改为“zhitu”，如图 1-39 所示。

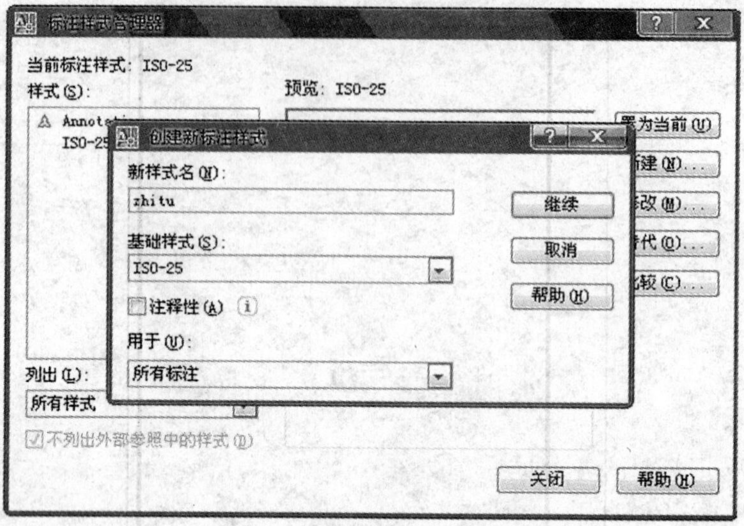

图 1-39 “创建新标注样式”对话框(一)

单击“继续”按钮，对所定义的标注样式进行定义，在“文字”选项卡中，将“文字对齐”方式修改为“ISO 标准”，如图 1-40 所示。

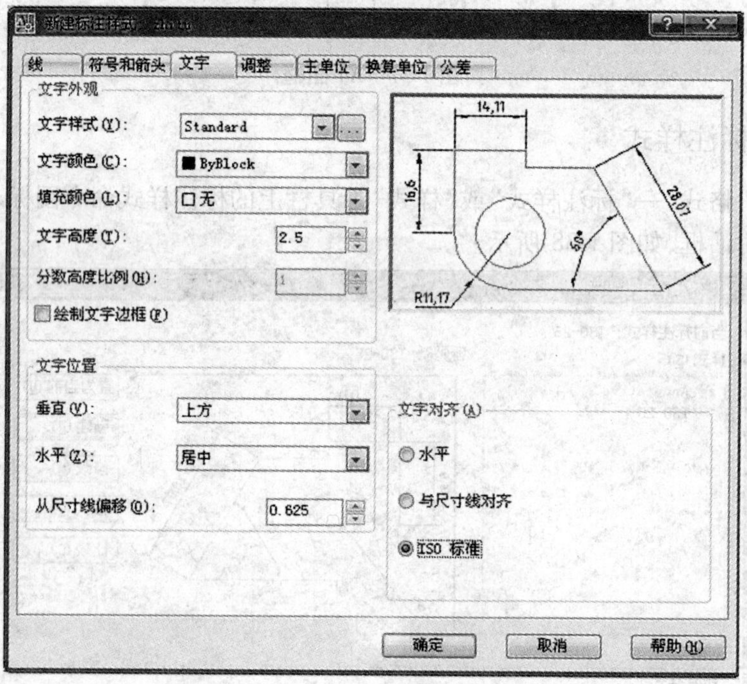

图 1-40 “文字”选项卡(一)

在“主单位”选项卡中，修改“小数分隔符”为“. ”句点，如图 1-41 所示。单击“确定”按钮，回到“标注样式管理器”对话框，多出了一个新的标注样式，如图 1-42 所示。其中“zhitu”为新建的标注样式。

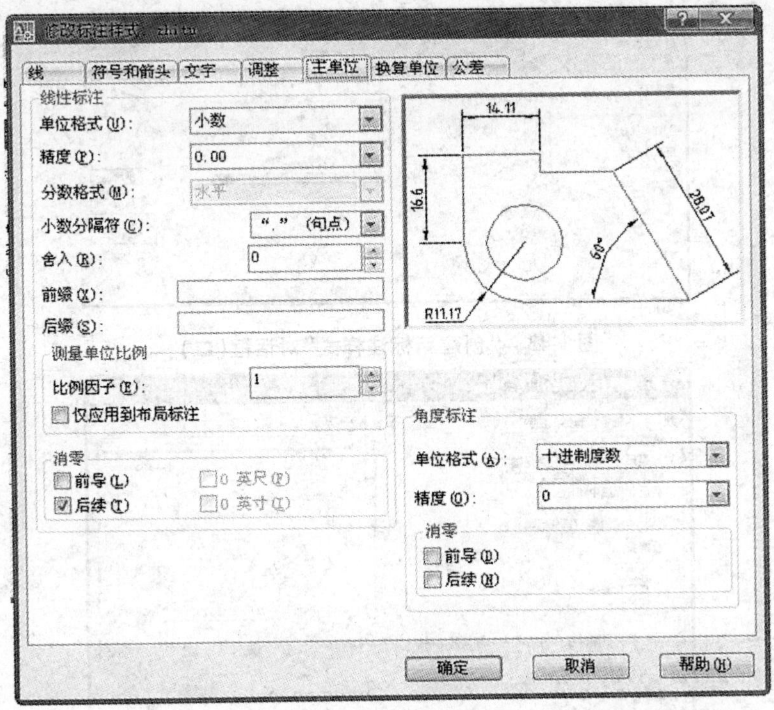

图 1-41 "主单位"选项卡

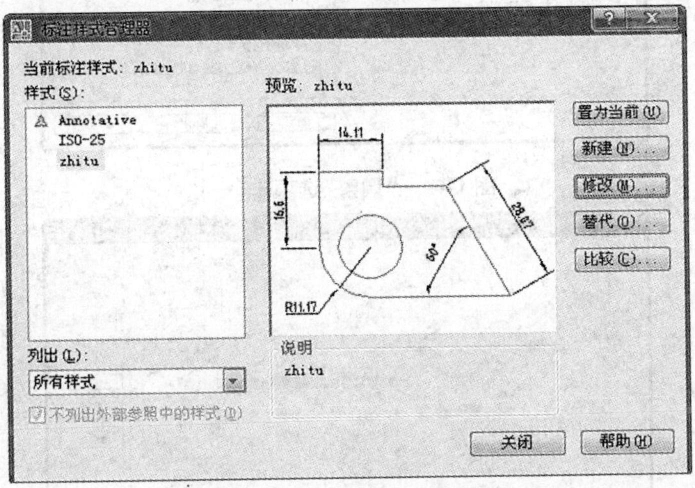

图 1-42 "标注样式管理器"对话框(二)

选中新的标注样式"zhitu"，单击"新建(N)…"按钮，进行如图 1-43 所示的设置，设置"用于"选项为直径标注。

单击"继续"按钮，选择"调整"选项卡，设置合适的直径标注样式，"调整选项"选中为箭头，如图 1-44 所示。

单击"确定"按钮，回到"标注样式管理器"对话框，单击"新建(N)…"按钮，进行如图 1-45所示的设置，设置"用于"选项为半径标注。

单击"继续"按钮，选择"调整"选项卡，设置合适的半径标注样式，"调整选项"选中为

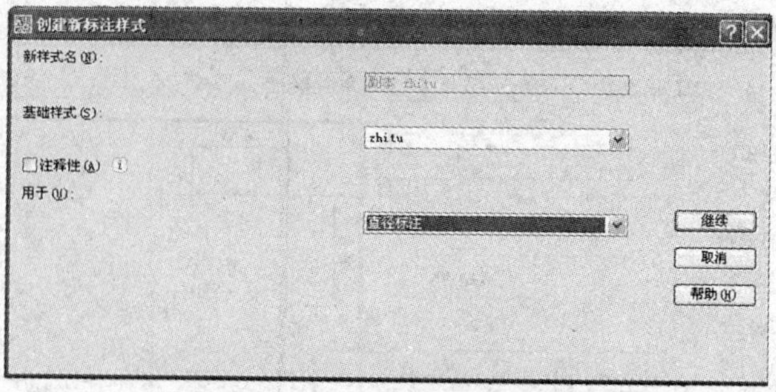

图 1-43 “创建新标注样式”对话框(二)

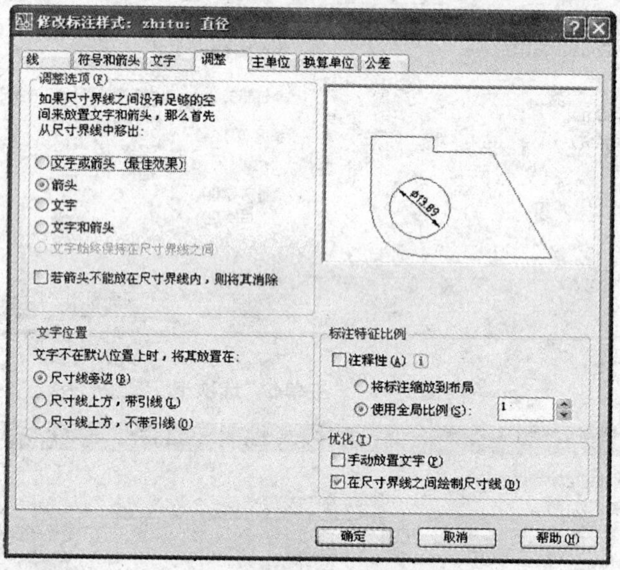

图 1-44 “调整”选项卡(一)

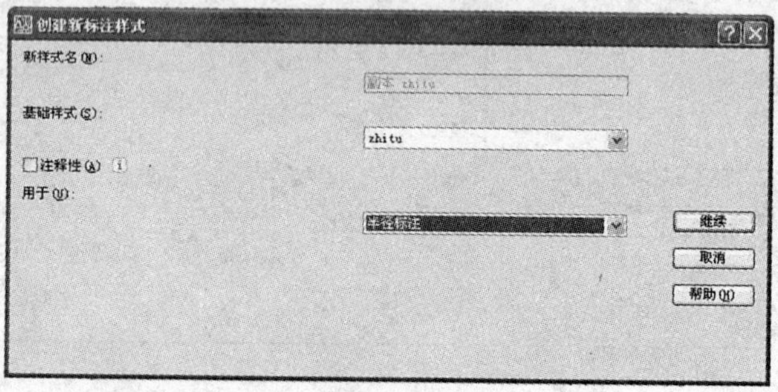

图 1-45 “创建新标注样式”对话框(三)

文字,如图 1-46 所示。

单击“确定”按钮,回到“标注样式管理器”对话框,单击“新建(N)...”按钮,进行如图 1-47所示的设置,设置“用于”为角度标注。

单击“继续”按钮,选择“文字”选项卡,设置合适的半径标注样式。如图 1-48 所示,在“文字位置”区域,设置“垂直”为外部,在“文字对齐”区域,设置“文字对齐”为水平。

单击“确定”按钮,回到“标注样式管理器”对话框,“zhitu”标注样式下多了三个子标注

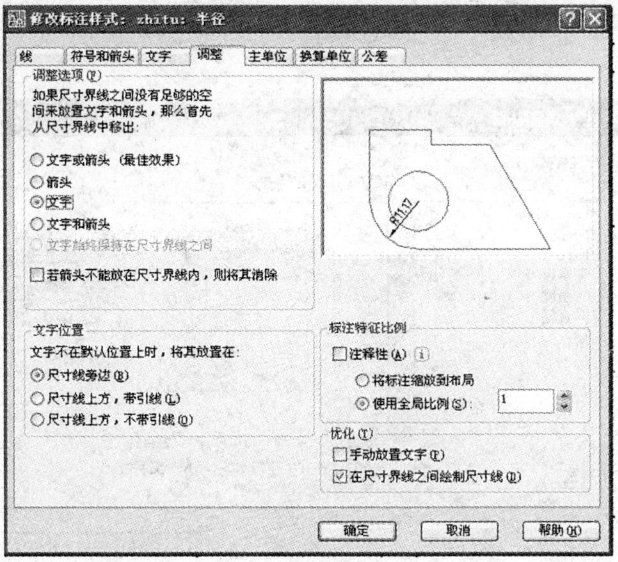

图 1-46 “调整”选项卡(二)

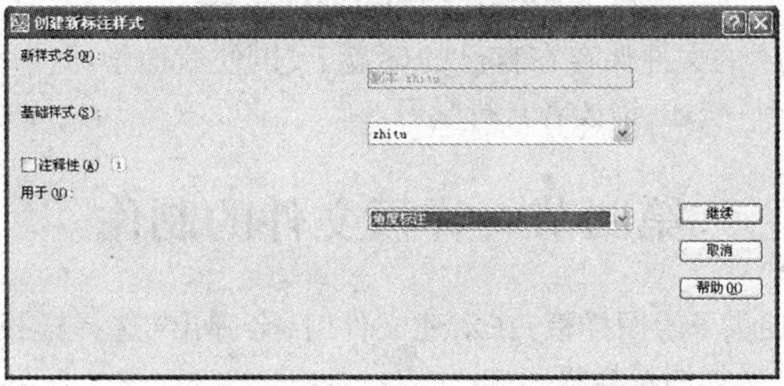

图 1-47 “创建新标注样式”对话框(四)

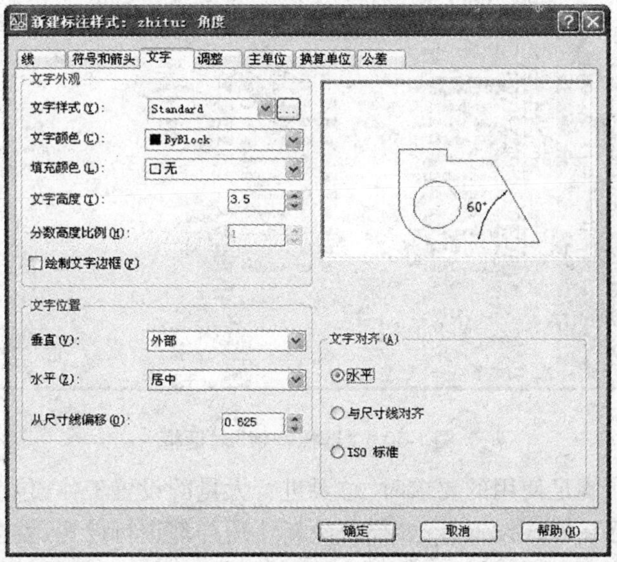

图 1-48 “文字”选项卡(二)

样式,如图1-49所示。选取“zhitu”样式,单击“置为当前(V)...”按钮,使新建的标注样式为当前的标注样式。

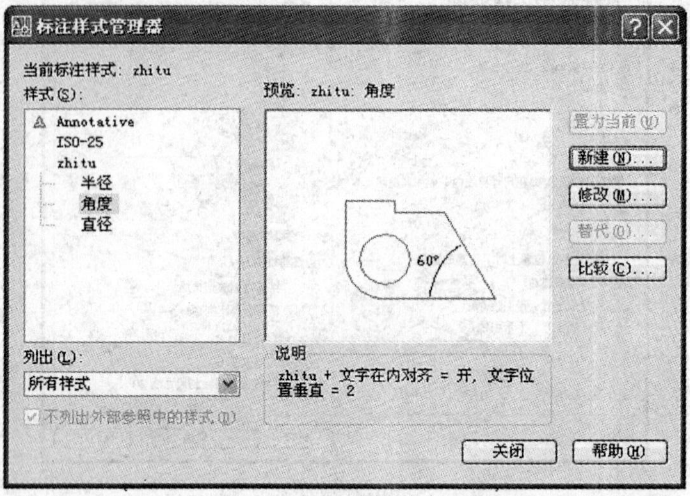

图1-49 “标注样式管理器”对话框(三)

将名为“A4图框”的文件保存在自己的硬盘上,以便后面学习使用。尺寸标注中各个选项卡的含义不再一一赘述,请读者自行学习。

第四节 样板文件的制作

AutoCAD 2008提供了绘图样板,在新建文件时,会弹出“选择样板”对话框,如图1-50所示。在此对话框中选择图形样板。

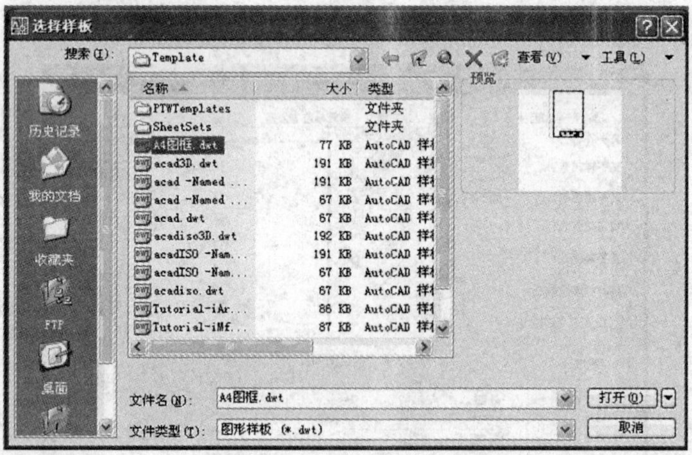

图1-50 “选择样板”对话框

当图形样板不能满足使用的要求时,总要进行大量的设置工作,包括图层、线型、颜色设置,文字样式设置,标注样式设置等,如果每次新建图样都进行设置,就会降低绘图效率。因此,应根据需要,创建个人图形样板,当要绘制图样时,只需要调用图形样板即可,不需要重新设置。下面介绍图形样板的创建方法。

一、图形样板的内容

创建图形样板应根据专业需要而定,创建机械制图图形样板的主要任务是绘图环境的设置。

绘图环境的设置包括:绘图系统的设置,绘图单位的设置,图幅的设置,图纸的全屏显示、捕捉的设置,创建图层、图框的设置,字体的设置,标注样式的设置等。

二、图形样板的创建方法

打开新创建的文件"A4 图框",此文件中绘图环境已设置好,不需再重新设置。单击"文件"下面的"另存为"命令,弹出"图形另存为"对话框,如图 1-51 所示。

图 1-51 "图形另存为"对话框

选择"*.dwt"的文件格式,设置文件名为"A4 图框",单击"保存(S)"按钮,弹出"样板选项"对话框,测量单位选择"公制"即可。下次新建文件时直接选择该样板文件即可。

本章小结

AutoCAD 2008 初学者在应用每个命令时应时时注意命令行提示窗口的提示信息。

在绘图过程中要养成时时保存的习惯,点击"保存"命令图标或是按快捷键"Crtl + S"进行保存。

在输入 AutoCAD 2008 命令或是输入坐标值的时候,输入法都在英文半角输入状态下。

在这里有两种常用的快捷键,一个是在命令行输入"z",按空格键,再输入"e",按空格键,可使绘图区域中所有的图充满窗口显示;另外一个是在命令行输入"z",按空格键,然后用鼠标选择一个区域,可使这一区域局部放大。双击鼠标中键,也可以使得图形充满屏幕。

在标题栏中输入文字的时候,可以先写一组文字,其余的先复制,再双击修改,这样可提高绘图速度。

AutoCAD 2008 绘制的图样的文件默认格式为.dwg,样板文件格式为.dwt。

第二章 二维图形绘制

第一节 常用方法提示

一、图形的选取模式

当命令行提示“选择对象”时，十字光标将变成一个拾取框，移动拾取框来选择一个或多个对象。AutoCAD 2008 提供了多种选择方式。

（一）单击方式

单击方式是一种默认的对象选择方式。当光标变成拾取框后，用鼠标移动拾取框，使其覆盖在被选对象上，然后单击鼠标左键，对象变为虚线，表示对象已被选中。这种方式适合选择少量或分散对象。

（二）窗口方式

窗口方式是通过对角线的两个端点来定义一个矩形窗口，凡完全落在该矩形窗口内的图形对象均被选中，但指定两端点的顺序必须自左上向右下指定，如图 2-1 所示。选中的对象如图 2-2 所示。

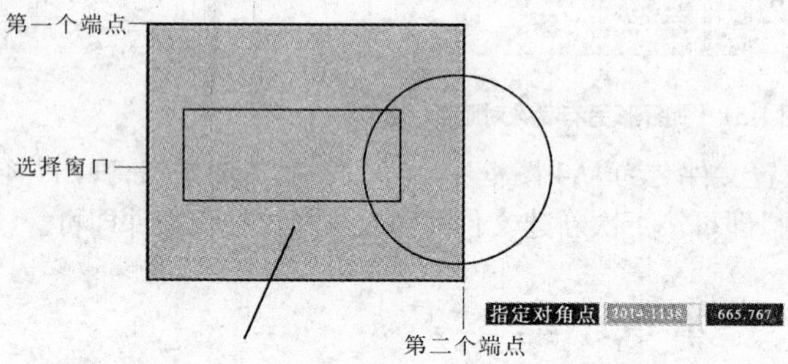

图 2-1 窗口选择方式选取域的设置

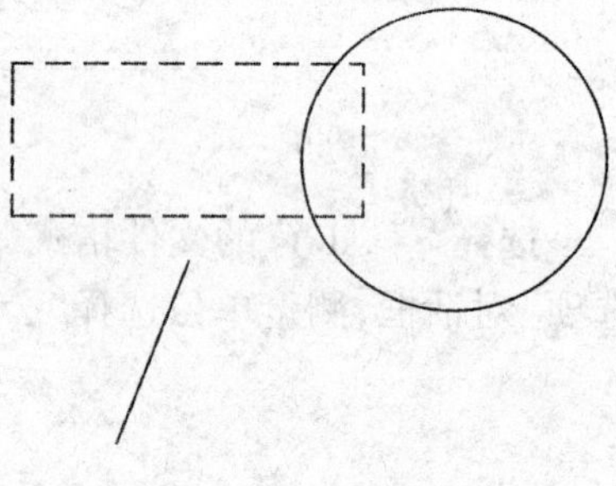

图 2-2 窗口选择方式的选取结果

注意：选完第一个端点，移动鼠标时，不需要按鼠标，只需将鼠标移动位置，进行第二个点的选择。

（三）窗交方式

窗交方式也是通过对角线的两个端点来定义一个矩形窗口，凡是接触到该矩形窗口的图形对象均被选中，但指定两点的顺序为自右下向左上指定，如图 2-3 所示。选中的对象如图 2-4 所示。

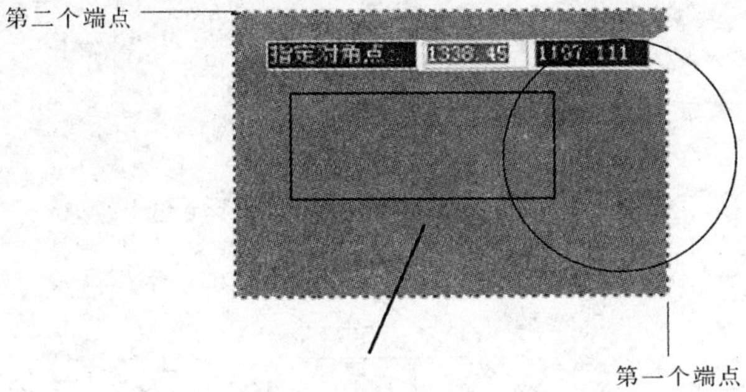

图 2-3 窗交选择方式选取域的设置

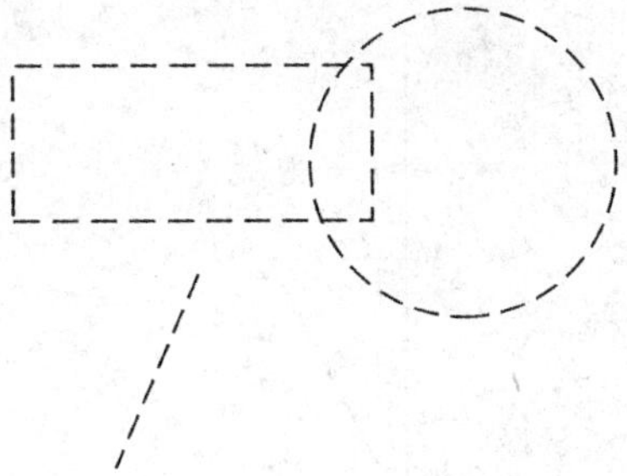

图 2-4 窗交选择方式的选取结果

二、缩放图形方法

(1)向上滚动鼠标中键,放大图形,向下滚动中键,缩小图形。把光标移至想要放大或缩小的地方再滚动中键。也可单击实时缩放图标,来放大与缩小,按 Esc 键退出。

(2)在命令行输入“z”,再单击两下空格键,光标变成实时缩放的形式,再向上拖动鼠标,放大图形,向下拖动鼠标,缩小图形。按 Esc 键退出。

三、平移图形方法

按住鼠标中键不放,移动鼠标,可移动整个图形。也可单击实时平移图标,来平移图形,按 Esc 键退出。

四、所绘图形满屏显示

在命令行输入“z”,单击空格键,再输入“e”,单击空格键,可让屏幕上绘的所有图形充满屏幕显示。

五、坐标

(一)直角坐标与极坐标

1. 直角坐标

直角坐标即笛卡儿坐标,是最常用的坐标。在平面绘图中,它通过 X、Y 的坐标值来描述点的位置,例如点 A(12,30),表示平面上有一点距离 Y 轴的水平距离为 12 个单位长度,距离 X 轴的竖直距离为 30 个单位长度,如图 2-5 所示。

2. 极坐标

描述平面图形中一点的位置,除了用直角坐标,还可以用极坐标。如点 A(50 <30),表示 A 点距离原点 50 个单位长度,A 点到原点的连线与极轴正方向的夹角为 30°,如图 2-6 所示。

注意:极轴正方向水平向右,平面上的点与原点的连线与极轴正方向的夹角有方向性,逆时针旋转角度为正,顺时针旋转角度为负。

(二)绝对坐标与相对坐标

绝对坐标是以原点为参照,而相对坐标是在绘图过程中,以相互关联的点为参照,而不

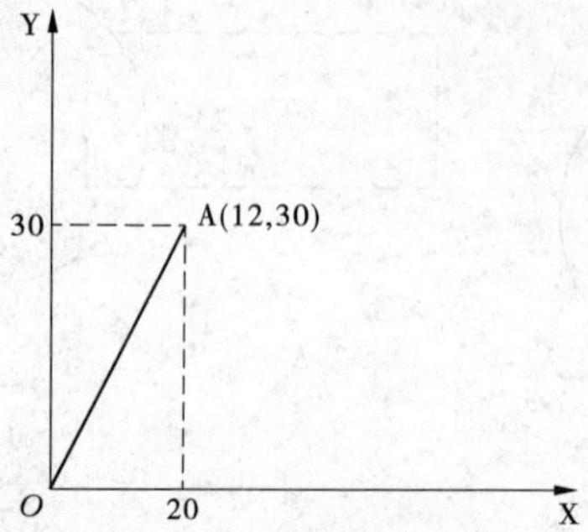

图 2-5　直角坐标系

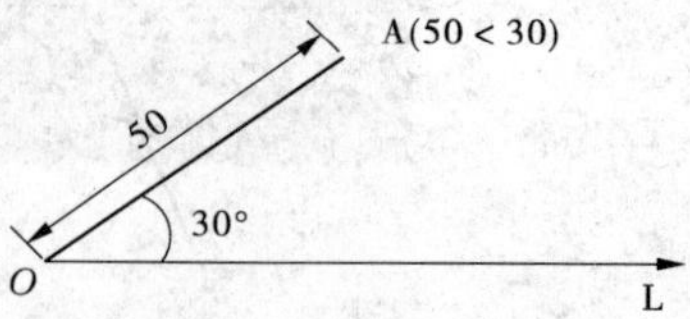

图 2-6　极坐标系

是以坐标原点为参照,参照点是随时改变的。如在平面绘图中,其规则是平面中所要找的点是以该点的前一点为参照的。

相对坐标的表示方法只需在绝对坐标的表示方法前加上相对坐标符号"@",如相对直角坐标(@20,-30),表示所描述的点在相对参照点的右下方,到参照点的水平距离为20,竖直距离为30;相对极坐标(@30<60),表示所描述的点到参照点的距离为30,该点到参照点的连线与水平向右方向的夹角为60°。

在绘图过程中,常用相对坐标系来绘制图形。在 AutoCAD 2008 软件系统中,执行命令时,第二点相对于第一点的默认的坐标系为相对坐标系。如单击直线命令按钮,在屏幕中任取一点,选取第二点时,在命令行输入"20,-30",单击回车确定后,系统会自动接受相对坐标"@20,-30",绘制出如图 2-7 所示的图形。从命令行可看出系统输入的是相对坐标,如图 2-8 所示。

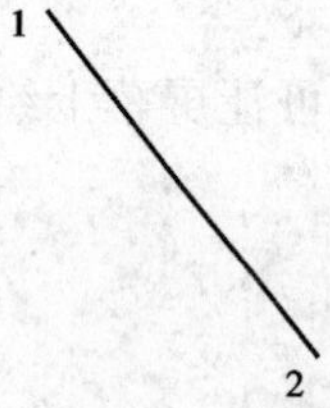

图 2-7　相对直角坐标的应用

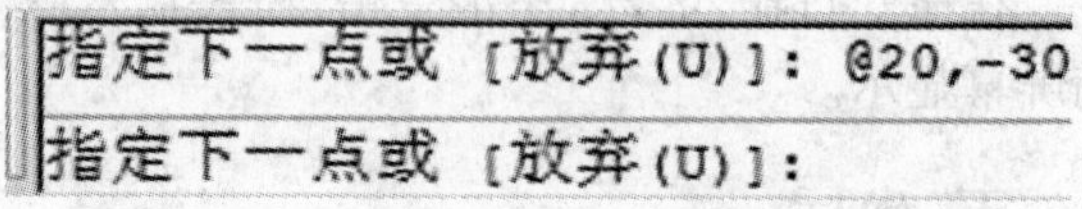

图 2-8　命令行显示(一)

再如,输入"30<60",单击回车确定后,绘制出如图 2-9 所示图形。从命令行可看出系统输入的是相对坐标,如图 2-10 所示。

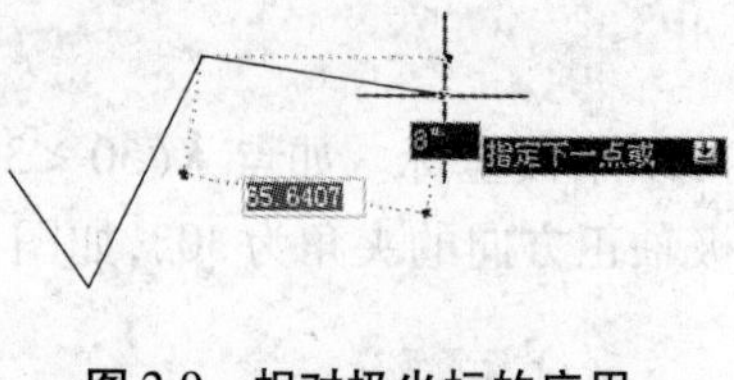

图 2-9　相对极坐标的应用

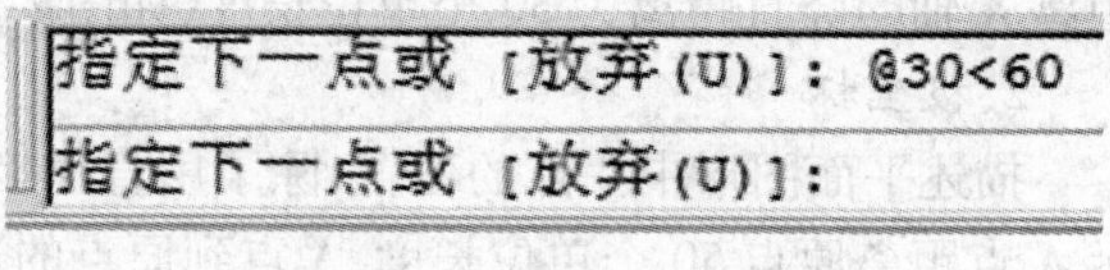

图 2-10　命令行显示(二)

如果想更改绘图过程中下一点相对于上一点的坐标是相对坐标还是绝对坐标,可在状态栏"DYN"上单击右键,进行动态输入的设置,一般情况下不要更改动态输入"DYN"的系统默认的设置。

第二节　对象捕捉

一、隐含的对象捕捉

把鼠标放在状态栏的“对象捕捉”按钮上，单击右键，选择“设置”命令，弹出“草图设置”对话框，如第一章图 1-20 所示。

在此可设置隐含的对象捕捉。在对话框中选择对象捕捉模式，单击“确定”按钮，即可执行相应的对象捕捉，方便精确绘图。这里需特别注意，若全部选中，在绘图时会捕捉到很多对象，反而会干扰绘图，所以一般只选择用到的对象捕捉模式，而不是全部选择。

二、透明的对象捕捉

在“标准”工具栏上单击鼠标右键，弹出如图 2-11 所示的快捷菜单。

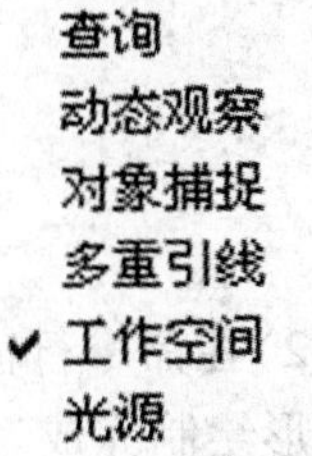

图 2-11　右键快捷菜单

选择“对象捕捉”命令，即可调出“对象捕捉”工具栏，如第一章图 1-8 所示。

在绘图和编辑过程中，系统提示输入一个点时，用户可直接单击“对象捕捉”工具栏内的捕捉模式，再移动光标捕捉目标。这种捕捉方式是一种透明的捕捉方式，它只影响当前要捕捉的点，操作一次后自动退出捕捉状态。

第三节　二维图形绘制实例

在绘制一个二维图形之前应先分析二维图形，分析用什么样的方法绘制二维图形，哪种方法绘制得最快。绘制二维图形时，一般的大体思路都是先绘制基准线，再绘细节部分。

一、二维图形绘制实例 1

二维图形绘制实例 1 如图 2-12 所示。

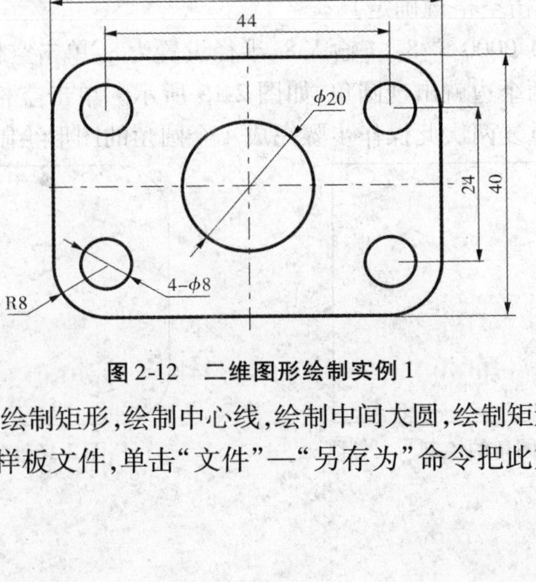

图 2-12　二维图形绘制实例 1

此图的绘制思路为：绘制矩形，绘制中心线，绘制中间大圆，绘制矩形圆角，绘制四个小圆。

打开第一章所建的样板文件，单击“文件”—“另存为”命令把此文件另存为“二维图形绘制实例 1. dwt”,开始绘图。或在新建一个 AutoCAD 2008 系统默认的样板文件后,进行图层的设置,将 0 层作为粗实线层,新建细实线层、中心线层,具体方法见第一章第三节“设置图层、线型及颜色”。右键单击状态栏上的按钮[对象捕捉],进行常用的对象捕捉的设置,如中点、端点、圆心、交点等。

(1)单击“绘图”工具栏的矩形命令按钮,在绘图区域任一点单击,移动鼠标,如图 2-13 所示。

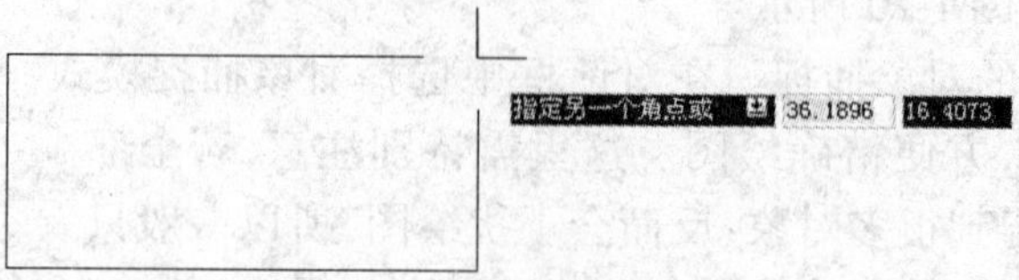

图 2-13　矩形的绘制

(2)在命令行输入所绘矩形的长和宽“60,40”(在英文半角状态下输入),单击空格键确定,矩形绘制完成。(注:有时所绘图形在屏幕中显示过小,在命令行输入“z”,单击空格键,输入“e”,单击空格键,此命令可使屏幕中所有图形占满屏幕,如图 2-14 所示。)

图 2-14　所绘矩形全屏显示

(3)向下滚动鼠标中键,缩小图形。单击“修改”工具栏的“圆角”命令图标。

命令行提示:

选择第一个对象或[放弃(U)/多段线(P)/半径(R)/修剪(T)/多个(M)]:R　(输入 R,对半径进行设置,单击空格键确定)

指定圆角半径 <0.0000>:8　(输入 8,半径设置为 8,单击空格键确定)

选择要倒圆角的两个边就出现圆角,如图 2-15 所示。单击空格键(重复上一个命令),单击要倒圆角的边。重复两次此操作步骤完成 4 个圆角的图形绘制,如图 2-16 所示。

图 2-15　圆角的绘制

图 2-16　4 个圆角的绘制

(4)单击“绘图”工具栏的圆命令图标，向圆角的圆心移动光标，当出现圆标记时，如图2-17所示，单击鼠标左键，再输入圆的半径4，单击回车键，完成圆角同心圆的绘制，如图2-18 所示。单击空格键，重复上个命令。采用相同的方法分别绘制其他3 个圆，结果如图2-19所示。

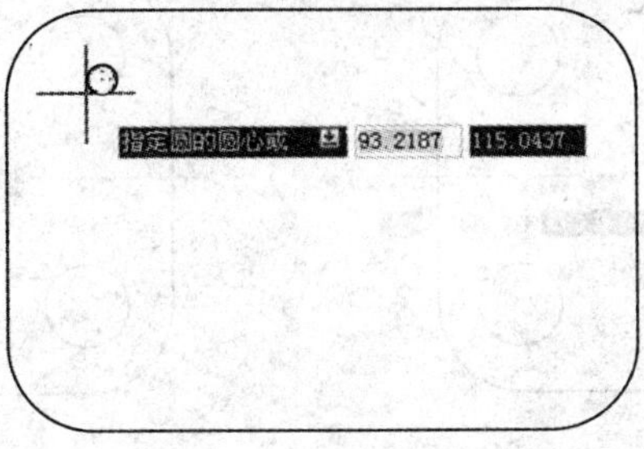

图2-17　捕捉到圆心

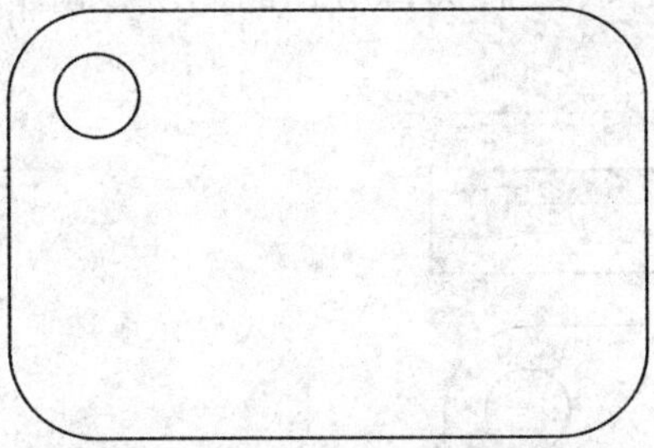

图2-18　圆角同心圆的绘制

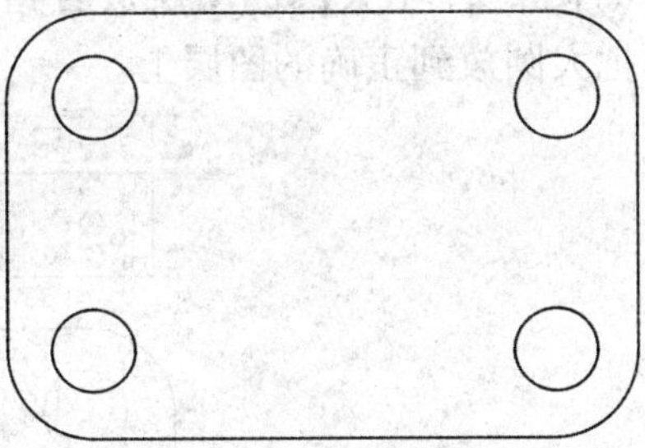

图2-19　4 个圆角同心圆的绘制

(5)把中心线层置为当前层，如图2-20 所示。

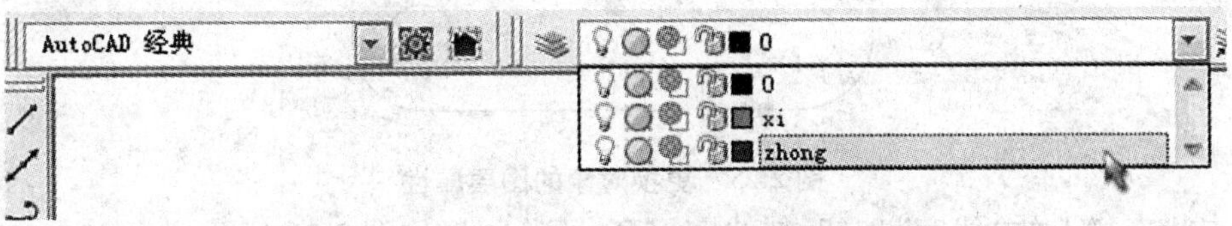

图2-20　选择中心线层为当前层

(6)单击“绘图”工具栏上的直线命令图标，向线段中点移动光标，捕捉到中点后向左追踪(出现追踪线)，到适当位置后单击鼠标左键，如图2-21 所示。再向右移动鼠标，绘制出水平中心线。采用同样方法绘制出竖直中心线。图形如图2-22 所示。

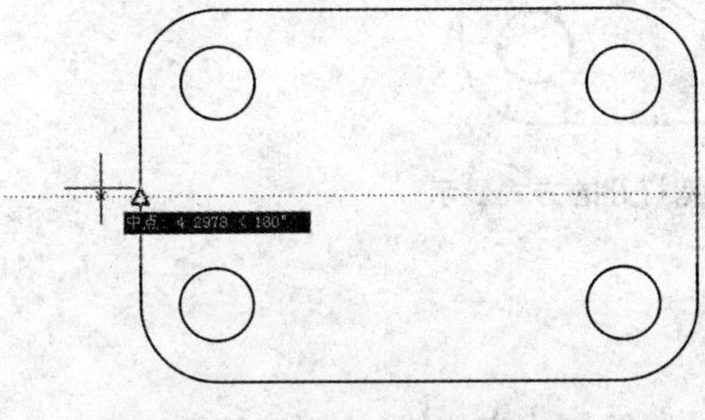

图2-21　水平中心线的绘制

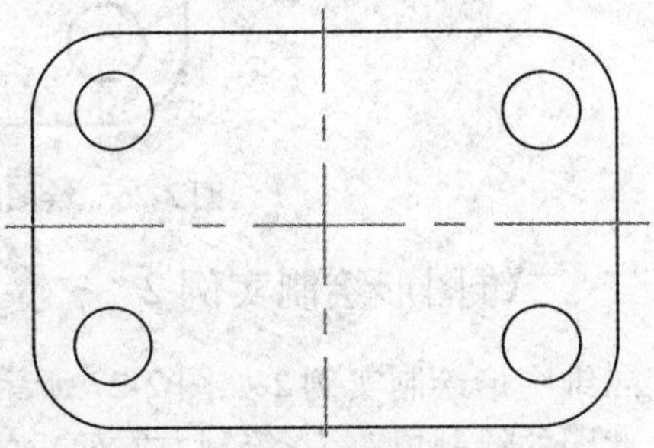

图2-22　竖直中心线的绘制

(7)单击“绘图”工具栏的圆命令图标⊙,向两中心线的交点移动光标,当出现交点标记时,如图 2-23 所示,单击鼠标左键,再输入圆的半径 10,单击回车键。绘成如图 2-24 所示的图形。

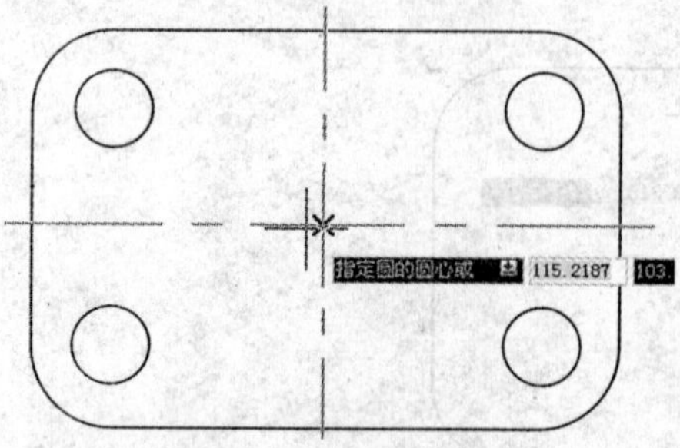

图 2-23　交点的捕捉

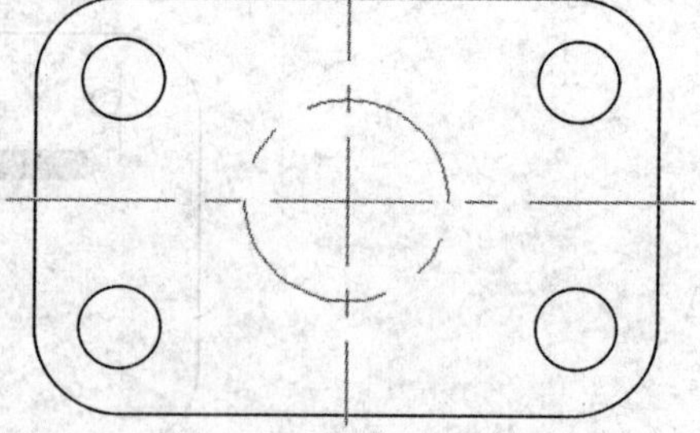

图 2-24　圆的绘制

(8)图 2-24 中大圆的图层放置错误,可单击大圆,然后选择所在的图层,如图 2-25 所示,可把大圆放到正确的图层上。

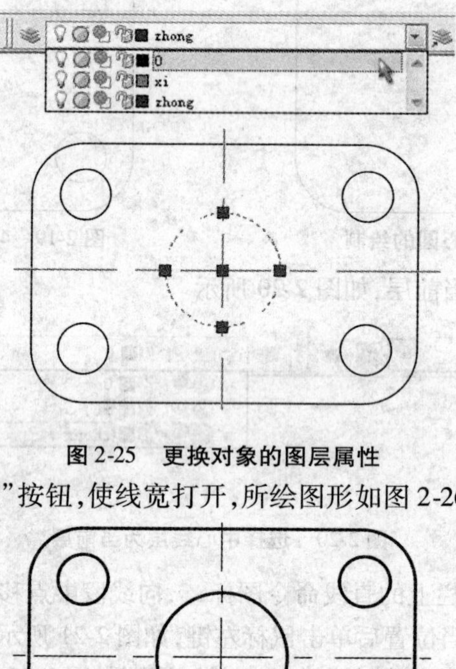

图 2-25　更换对象的图层属性

单击状态栏上的“线宽”按钮,使线宽打开,所绘图形如图 2-26 所示。

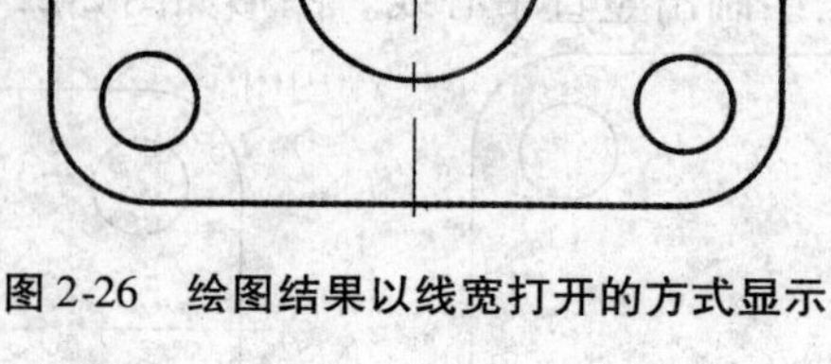

图 2-26　绘图结果以线宽打开的方式显示

二、二维图形绘制实例 2

二维图形绘制实例 2 如图 2-27 所示。

此图的绘制思路为:绘制左右两边的 $\phi32$ 的圆,绘制出定位线,绘制连接弧。

打开第一章所建的样板文件,单击“文件”—“另存为”命令把此文件另存为“二维图形

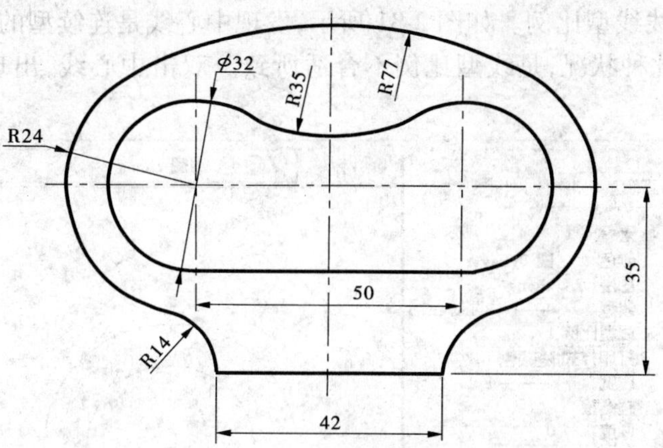

图 2-27　二维图形绘制实例 2

绘制实例 2. dwt”，开始绘图。或在新建一个 AutoCAD 2008 系统默认的样板文件后，进行图层的设置，将 0 层作为粗实线层，新建细实线层、中心线层，具体方法见第一章第三节“设置图层、线型及颜色”。右键单击状态栏上的按钮 对象捕捉 ，进行常用的对象捕捉的设置，如中点、端点、圆心、交点等。

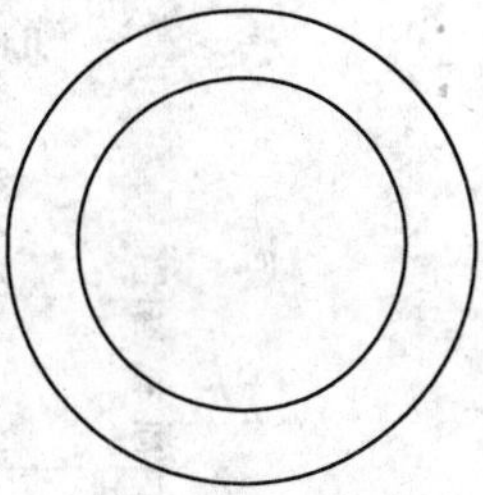

图 2-28　两同心圆的绘制

（1）单击“绘图”工具栏的圆命令图标，在绘图区域绘制一半径为 16 的圆。

（2）单击“绘图”工具栏的圆命令图标，捕捉到所绘圆的圆心（若图形太小，向上滚动鼠标中键），单击鼠标左键，再输入圆的半径 24，绘制第一个圆的同心圆，如图 2-28 所示。

（3）把中心线层置为当前图层，如图 2-29 所示。

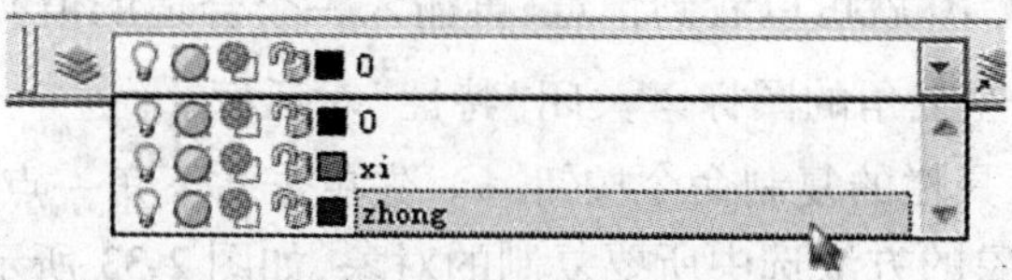

图 2-29　选择图层置为当前层

（4）用直线命令，从所绘圆的中心开始向上追踪，如图 2-30 所示。到适当位置后单击，再向下移动光标，绘制出竖直的中心线，如图 2-31 所示。

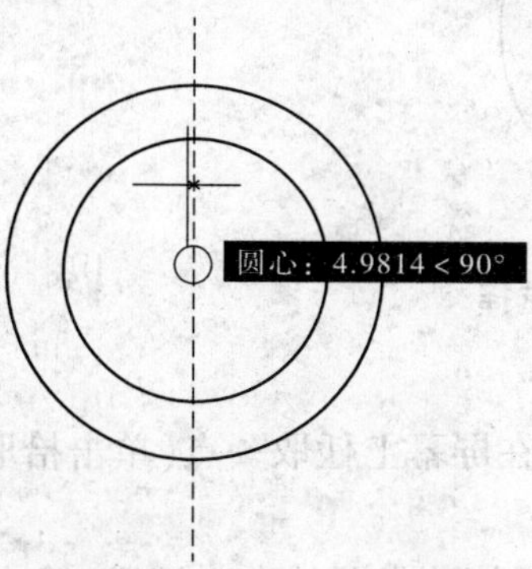

图 2-30　从圆心向上追踪

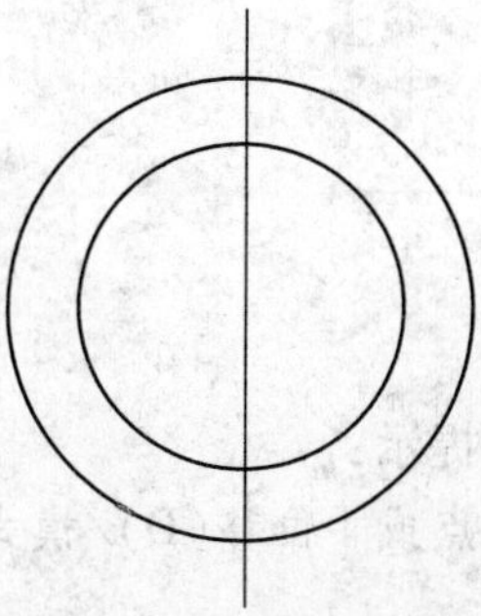

图 2-31　竖直中心线的绘制

(5)修改中心线线型比例。如图 2-31 所示，发现中心线是连续型的线，在线型设置正确的情况下，还出现此种状况，是线型比例不合适所致。双击中心线，出现“特性”对话框，如图 2-32 所示。

图 2-32　中心线线型比例设置

修改“线型比例”的值，可改变中心线的显示，线型比例越小，中心线中的“点画”越密，反之，越稀。太密和太稀都会使“点画”的显示为连续的线。此处，把线型比例的值改为 0.2（一般来讲，输入 0.1 或 10 就可以看到预览，再输入一个合适的值），按回车键，可看时刻预览，单击“特性”对话框左上角的图标 × 关闭“特性”对话框。

(6)单击“修改”工具栏的复制命令按钮。先单击右下角一点，移动鼠标，再单击左上角一点，用窗交选取对象的方法选中所要复制的对象，如图 2-33 所示，单击鼠标右键确定。

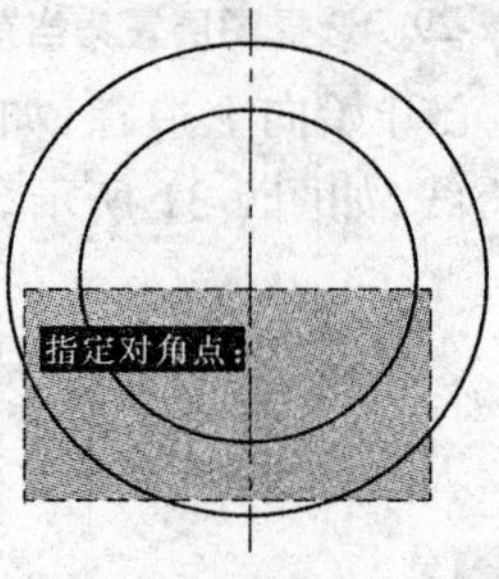

图 2-33　复制对象的选择

命令行提示：

指定基点或 [位移(D)/模式(O)] <位移>：（在屏幕上任取一点(单击拾取点)作为“基点”）

指定第二个点或 <使用第一个点作为位移>：（从此点开始向右追踪，输入“50”，按

回车键确定，如图 2-34 所示）

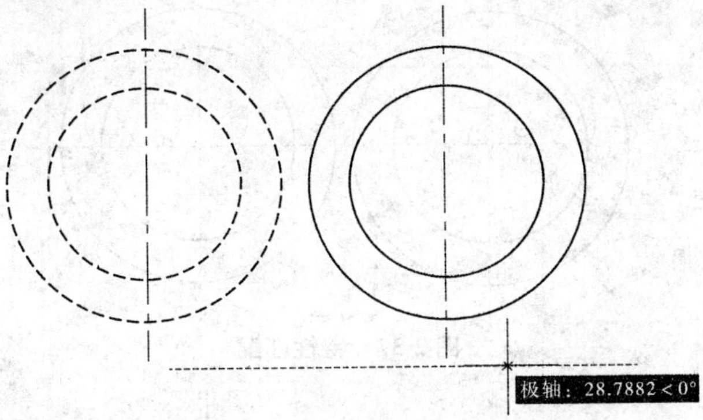

图 2-34　复制距离的输入

最终可看到所选对象已被复制，并放到了合适的位置，按回车键，完成对象的复制，结果如图 2-35 所示。

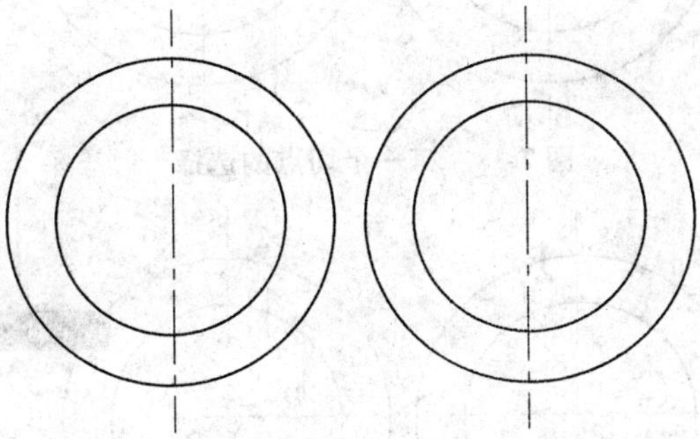

图 2-35　对象的复制

(7) 利用直线命令绘制出水平中心线，如图 2-36 所示。

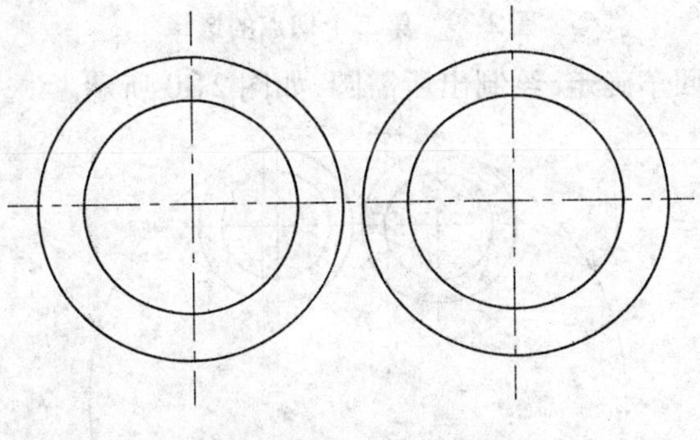

图 2-36　水平中心线的绘制

(8) 单击特性匹配命令按钮 ，先选一竖直的中心线，光标变为一个小方块，再选水平中心线，从而使它们的线型比例一致，如图 2-37 所示。

(9) 单击“绘图”工具栏的圆命令按钮 ，输入“t”(以“相切、相切、半径”的方式画圆)，回车；在每一切点附近单击，如图 2-38 和图 2-39 所示。

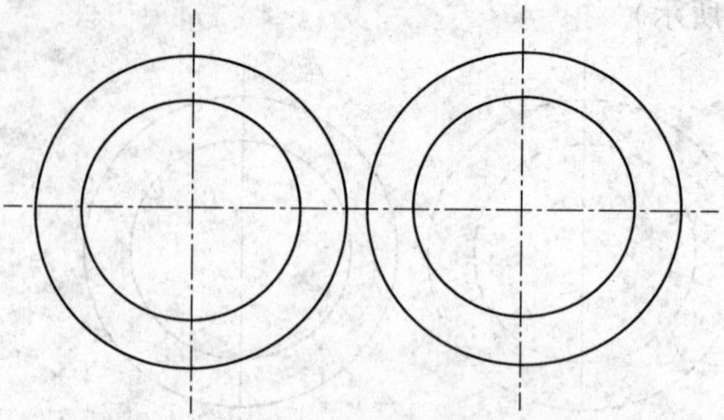

图 2-37　特性匹配

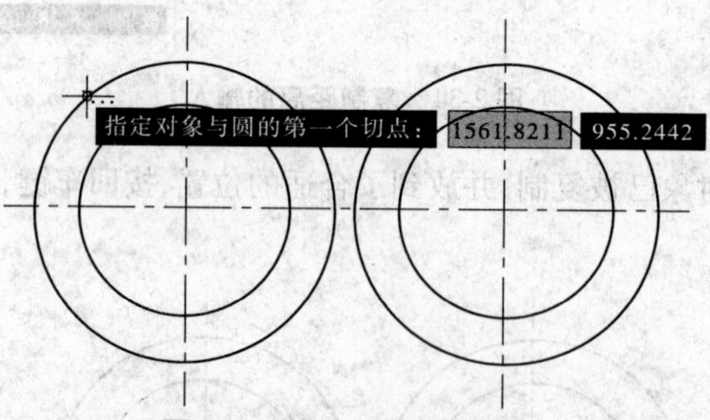

图 2-38　第一个切点的选择

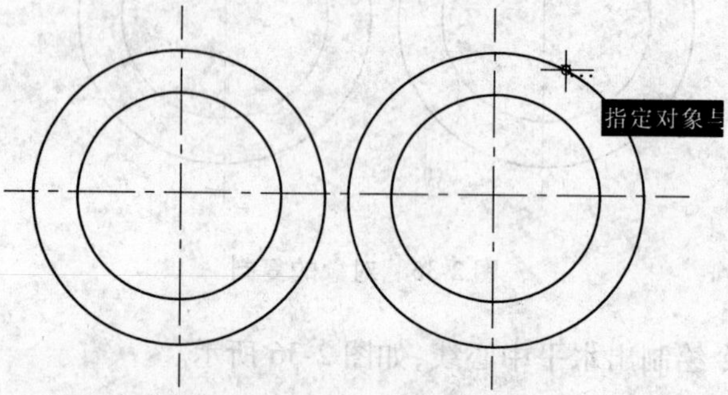

图 2-39　第二个切点的选择

再输入半径“77”，回车确定，绘制出所需圆，如图 2-40 所示。

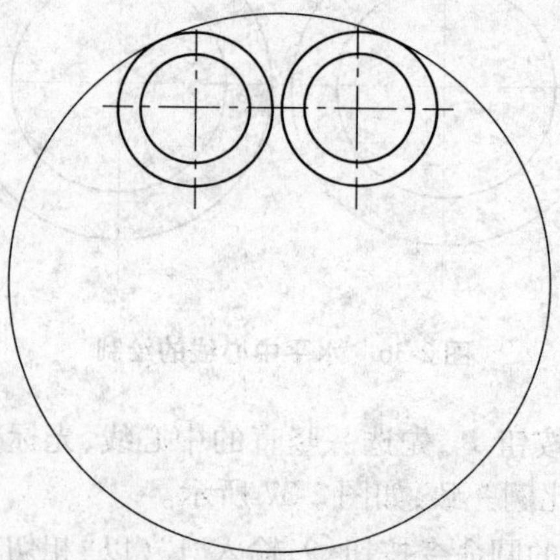

图 2-40　相切圆的绘制结果

(10)单击"修改"工具栏的剪切命令按钮-/-,选择两个圆(此两个圆修为剪刀,即修剪边界),如图 2-41 所示,单击鼠标右键确定。

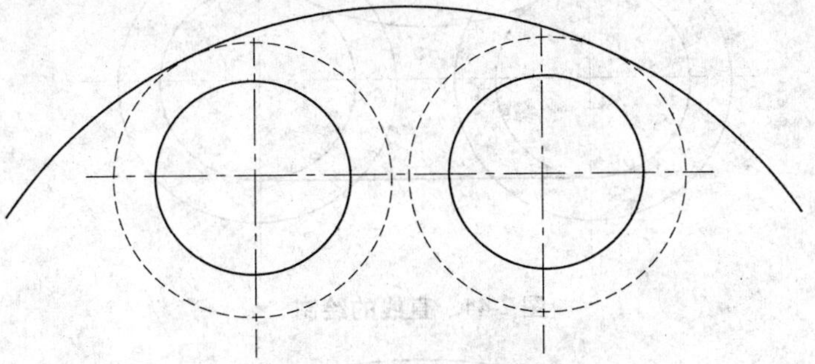

图 2-41　修剪边界选择

再选择所画半径为 77 的大的圆下半部分(需剪去的部分),回车确定,修剪完图形如图 2-42 所示。

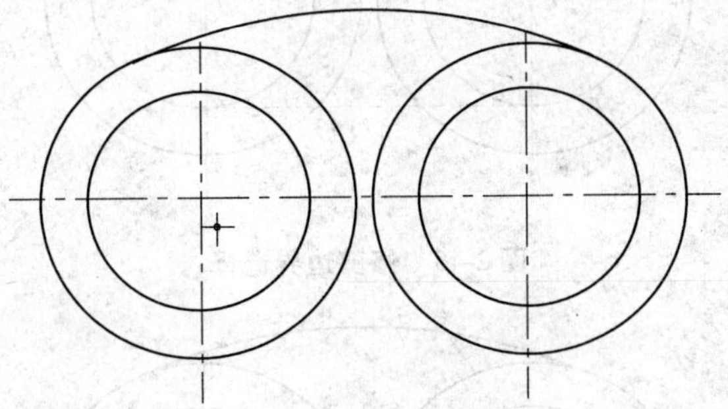

图 2-42　修剪后的图形

(11)采用同样的方法完成另外一段圆弧的绘制,如图 2-43 所示。

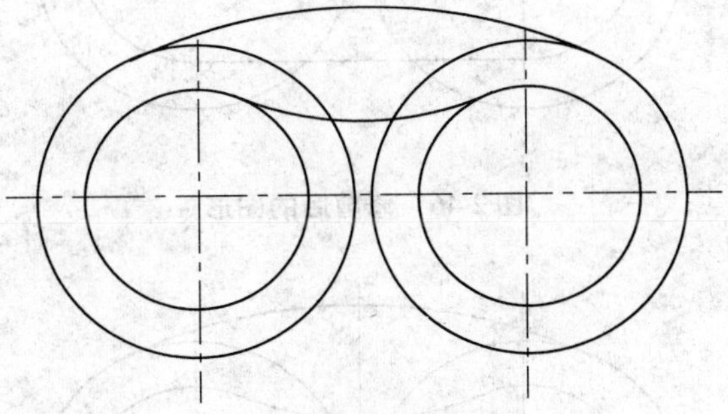

图 2-43　圆弧的绘制结果

(12)单击"绘图"工具栏的直线命令按钮/,捕捉到交点绘制如图 2-44 所示直线。

(13)单击"修改"工具栏的剪切命令按钮-/-,选择圆弧和直线两个对象,如图 2-45 所示。单击鼠标右键确定,再选择需剪掉的两段圆弧,回车确定,修剪完后如图 2-46 所示。

(14)单击"修改"工具栏的偏移图标,输入偏移的距离为 25,单击空格键确定。选择偏移的对象,选左边竖直的中心线;在左边竖直的中心线的右侧单击,回车,完成偏移命令,如图 2-47 所示。

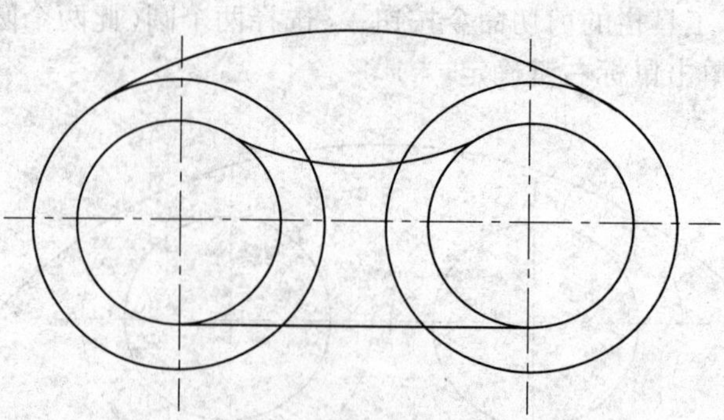

图 2-44　直线的绘制

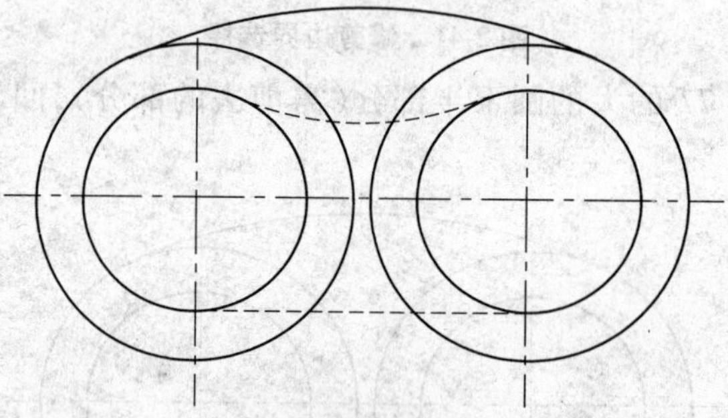

图 2-45　修剪边界选择

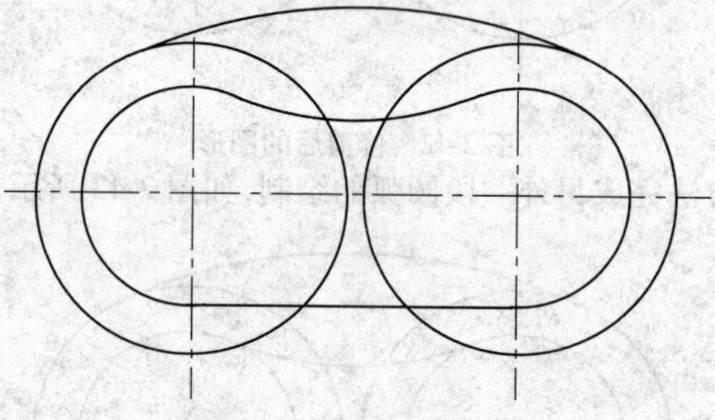

图 2-46　修剪后的图形

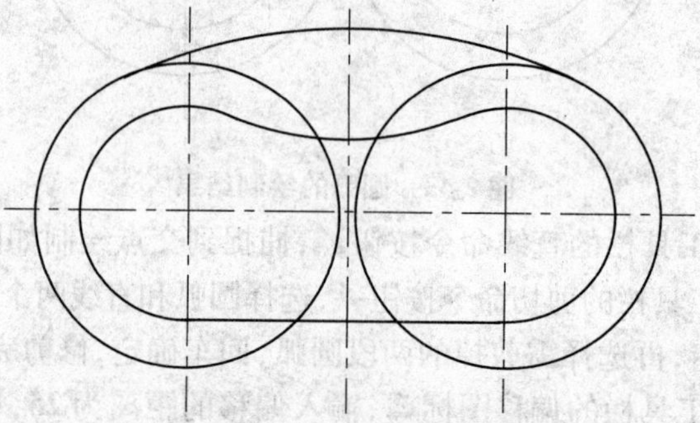

图 2-47　竖直中心线的偏移

(15)单击空格键,重复上一个命令,把水平中心线向下偏移35,如图2-48所示。

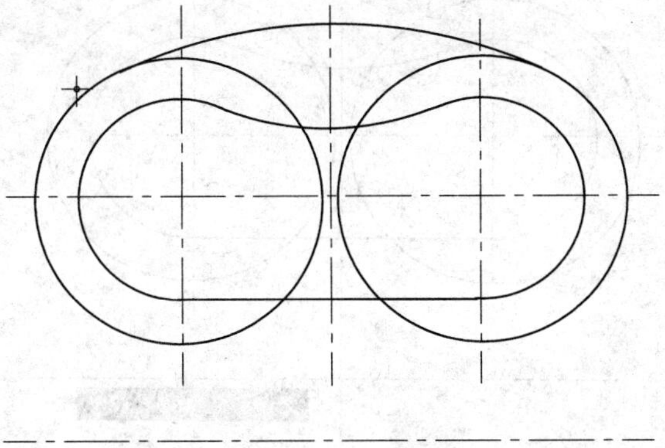

图2-48　水平中心线的偏移

(16)选中对象如图2-49所示,进行拉伸。

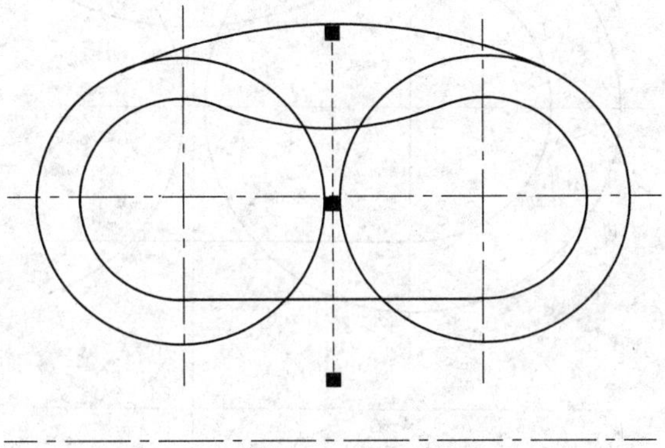

图2-49　拉伸对象选择

单击最下面的夹点,竖直向下追踪到合适的位置,单击,此中心线被拉伸,如图2-50所示。

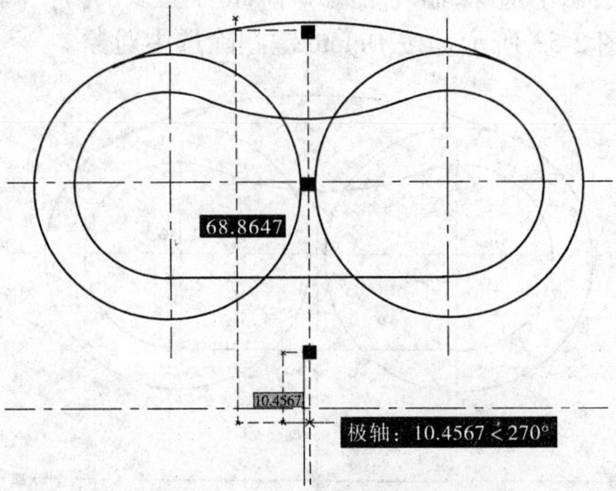

图2-50　被选对象被拉伸

(17)单击直线命令按钮,从两中心线交点开始向左追踪,如图2-51所示。

输入21,可取得直线的一个端点,如图2-52所示。

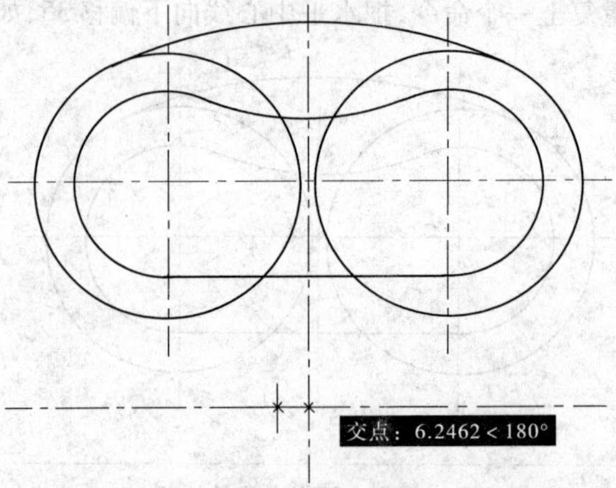

图 2-51　对象追踪

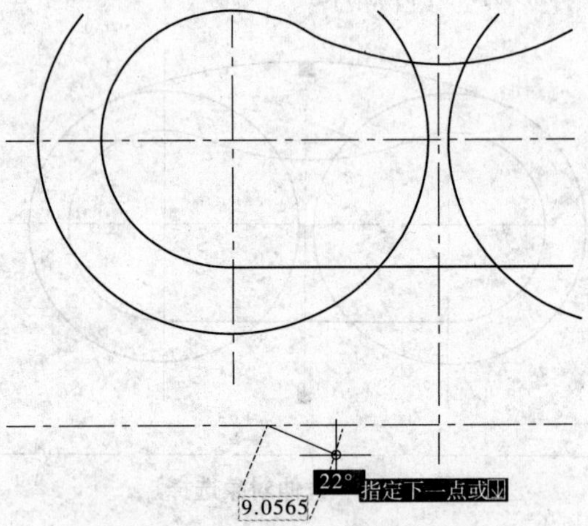

图 2-52　追踪到的线段的一个端点

(18)从此点开始向右水平追踪,输入距离 42,取得了直线的另一端点,单击空格键确定。

(19)选中对象,如图 2-53 所示。按 Delete 键删除选中对象。

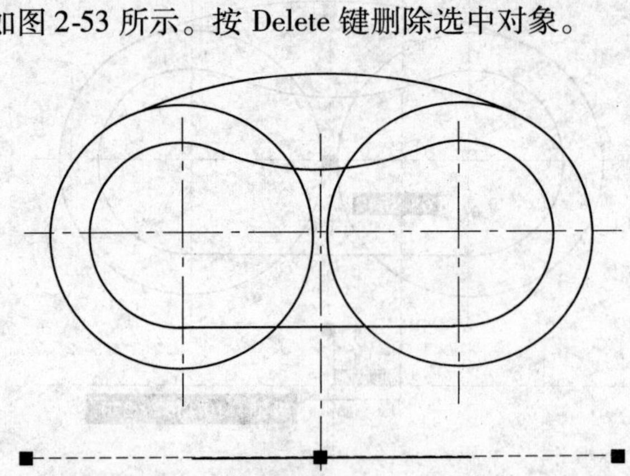

图 2-53　删除对象的选取

(20)单击圆命令按钮⊙,以直线的左端点为圆心,14 为半径画圆,如图 2-54 所示。

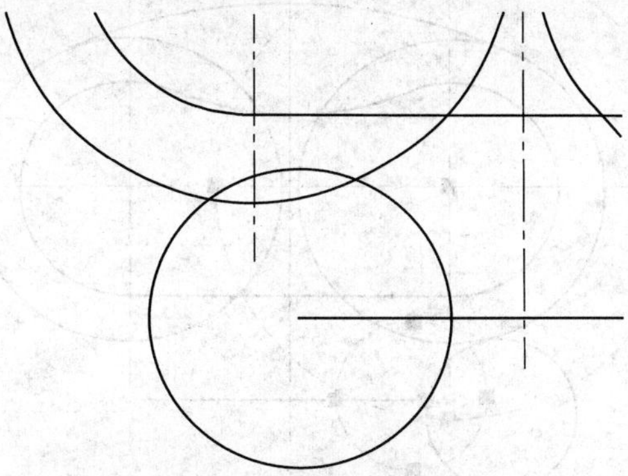

图 2-54　圆的绘制(一)

(21)单击圆命令按钮⊙,捕捉圆心为圆心,画半径为 38 的圆(两相外切圆弧半径的和为 14 +24),如图 2-55 所示。

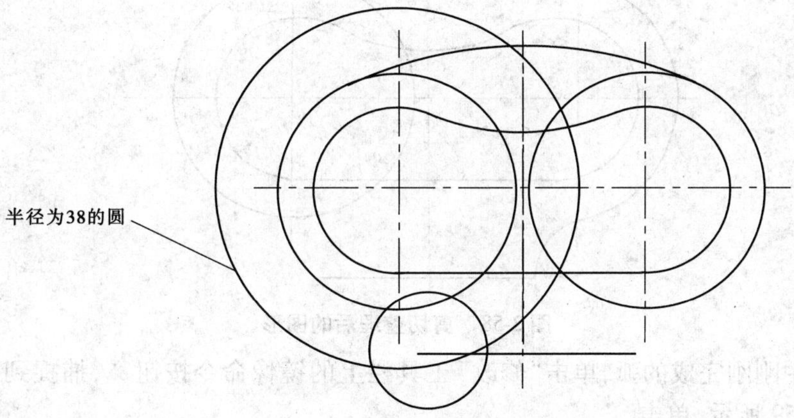

图 2-55　圆的绘制(二)

(22)再以这两个圆的交点为圆心,画半径为 14 的圆,如图 2-56 所示。

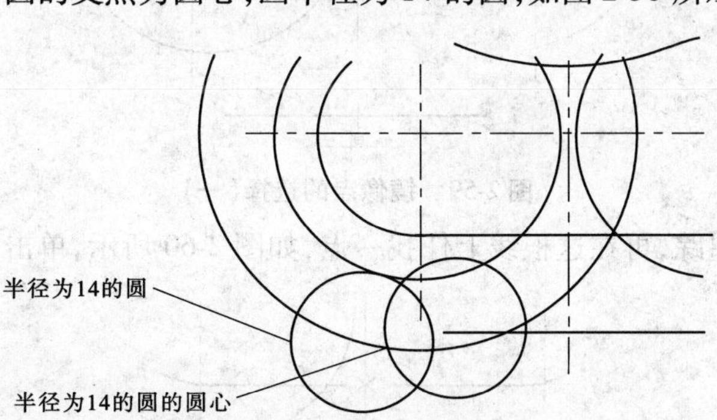

图 2-56　圆的绘制(三)

(23)选中多余的对象,如图 2-57 所示。按 Delete 键删除选中对象。
(24)用剪切命令,选择合适的剪切边界,剪去多余的弧,绘制如图 2-58 所示图形。

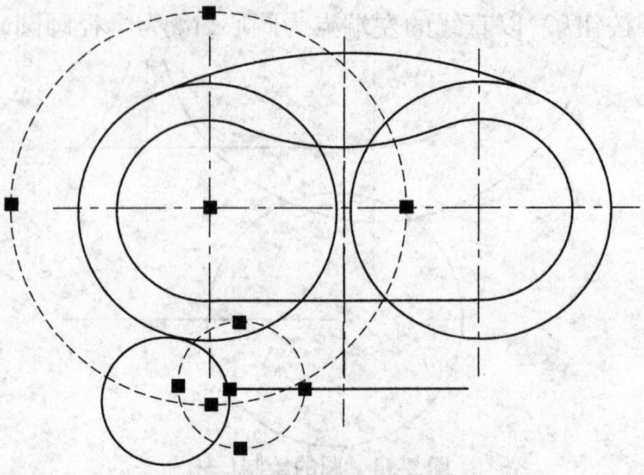

图 2-57　删除对象的选择

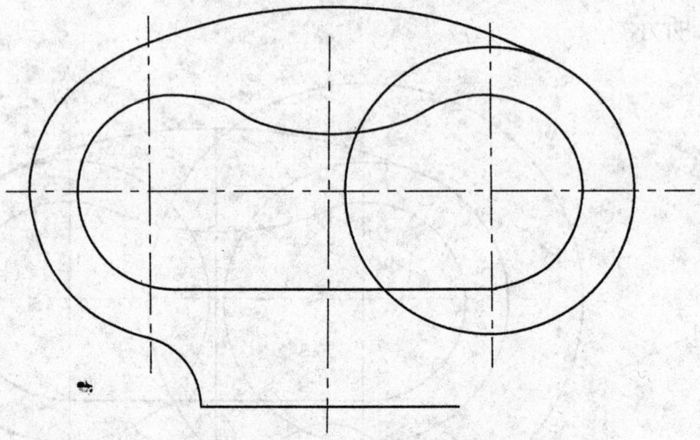

图 2-58　剪切整理后的图形

(25)选中刚刚完成的弧,单击"修改"工具栏上的镜像命令按钮⚠,捕捉到中心线的上端点,如图 2-59 所示,单击。

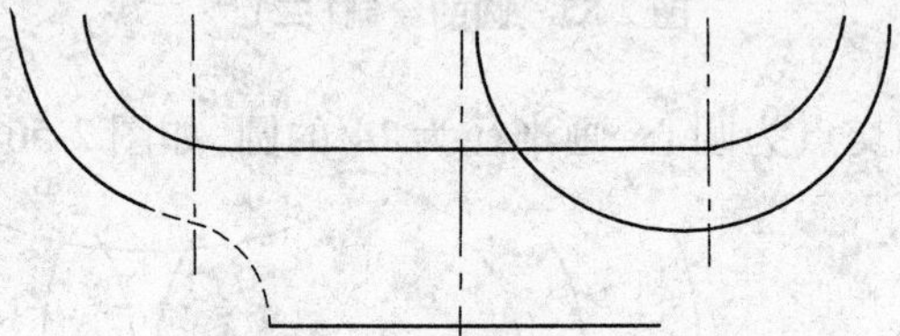

图 2-59　镜像点的选择(一)

(26)利用对象追踪,再在这根线上任找一点,如图 2-60 所示,单击。

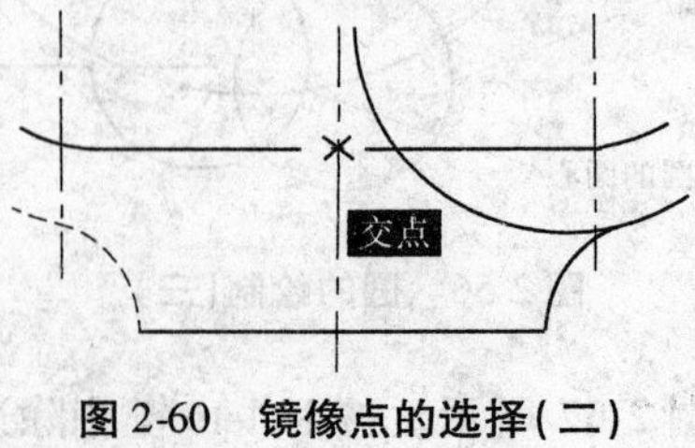

图 2-60　镜像点的选择(二)

(27)回车确定,完成对象的镜像,如图 2-61 所示。

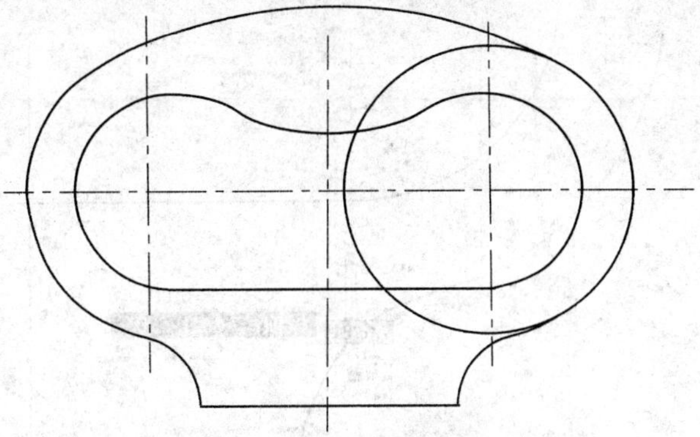

图 2-61　镜像后的图形

(28)修剪掉多余的弧后,绘制的图形如图 2-62 所示。

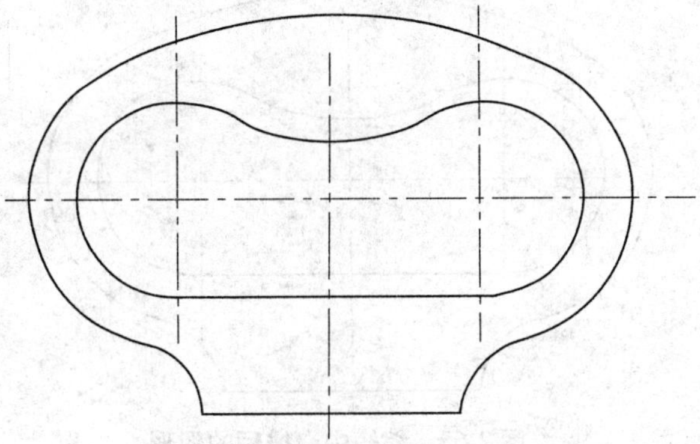

图 2-62　修剪掉多余的弧后的图形

(29)选中需缩短的对象,如图 2-63 所示。

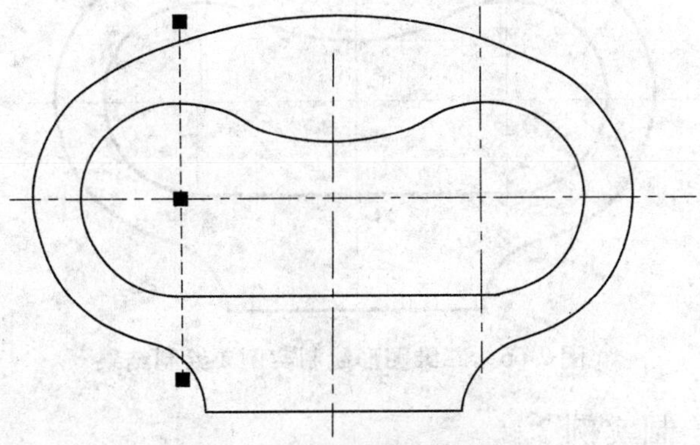

图 2-63　缩短对象选择

(30)单击下方夹点处,向上移动光标,如图 2-64 所示。

(31)到合适位置后,单击,缩短此中心线,绘制图形如图 2-65 所示。

(32)采用同样的方法调整好各个线段长度,按下线宽按钮,可看到所绘图形如图 2-66 所示。

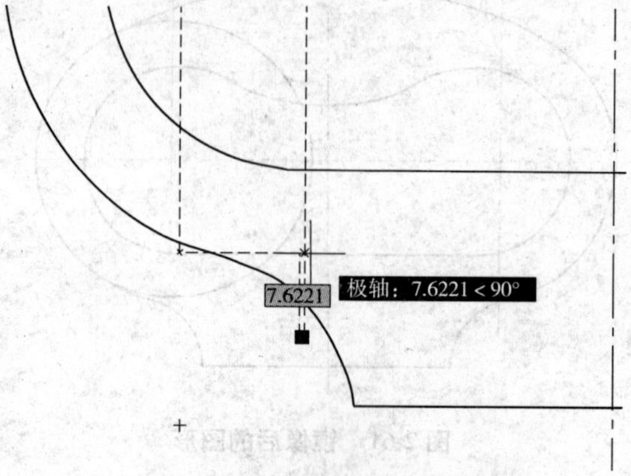

图 2-64　缩短对象

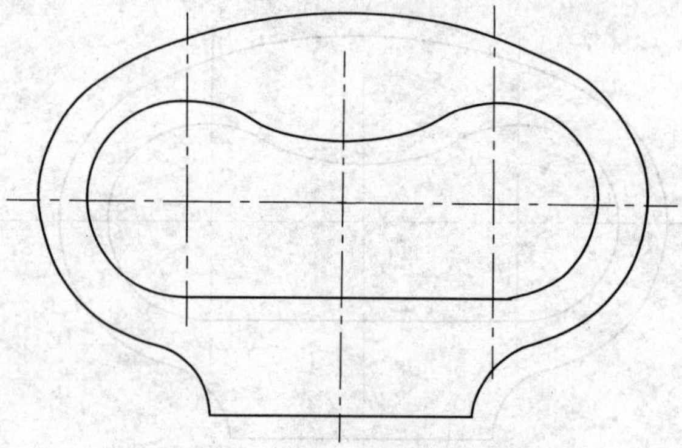

图 2-65　缩短中心线后的图形

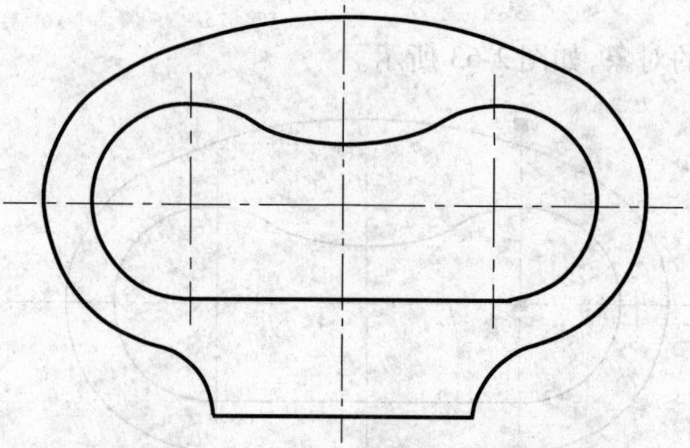

图 2-66　二维图形绘制实例 2 绘制结果

三、二维图形绘制实例 3

二维图形绘制实例 3 如图 2-67 所示。

此图的绘制思路为：绘制中间 $\phi 22$ 的圆，绘制出定位线，绘制图形的上半部分，镜像出图形的下半部分。

打开第一章所建的样板文件，单击“文件”—“另存为”命令把此文件另存为“二维图形绘制实例 3. dwt”，开始绘图。或在新建一个 AutoCAD 2008 系统默认的样板文件后，进行图

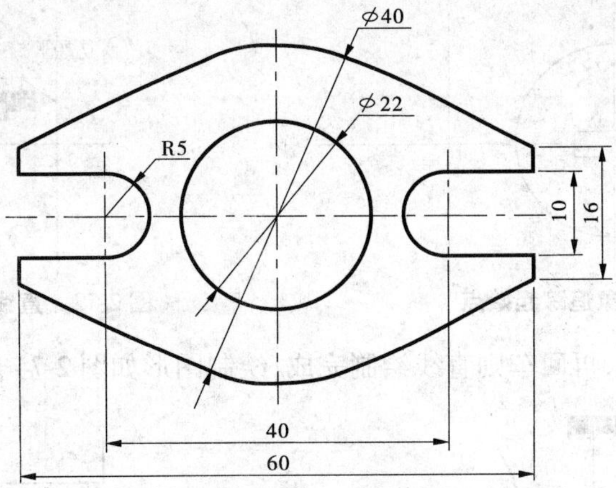

图 2-67　二维图形绘制实例 3

层的设置，将 0 层作为粗实线层，新建细实线层，新建中心线层，具体方法见第一章第三节"设置图层、线型及颜色"。右键单击状态栏上的按钮 对象捕捉 ，进行常用的对象捕捉的设置，如中点、端点、圆心、交点等。

(1)单击"绘图"工具栏上的圆命令按钮，在绘图区域任一位置绘制一半径为 11 的圆，若绘制的圆显示得太小，在命令行输入"z"，单击空格键确定，再在命令行输入"e"，再单击空格键确定。

(2)绘制中心线。把图层换到中心线层，如图 2-68 所示。绘制中心线，如图 2-69 所示。若图中线型比例不合适，可在图形绘制的最后，再统一调整。

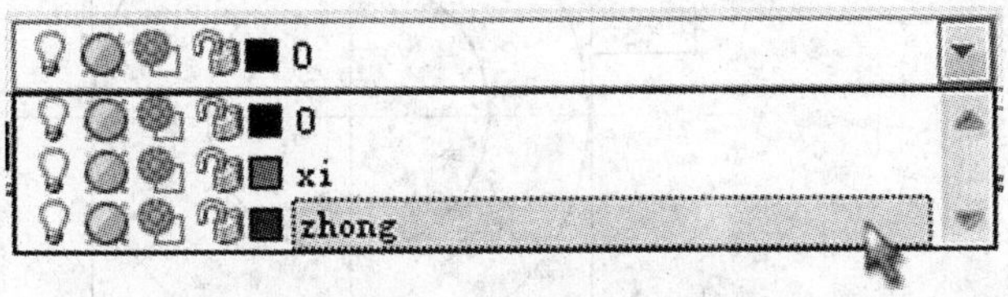

图 2-68　图层的切换

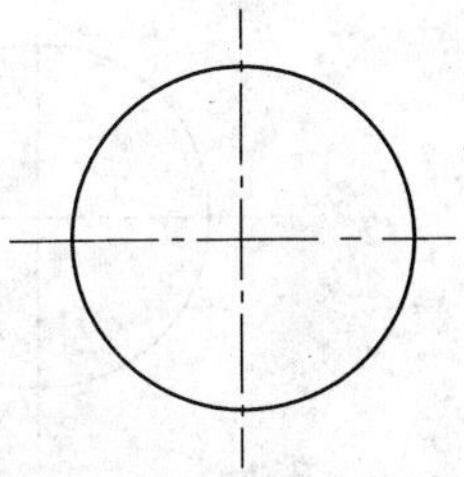

图 2-69　中心线的绘制

(3)单击"修改"工具栏上的偏移命令按钮，输入偏移的距离 20，单击空格键确定；选择要偏移的对象——竖直的中心线，在竖直的中心线的左边单击，则竖直中心线向左边偏移出了一条相同的中心线，距离为 20；再选择要偏移的对象——竖直的中心线，在竖直的中心线的右边单击，则竖直中心线向右边偏移出了一条相同的中心线，距离为 20，如图 2-70 所示。

(4)单击"绘图"工具栏上的直线命令按钮，从如图 2-71 所示点处开始向上追踪；输入追踪距离 5，回车后，直线的第一个端点已选中，如图 2-72 所示。

(5)再沿水平线向左移动光标，进行追踪，输入距离 10，如图 2-73 所示。回车后直线的第二个端点被选中；再向上移动光标，进行

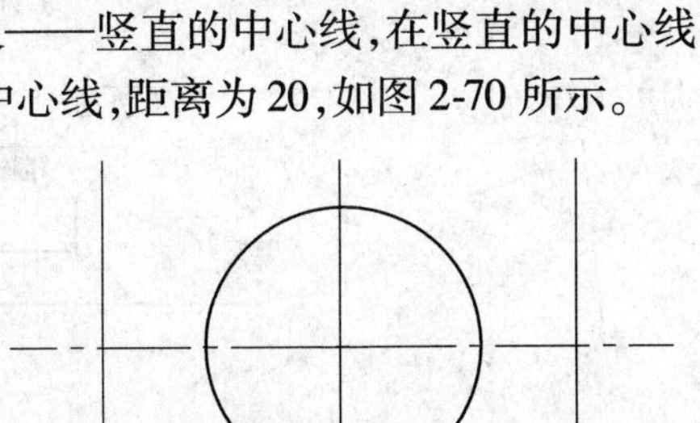

图 2-70　中心线偏移结果

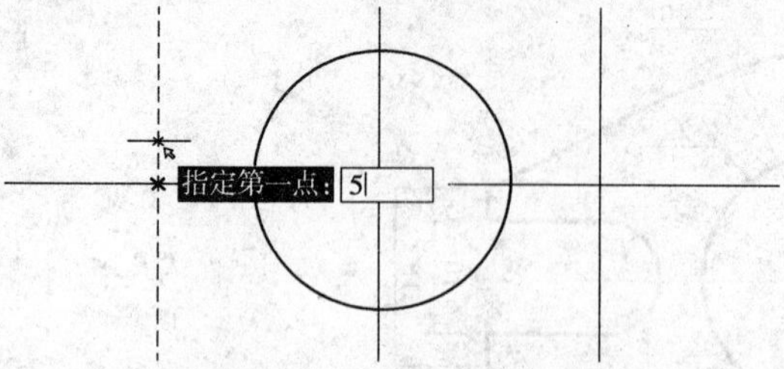

图 2-71　对象追踪起始点

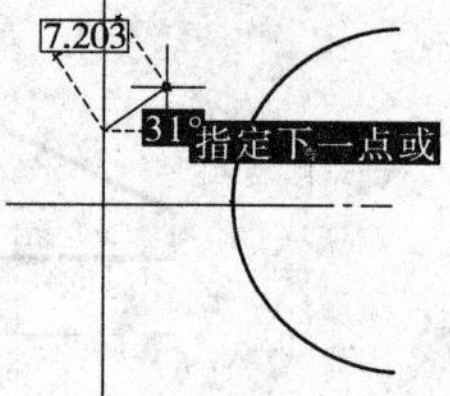

图 2-72　直线的第一个端点

追踪,输入距离 3,回车,再回车则直线绘制完成,绘制图形如图 2-74 所示。

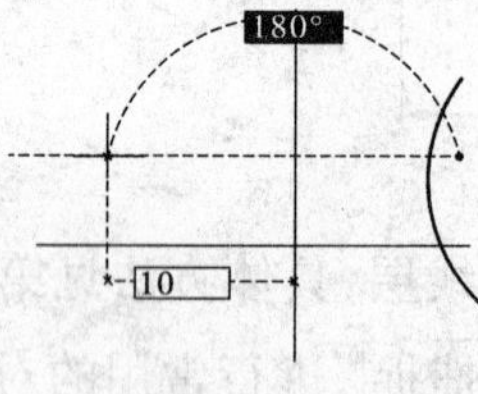

图 2-73　利用对象追踪绘制一定长度的线段

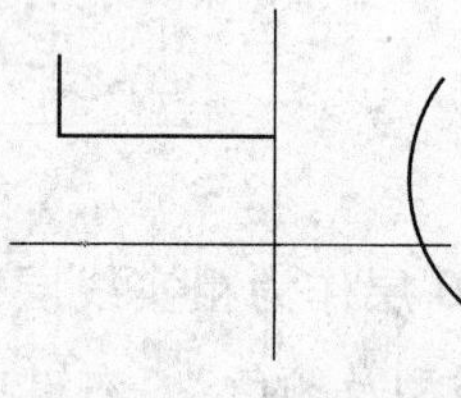

图 2-74　利用对象追踪绘制的线段

(6)单击"绘图"工具栏的圆命令按钮,把光标放到圆的附近,捕捉到圆心,如图 2-75 所示。单击,则所绘圆的圆心就在捕捉到的那一点,输入圆的半径 20,绘制的图形如图 2-76 所示。

图 2-75　圆心的捕捉

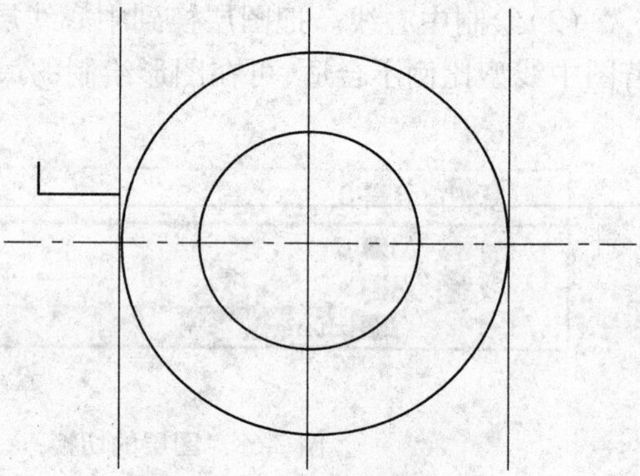

图 2-76　同心圆的绘制

(7)单击"绘图"工具栏上的直线命令图标,选择直线的第一点,如图 2-77 所示。

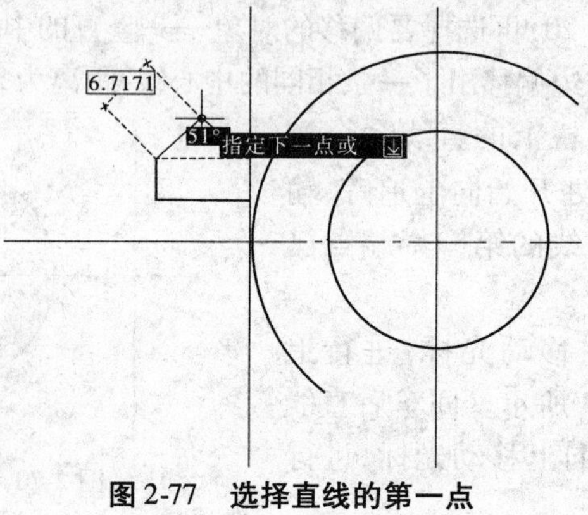

图 2-77　选择直线的第一点

移动光标到“标准”工具栏，单击鼠标右键，出现如图 2-78 所示菜单。把光标移到“对象捕捉”命令前，单击，调出“对象捕捉”工具栏，单击此工具栏上的捕捉到切点图标 ○，如图 2-79所示。

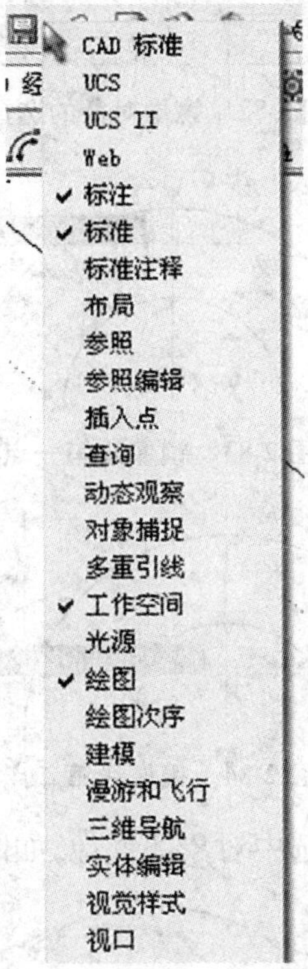

图 2-78 “标准”工具栏右键菜单

图 2-79 “对象捕捉”工具栏

再把光标移动到要捕捉的切点附近，当切点图标出现时，如图 2-80 所示，单击，再单击空格键确定，切线绘制完成，绘制的图形如图 2-81 所示。

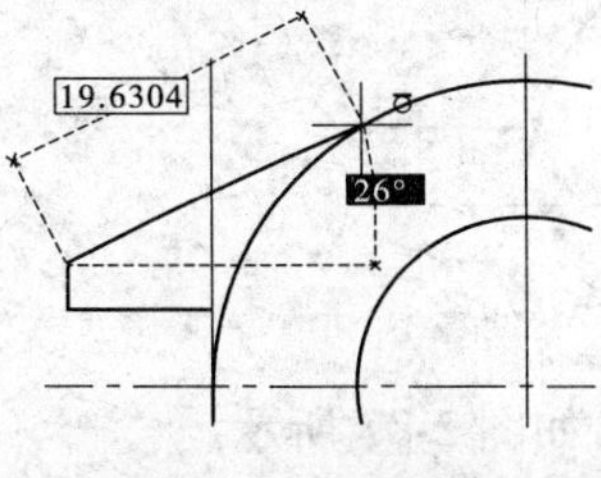

图 2-80 切点的捕捉

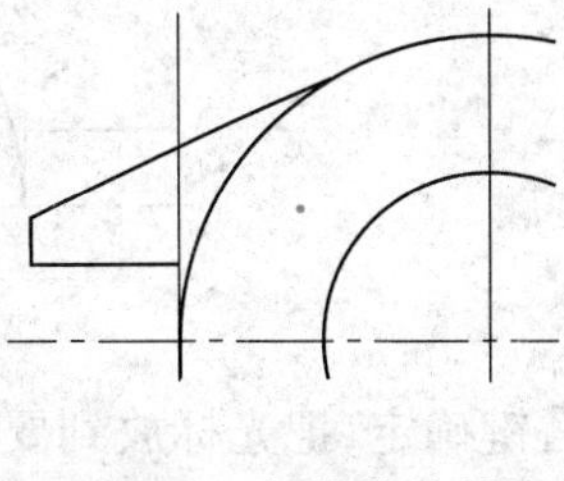

图 2-81 切线的绘制

(8)单击“修改”工具栏上的镜像命令按钮，选择要镜像的对象，如图 2-82 所示。

单击鼠标右键确定，移动光标至竖直中心线附近，在其上任意捕捉到一点，如图 2-83 所示。

单击，再在这条线上捕捉到任意的另一点，如图 2-84 所示。

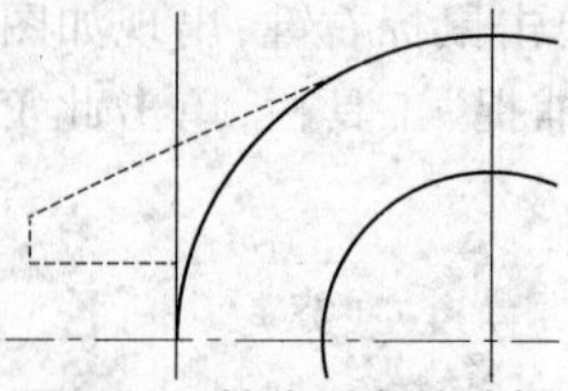

图 2-82　镜像对象的选择

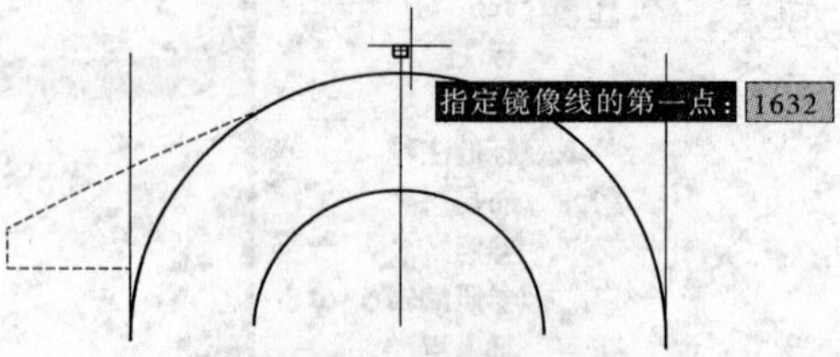

图 2-83　镜像线第一点

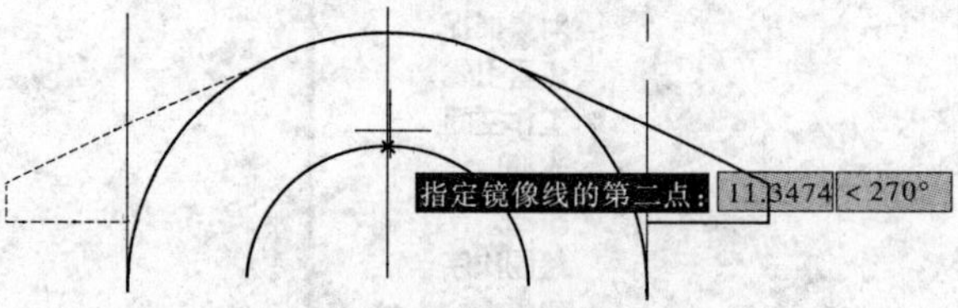

图 2-84　镜像线第二点

单击，单击空格键确定，完成被选中对象的镜像，如图 2-85 所示。

图 2-85　镜像后的图形

（9）单击“修改”工具栏上的修剪命令按钮 -/-，选择修剪边界，如图 2-86 所示。

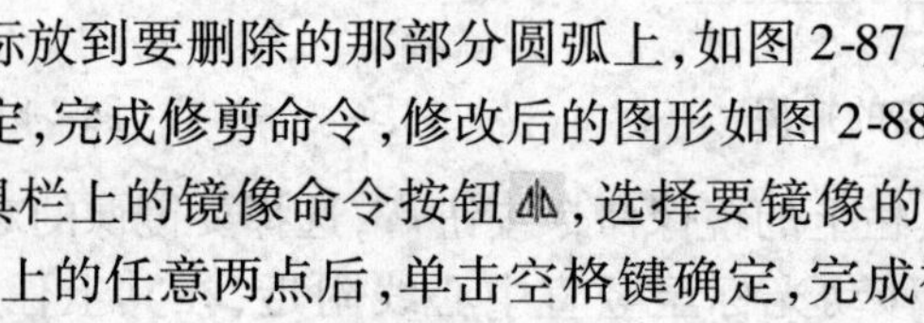

图 2-86　修剪边界的选择

单击右键确定，把光标放到要删除的那部分圆弧上，如图 2-87 所示。

单击，单击空格键确定，完成修剪命令，修改后的图形如图 2-88 所示。

（10）单击“修改”工具栏上的镜像命令按钮 ⚠，选择要镜像的对象，如图 2-89 所示，单击右键。选择水平中心线上的任意两点后，单击空格键确定，完成被选对象的镜像，绘制的图形如图 2-90 所示。

（11）单击绘图工具栏上的圆弧命令图标 ⌒，在命令行输入“c”（选择通过圆心，弧上两

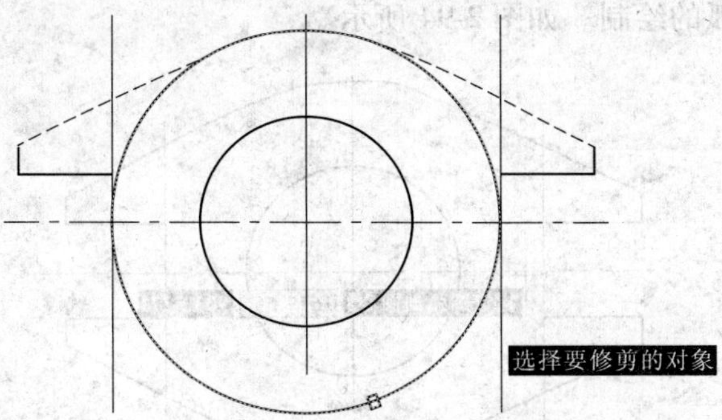

图 2-87　剪切对象的选择

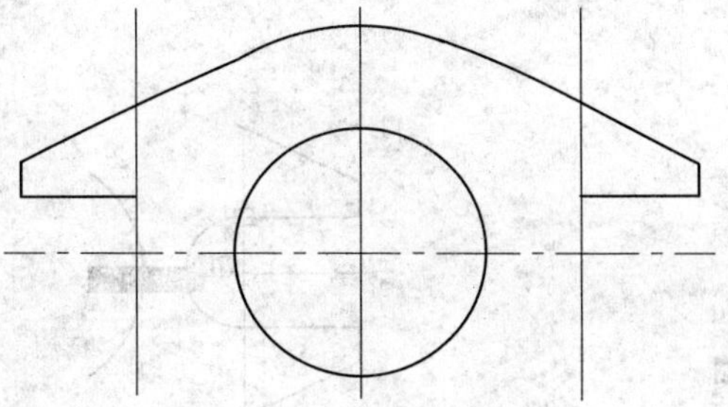

图 2-88　修剪后的图形

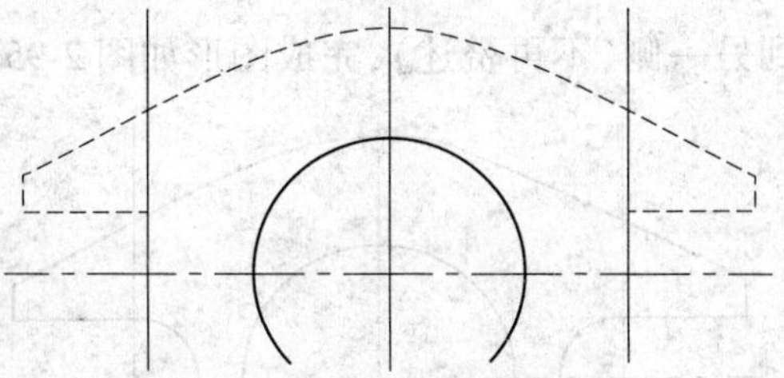

图 2-89　镜像对象的选择

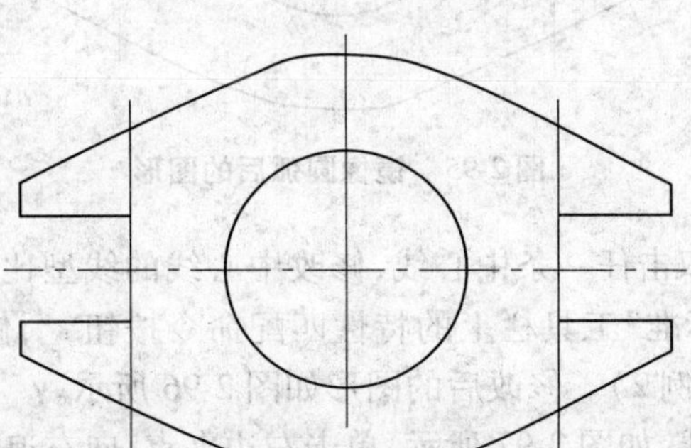

图 2-90　镜像后的图形

点的方法绘制弧），单击空格键确定；移动光标，捕捉到如图 2-91 所示点（圆弧的圆心），单击，接着捕捉到如图 2-92 所示点（圆弧起点），单击，再捕捉到如图 2-93 所示点（圆弧的终点),单击,完成了圆弧的绘制。如图 2-94 所示。

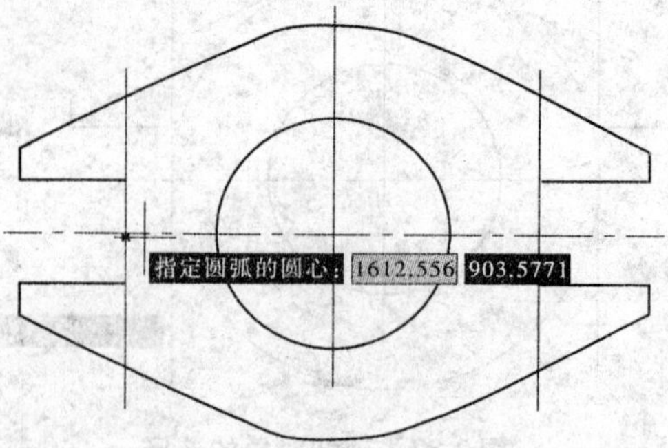

图 2-91　圆弧圆心的捕捉

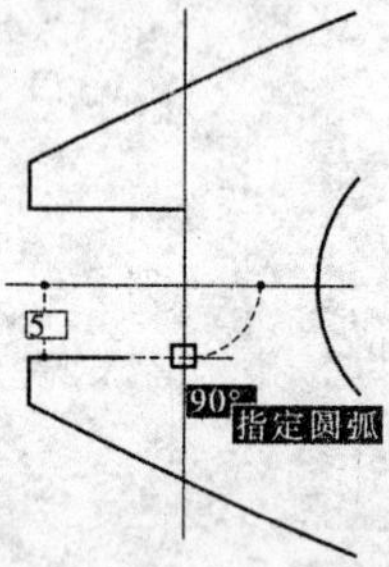

图 2-92　圆弧的起点

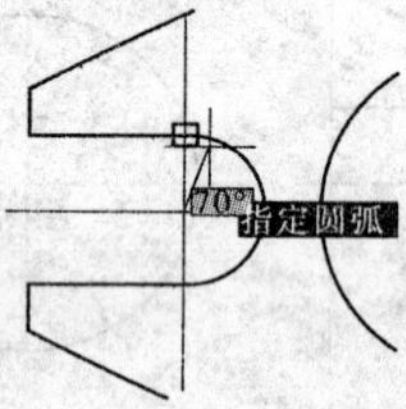

图 2-93　圆弧的终点

图 2-94　绘制的圆弧

(12)把此圆弧镜像到另一侧(不再赘述),完成图形如图 2-95 所示。

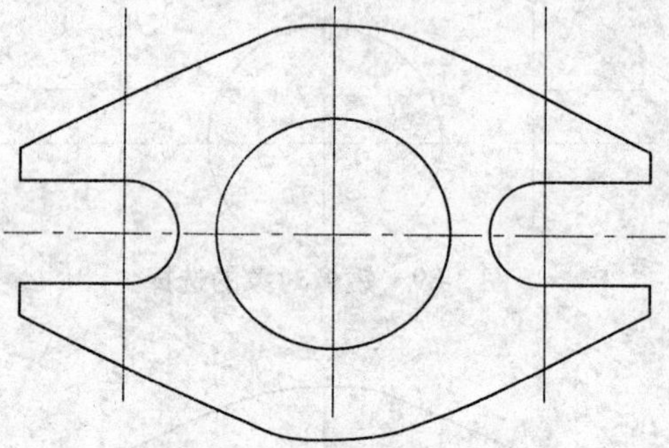

图 2-95　镜像圆弧后的图形

(13)整理中心线。双击任一条中心线,修改中心线的线型比例至合适(参照二维图形绘图实例 2)。再单击“标准”工具栏上的特性匹配命令按钮,修改别的中心线的线型比例(参照二维图形绘图实例 2)。修改后的图形如图 2-96 所示。

(14)选中水平中心线,如图 2-97 所示,单击左边夹点,向右追踪,把中心线左边缩短,采用同样方法缩短中心线右端。线段过短也可用此种方法把它延长。

对于过长的线段还可采用一种打断的方法使其缩短。单击“修改”工具栏的打断命令按钮,单击要打断的地方,如图 2-98 所示。再单击线段端点,如图 2-99所示。线段被打断的结果如图 2-100 所示。

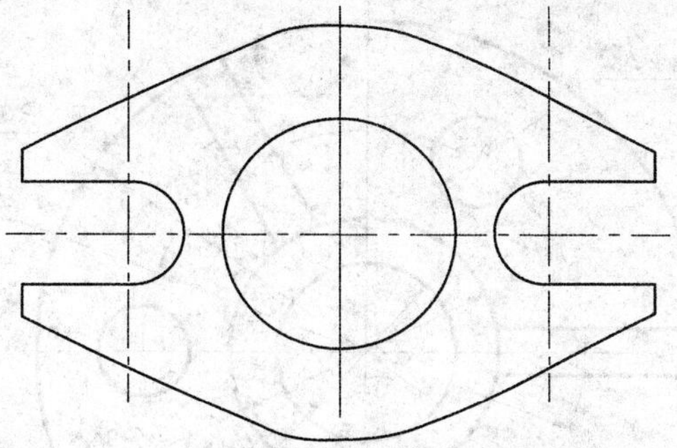

图 2-96　中心线的线型比例修改后的图形

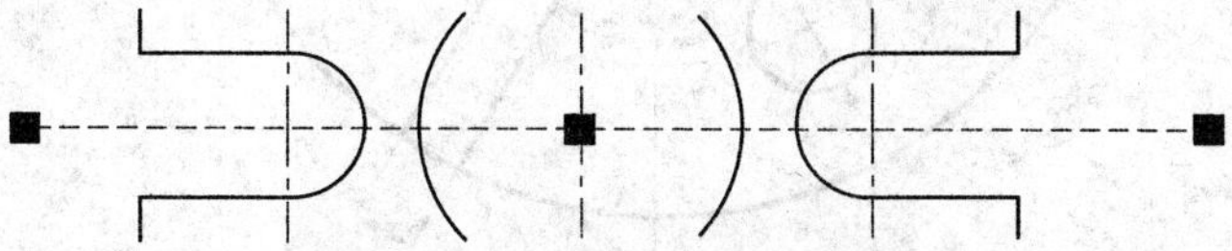

图 2-97　水平中心线的选择

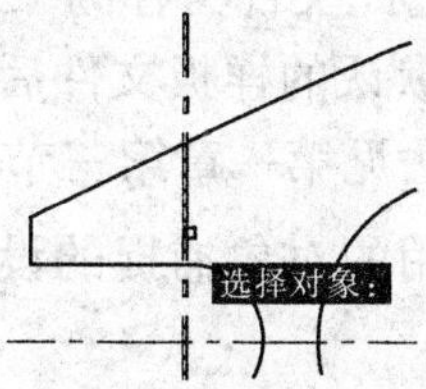

图 2-98　打断第一点的选择

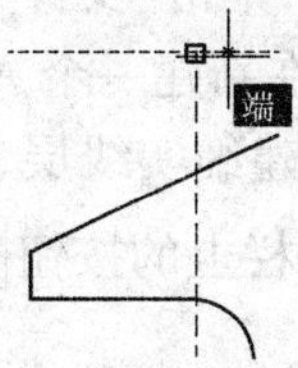

图 2-99　打断第二点的选择

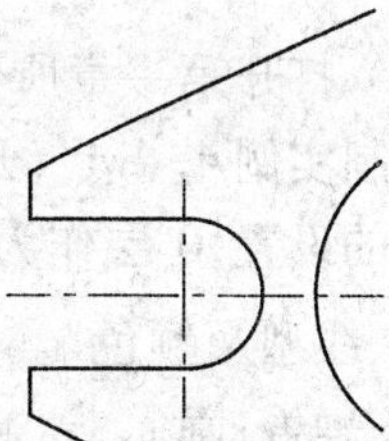

图 2-100　线段被打断

(15)采用同样的方法,修改其余中心线,图形绘制完成。将线宽打开,显示二维图形绘制实例 3 的绘制结果,如图 2-101 所示。

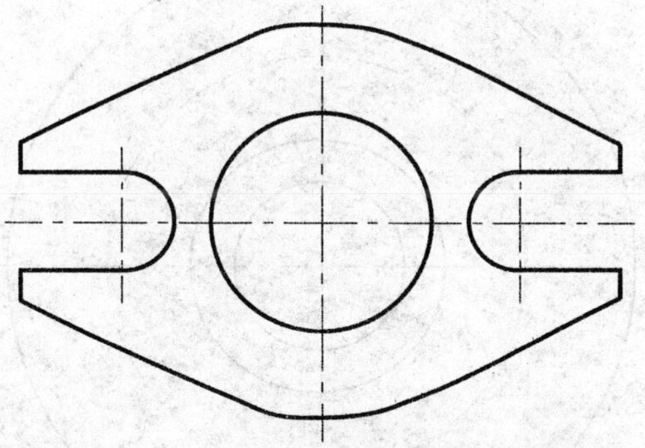

图 2-101　二维图形绘制实例 3 绘制结果

四、二维图形绘制实例 4

二维图形绘制实例 4 如图 2-102 所示。

此图的绘制思路为:绘制图中的四个同心圆,绘制出定位线,绘制图形左边距离为 4 的两根线,绘制出水平中心线上的 $\phi8$ 圆,阵列图形。

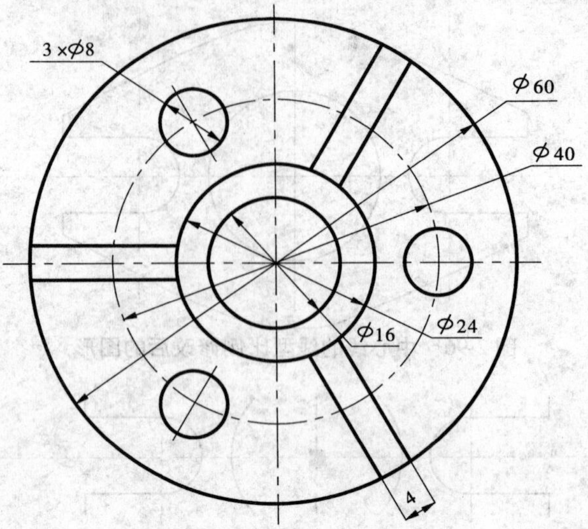

图 2-102　二维图形绘图实例 4

打开第一章所建的样板文件，单击“文件”—“另存为”命令把此文件另存为“二维图形绘制实例 4. dwt”，开始绘图。或在新建一个 AutoCAD 2008 系统默认的样板文件后，进行图层的设置，0 层作为粗实线层，新建细实线层、中心线层，具体方法见第一章第三节“设置图层、线型及颜色”。右键单击状态栏上的按钮[对象捕捉]，进行常用的对象捕捉的设置，如中点、端点、圆心、交点等。

(1)绘制半径分别为 8、12、20、30 的同心圆。

(2)在中心线层绘出中心线，并修改线型比例，把半径为 20 的圆放到中心线层，修改其线型比例，绘出的图形如图 2-103 所示。

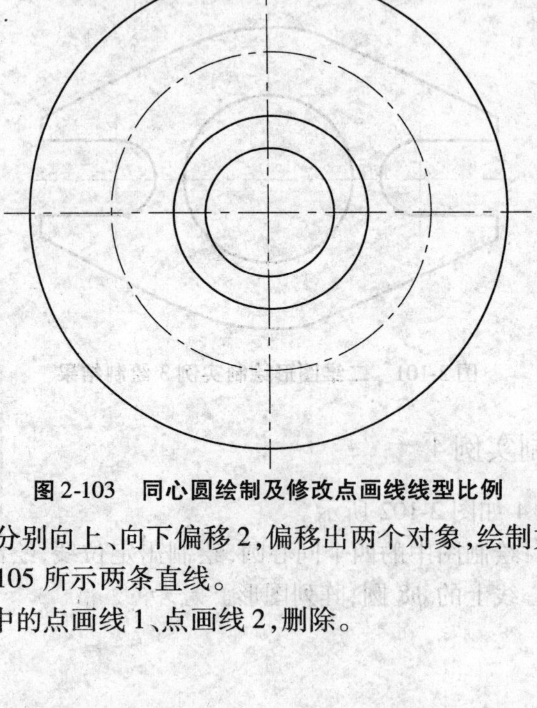

图 2-103　同心圆绘制及修改点画线线型比例

(3)将水平中心线分别向上、向下偏移 2，偏移出两个对象，绘制如图 2-104 所示图形。

(4)绘制出如图 2-105 所示两条直线。

(5)选中图 2-105 中的点画线 1、点画线 2，删除。

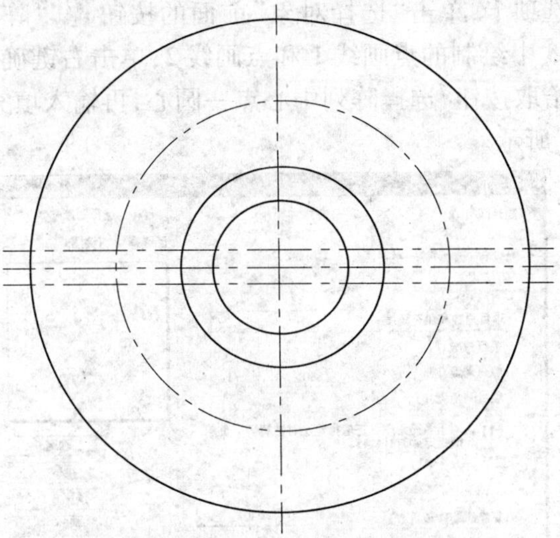

图 2-104　中心线偏移后的图形

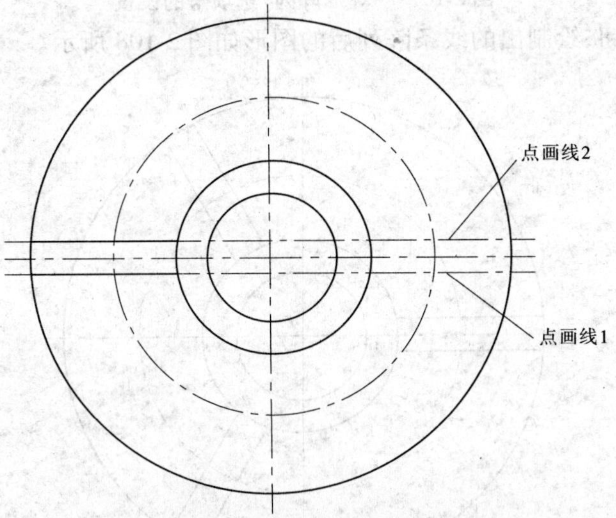

图 2-105　粗实线的绘制

(6)单击“修改”工具栏的阵列命令按钮，弹出“阵列”对话框，如图 2-106 所示。

图 2-106　“阵列”对话框

选择“环形阵列”选项卡，单击“选择对象”前面的按钮，“阵列”对话框消失，拾取要阵列的对象，即图 2-105 中绘制的点画线 1 和点画线 2，单击右键确定，“阵列”对话框弹出，单击“中心点”右边的拾取按钮，选择阵列中心点—圆心，再输入填充项目总数 3。具体的阵列命令设置如图 2-107 所示。

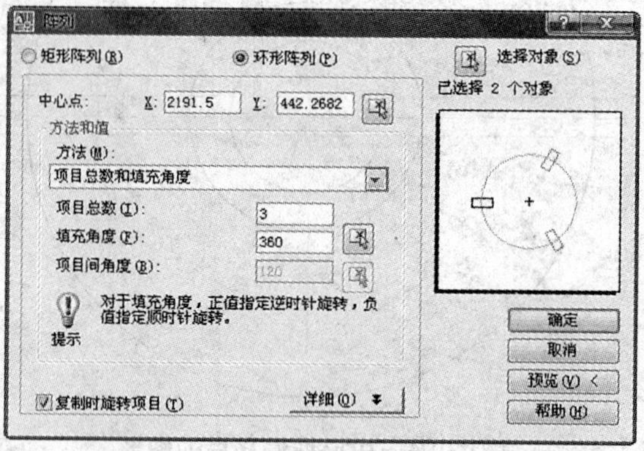

图 2-107　“环形阵列”选项卡的设置

单击“确定”按钮，绘制出的线条阵列后的图形如图 2-108 所示。

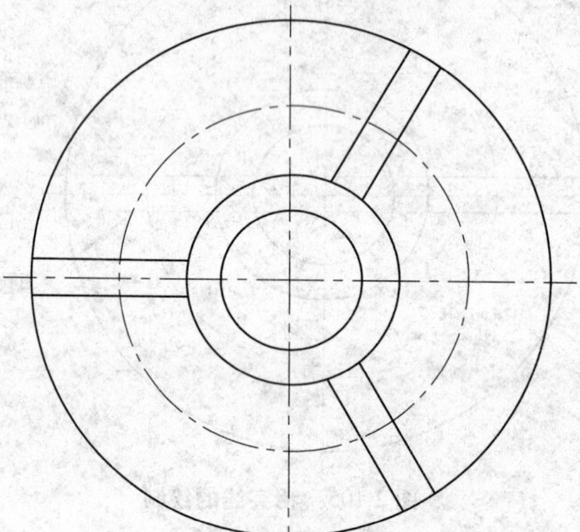

图 2-108　线条阵列后的图形

(7)采用同样的方法，绘制出半径为 4 的圆及其中心线(此处中心线一定要绘制)，然后进行阵列，绘制图形完成。将线宽打开，显示二维图形绘制实例 4 的绘制结果，如图 2-109 所示。

五、二维图形绘制实例 5

二维图形绘制实例 5 如图 2-110 所示。

此图的绘制思路为：绘制 $\phi16$ 与 $\phi37$ 两个定位圆，绘制出定位线，绘制出切线及连接弧 R80，绘制出多边形，绘制出带倒角的矩形。

打开第一章所建的样板文件，单击“文件”—“另存为”命令把此文件另存为“二维图形绘制实例 5. dwt”，开始绘图。或在新建一个 AutoCAD 2008 系统默认的样板文件后，进行图

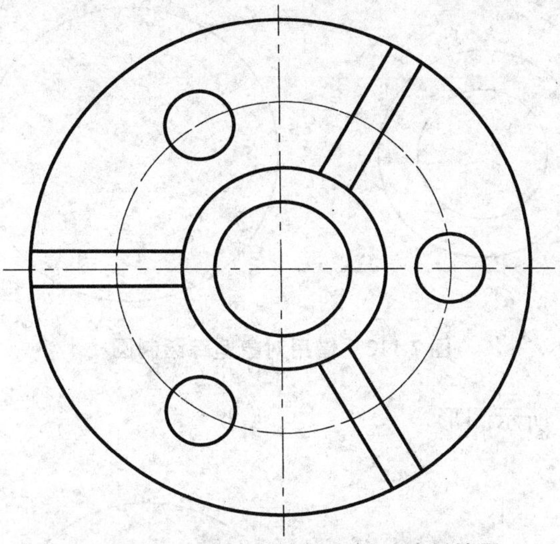

图 2-109　二维图形绘制实例 4 绘制结果

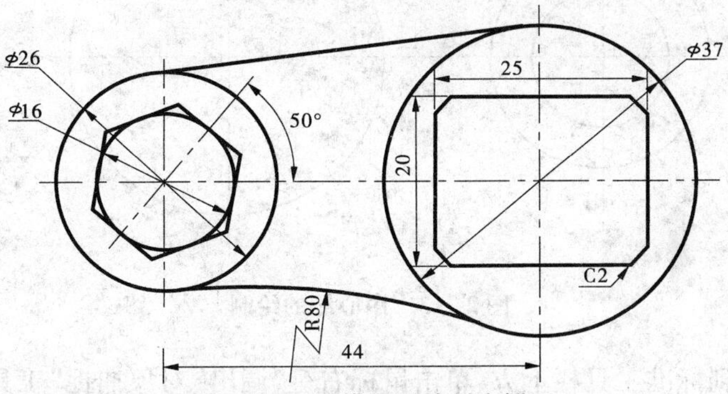

图 2-110　二维图形绘制实例 5

层的设置，将 0 层作为粗实线层，新建细实线层，新建中心线层，具体方法见第一章第三节"设置图层、线型及颜色"。右键单击状态栏上的按钮 对象捕捉 ，进行常用的对象捕捉的设置，如中点、端点、圆心、交点等。

（1）绘制半径分别为 8、13 的两个同心圆。

（2）单击"绘图"工具栏上的圆命令图标 ⊘，从圆心开始向右追踪，输入距离 44，如图 2-111所示。回车确定，所绘圆的圆心确定下来。再输入圆的半径 18.5，回车，绘制出的圆，如图 2-112 所示。

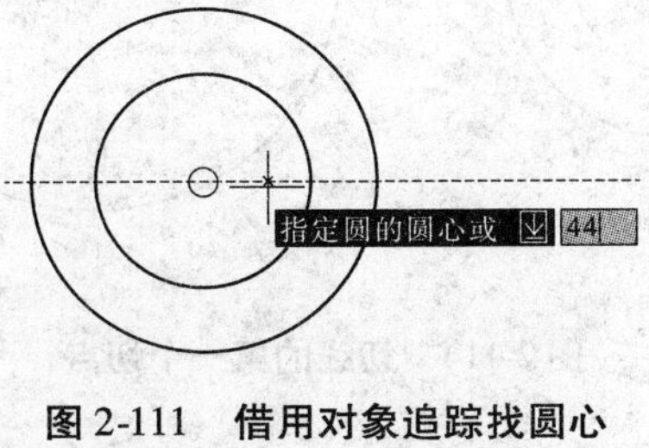

图 2-111　借用对象追踪找圆心

（3）将当前图层切换到中心线层，绘制中心线，若需要修改线型比例，双击对象，修改线

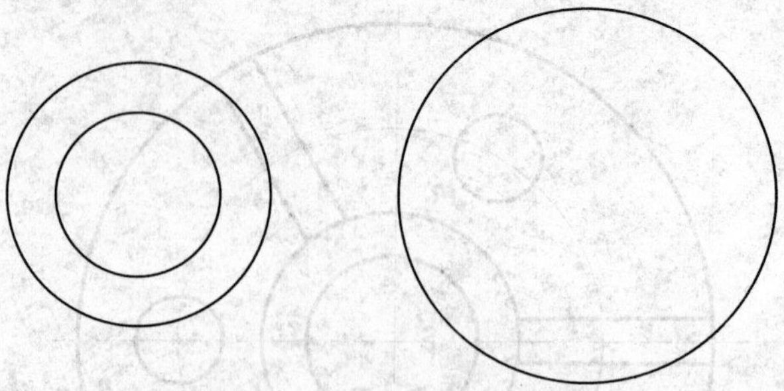

图 2-112　借用对象追踪绘制圆

型比例，绘制如图 2-113 所示图形。

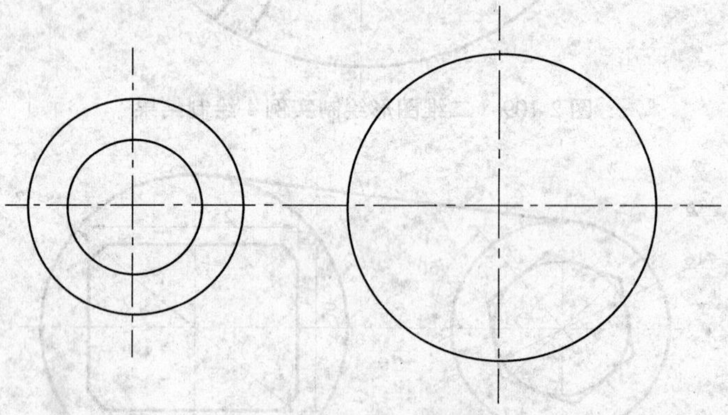

图 2-113　中心线的绘制

(4)把光标放到标准工具栏上方，单击鼠标右键，调出“对象捕捉”工具栏。

(5)单击直线命令按钮，单击“对象捕捉”工具栏上的，将光标移到切点附近，当出现切点时，单击鼠标左键，如图 2-114 所示。再将光标移到“对象捕捉”工具栏，单击图标，将光标移到另一切点附近，单击，绘制出如图 2-115 所示的切线。

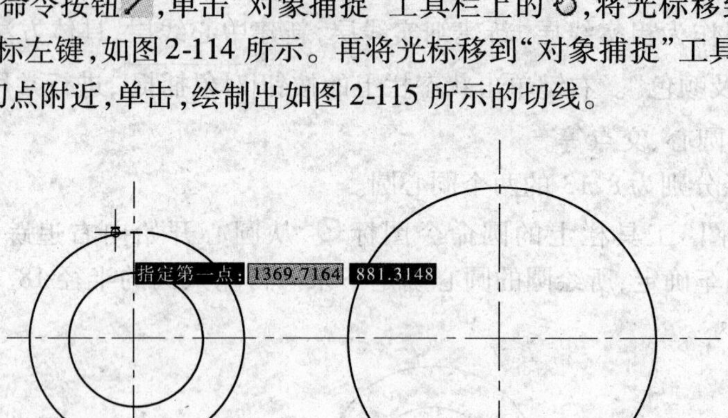

图 2-114　切线的第一个切点

(6)单击圆命令按钮。

命令行提示：

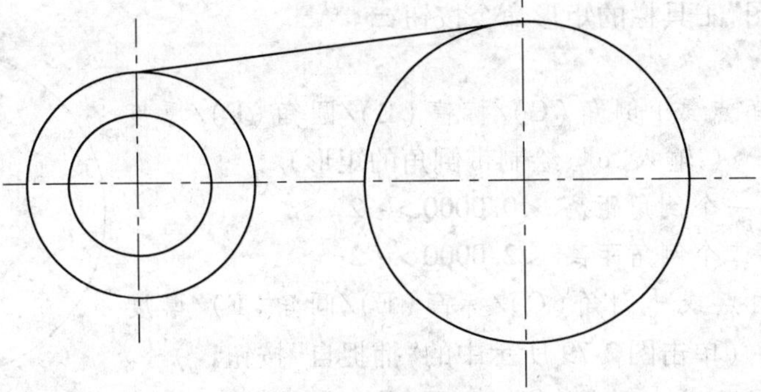

图 2-115　切线的绘制

CIRCLE 指定圆的圆心或［三点(3P)/两点(2P)/相切、相切、半径(T)］: t　(输入“t”，单击空格键确定,以“相切、相切、半径”的方式绘制圆)

指定对象与圆的第一个切点:　(用二维图形绘制实例 3 中的方法,调出图 2-79 所示“对象捕捉”工具栏,并单击其上的捕捉到切点按钮 ,接着单击如图 2-116 所示切点)

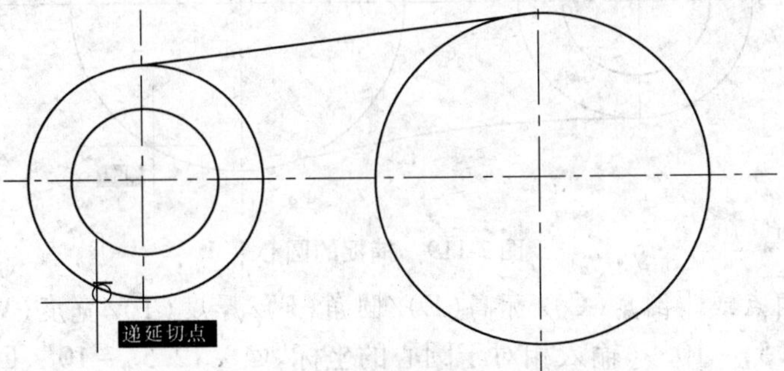

图 2-116　相切圆的第一个切点

指定对象与圆的第二个切点:　(再单击捕捉到切点按钮 。单击如图 2-117 所示切点)

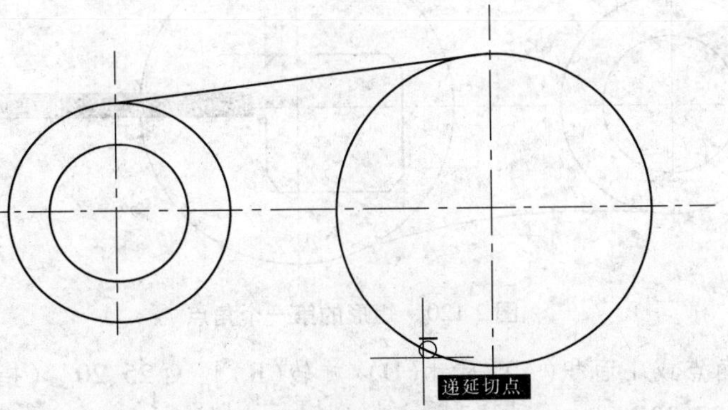

图 2-117　相切圆的第二个切点

指定圆的半径 <18.5000>: 80　(输入相切圆的半径“80”,回车确定)

绘制出如图 2-118 所示的相切圆。

(7)用“剪切”命令修去不需要的弧。

(8)单击“绘图”工具栏的矩形命令按钮▭。

命令行提示：

指定第一个角点或［倒角(C)/标高(E)/圆角(F)/厚度(T)/宽度(W)］:c （输入“c”,绘制带倒角的矩形）

指定矩形的第一个倒角距离 <0.0000>：2

指定矩形的第二个倒角距离 <2.0000>：2

指定第一个角点或［倒角(C)/标高(E)/圆角(F)/厚度(T)/宽度(W)］：（单击图 2-79 所示中的“捕捉自”按钮）

指定第一个角点或［倒角(C)/标高(E)/圆角(F)/厚度(T)/宽度(W)］：_from 基点：（单击图 2-119 中所示的圆心）

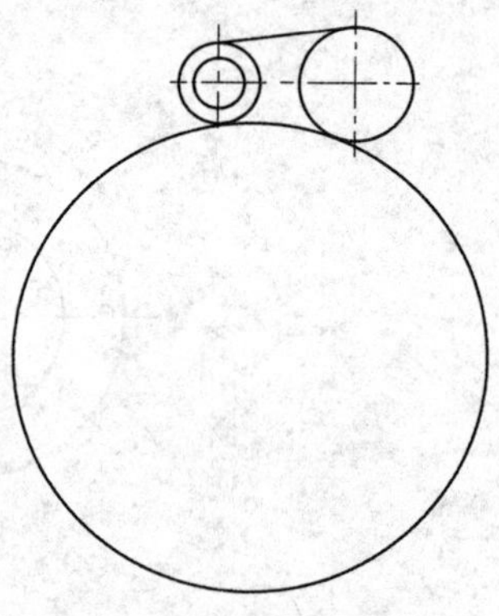

图 2-118 相切圆的绘制

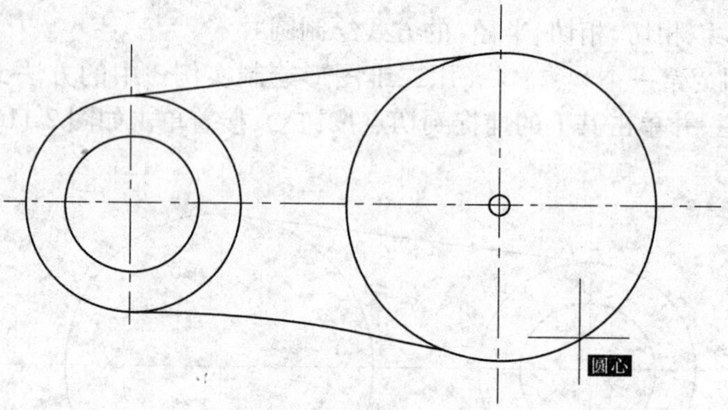

图 2-119 捕捉的圆心

指定第一个角点或［倒角(C)/标高(E)/圆角(F)/厚度(T)/宽度(W)］：_from 基点：<偏移>:@ －12.5，－10 （输入相对于圆心的坐标“@ －12.5，－10”,回车。“@”表示相对坐标）

绘制出矩形的左下角,如图 2-120 所示。

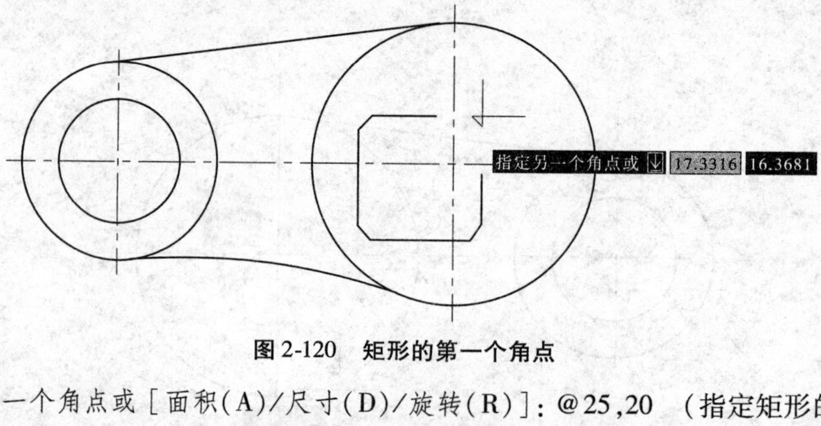

图 2-120 矩形的第一个角点

指定另一个角点或［面积(A)/尺寸(D)/旋转(R)］：@25,20 （指定矩形的另一个角点的相对坐标“@25,20”）

矩形绘制完成,绘制的结果如图 2-121 所示。

(9)单击“绘图”工具栏上的多边形命令按钮⬠。

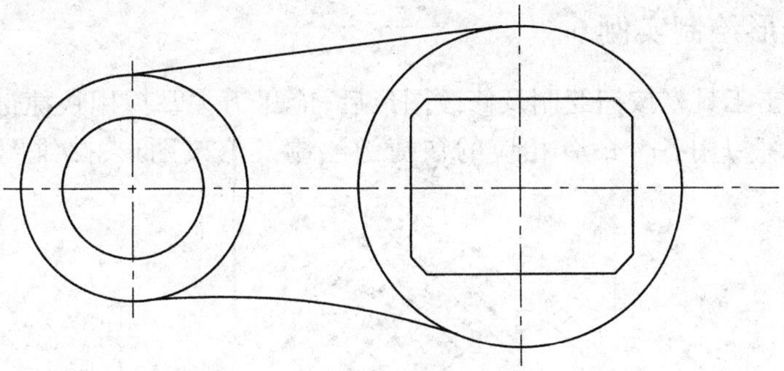

图 2-121　矩形的绘制

命令行提示：

polygon 输入边的数目 <4>：6 （绘制六边形）

指定正多边形的中心点或［边(E)］：（捕捉到圆心，单击）

输入选项［内接于圆(I)/外切于圆(C)］<I>：c （利用外切于圆的方式绘制多边形）

指定圆的半径：@8 <50 （表示圆的半径相对于中心长 8，方向为 50 度，回车后完成的图形如图 2-122 所示）

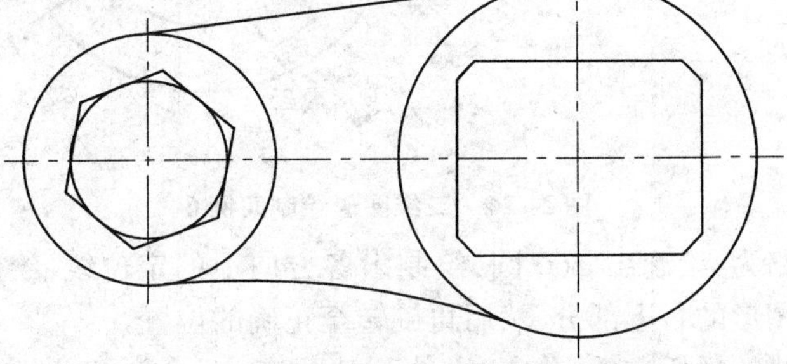

图 2-122　特定方向上正多边形的绘制

(10)多边形中心线的绘制。单击“绘图”工具栏上的直线命令按钮。

命令行提示：

指定下一点或［放弃(U)］：（捕捉到圆心）

指定下一点或［放弃(U)］：<50 （在 50 度方向上绘制直线）

单击，即可绘出 50 度方向上任意长度的线，绘制出中心线的一半。采用同样的方法，绘制出中心线的另一半。将线宽打开，绘制的图形如图 2-123 所示。

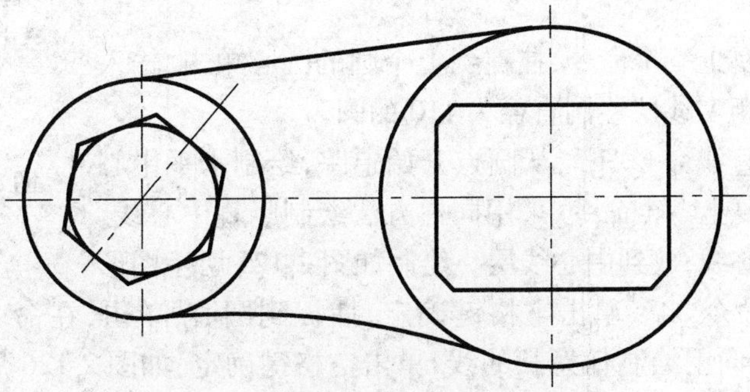

图 2-123　二绘图形绘制实例 5 绘制结果

六、二维图形绘制实例 6

在掌握了单击工具栏按钮绘制及修改图形后,应尽力去掌握用快捷键的方式绘制及修改图形。本实例练习用各个命令相应的快捷键绘制及修改图形,二维图形绘制实例 6 如图 2-124所示。

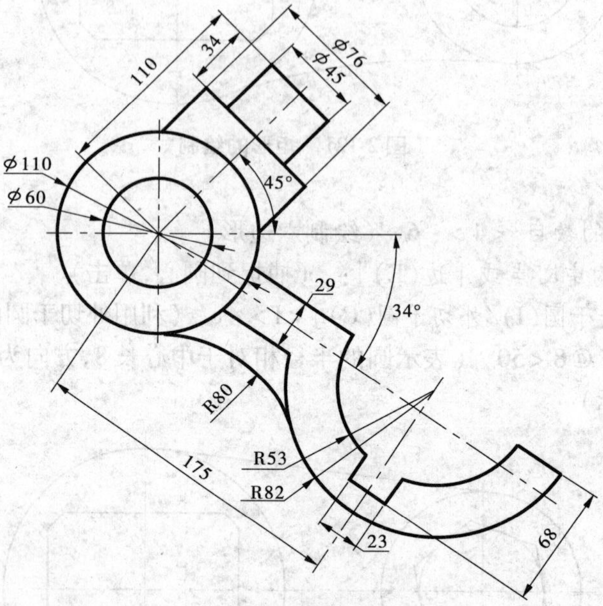

图 2-124　二维图形绘制实例 6

此图的绘制思路为:绘制出 φ60 圆,绘制出各方向上的定位线,绘制图形的右下部分,在水平方向上绘制图形的右上部分,然后再旋转至正确的位置。

打开第一章所建的样板文件,单击“文件”—“另存为”命令把此文件另存为“二维图形绘制实例 6. dwt”,开始绘图。或在新建一个 AutoCAD 2008 系统默认的样板文件后,进行图层的设置,将 0 层作为粗实线层,新建细实线层、中心线层,具体方法见第一章第三节“设置图层、线型及颜色”。右键单击状态栏上的按钮 对象捕捉 ,进行常用的对象捕捉的设置,如中点、端点、圆心、交点等。

(1)在命令行输入圆命令“C”,单击空格键确定,在绘图区域单击任意一点,作为圆心,输入半径“30”,回车确定,在粗实线层绘制直径为 60 的圆。

单击空格键重复上一个命令,捕捉到上个圆的圆心单击,输入“55”,回车确定,在粗实线层绘制直径为 110 的圆。

在命令行输入直线命令“L”,从圆点开始追踪,绘制水平中心线。单击空格键重复上一个命令,采用同样方法绘制竖直中心线。选中上面绘制的中心线,放到中心线层。绘制如图 2-125 所示图形。

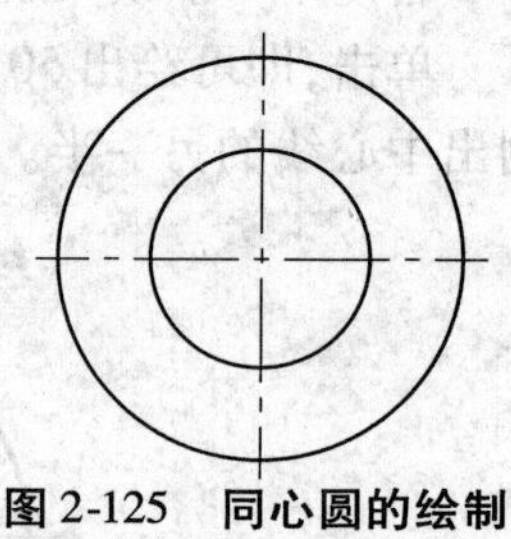

图 2-125　同心圆的绘制

(2)输入直线命令“L”,单击空格键确定,捕捉到圆心,单击,在命令行输入“ < -34”,可以在 -34 度的方向上绘制任意长的线,单击空格键确定,如图 2-126 所示。绘制完成后把此线段放在中心线层。

(3)输入直线命令“L”,单击空格键确定,捕捉到圆心,单击,在命令行输入“ <56”,可通过圆心在 56 度方向上画任一长度的线,单击空格键确定,如图 2-127 所示。

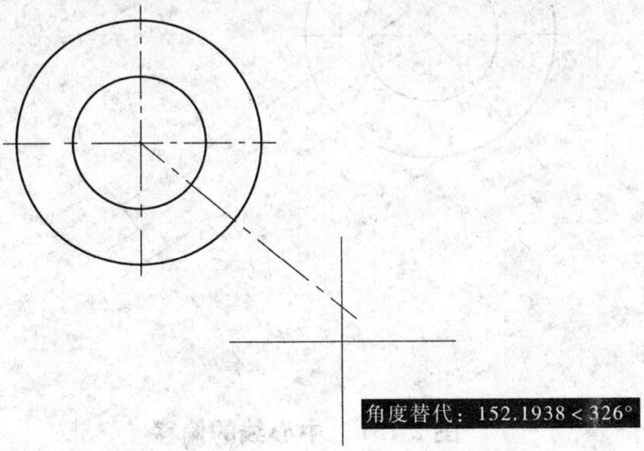

图 2-126　在某一方向上绘制任意长线段(一)

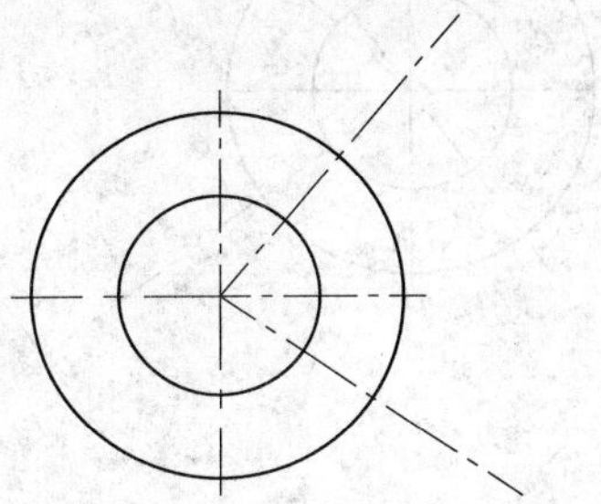

图 2-127　在某一方向上绘制任意长线段(二)

(4)输入移动命令“M”,单击空格键确定,光标变为捕捉的方框,捕捉到上步绘制的 56 度线,单击右键确定;指定基点时,选择如图 2-128 所示的端点,单击,再单击右键确定,移动光标,捕捉到圆心时,单击,绘制图形如图 2-128 所示。

(5)输入偏移命令“O”,单击空格键确定,在命令行输入“175”,单击空格键确定,选择上步所绘制的直线,单击要偏移的一侧,绘制图如图 2-129 所示。

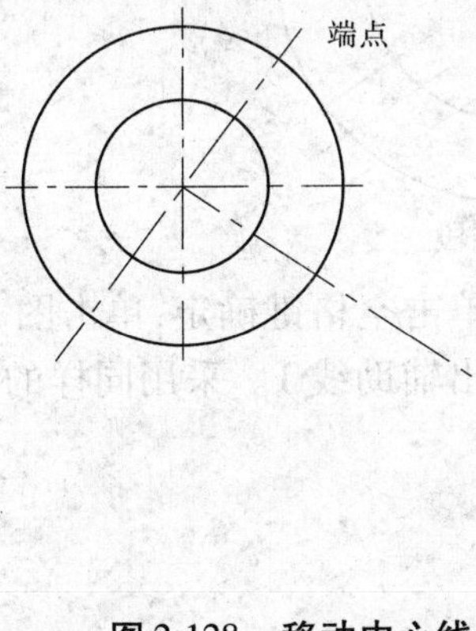

图 2-128　移动中心线

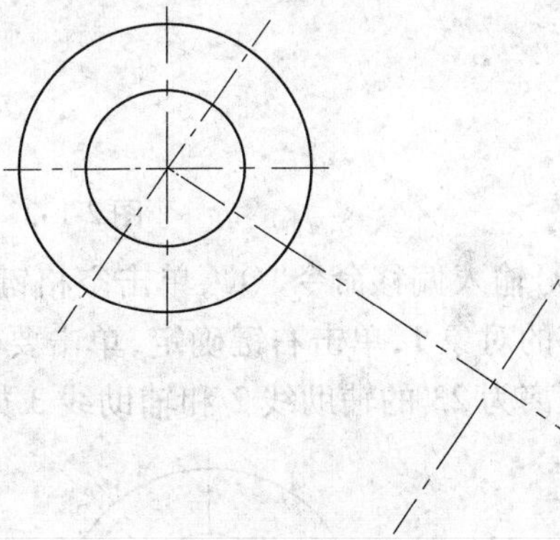

图 2-129　偏移线段

(6)输入直线命令“L”,捕捉到圆心,单击空格键确定,在命令行输入“115 <45”,可通过圆心绘制长度是 115 与水平夹角为 45 度的线,如图 2-130 所示。至此,图形框架已搭好。

(7)输入偏移命令“O”,单击空格键确定,在命令行输入“14.5”,单击空格键确定,单击图 2-130 中的中心线,单击要偏移的一侧——上侧,再选择图 2-130 中的中心线,再单击要偏移的一侧——下侧,偏移出辅助线,如图 2-131 所示。

(8)输入圆命令“C”,单击空格键确定,捕捉到如图 2-132 所示交点,单击,输入半径值“82”, 单击空格键确定。采用同样方法绘制半径为 53 的圆。再用直线命令“L”,捕捉到交点,绘制直线,绘制图形如图 2-132 所示。

图 2-130　某一方向上一定长度线的绘制

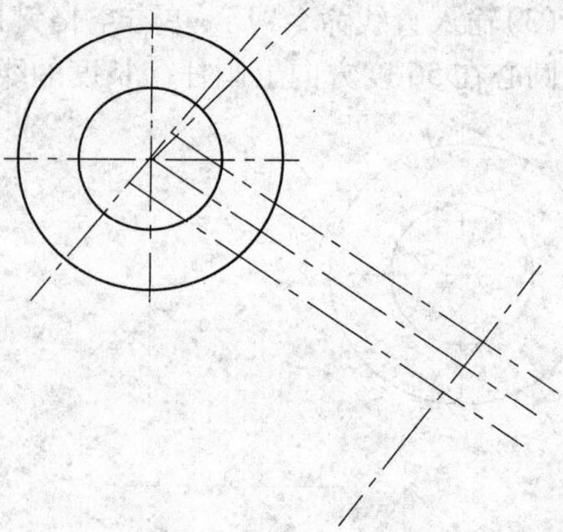

图 2-131　中心线的偏移

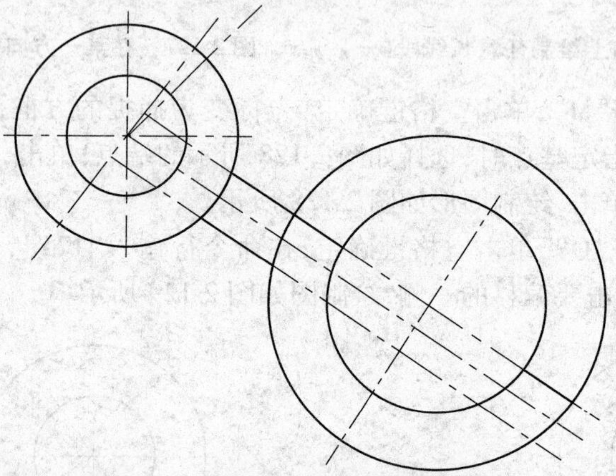

图 2-132　利用交点绘制圆及线段

(9)输入偏移命令“O”,单击空格键确定,输入“68”,单击空格键确定,单击图 2-133 中要偏移的对象 1,单击右键确定,单击要偏移的一侧,复制出辅助线 1。采用同样的方法,偏移出距离为 23 的辅助线 2 和辅助线 3 如图 2-133 所示。

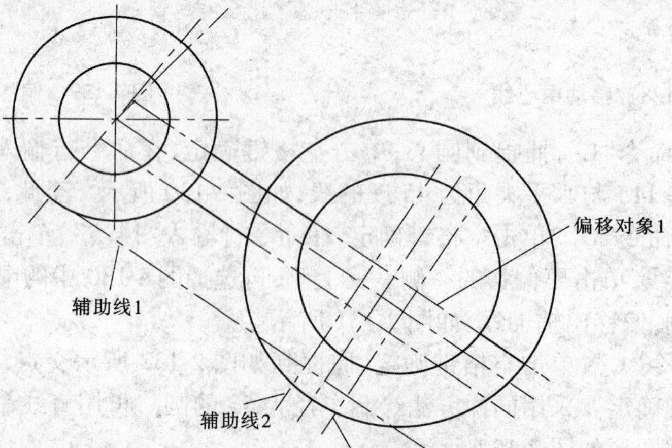

图 2-133　偏移后的图形

(10)输入直线命令“L”,捕捉到交点,绘制直线。绘制图形如图 2-134 所示。

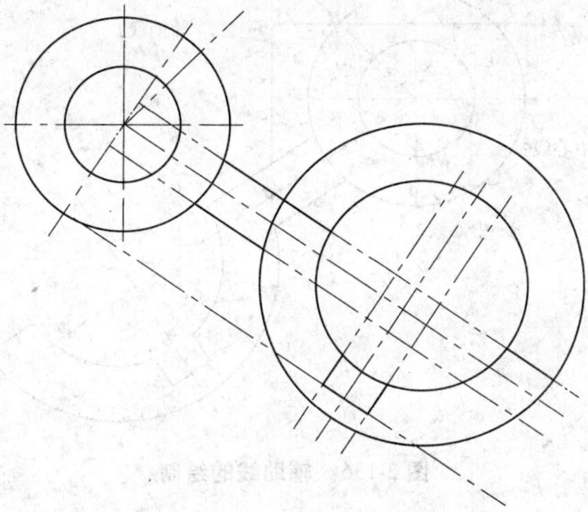

图 2-134 利用辅助线交点绘制线段

(11)输入修剪命令“TR”,单击空格键确定,再单击空格键确定(表示所有线条都是剪切边界),单击多余的圆弧,修剪完后单击右键确定。输入删除命令“E”,单击空格键确定,单击要删除的辅助线,连续选择后,单击右键确定。绘制图形如图 2-135 所示。

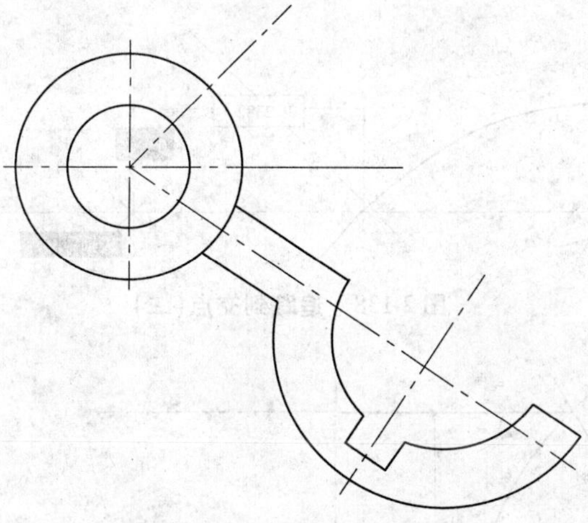

图 2-135 修剪整理后的图形

(12)输入偏移命令“O”,单击空格键确定,输入“38”,单击空格键确定,单击中心线 1,单击右键确定,单击要偏移的一侧,偏移出辅助线 1,按 Esc 键退出。输入偏移命令“O”,单击空格键确定,输入“76”,单击空格键确定,单击竖直中心线 2,单击右键确定,单击要偏移的一侧,偏移出辅助线 2,按 Esc 键退出。绘制图形如图 2-136 所示。

(13)输入直线命令“L”,单击空格键确定,追踪如图 2-137 所示交点,单击。

(14)向右移动光标,追踪到如图 2-138 所示交点,单击。

(15)向下移动光标,追踪到如图 2-139 所示交点,单击(注:如若追踪不到交点,向上滚动鼠标中键放大图形),单击 Esc 键结束直线命令。

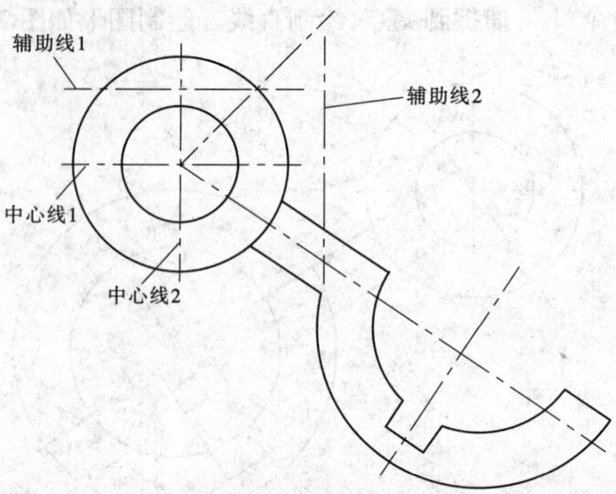

图 2-136　辅助线的绘制

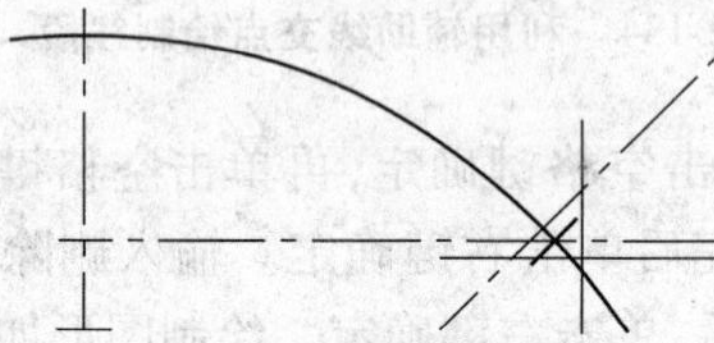

图 2-137　追踪到交点(一)

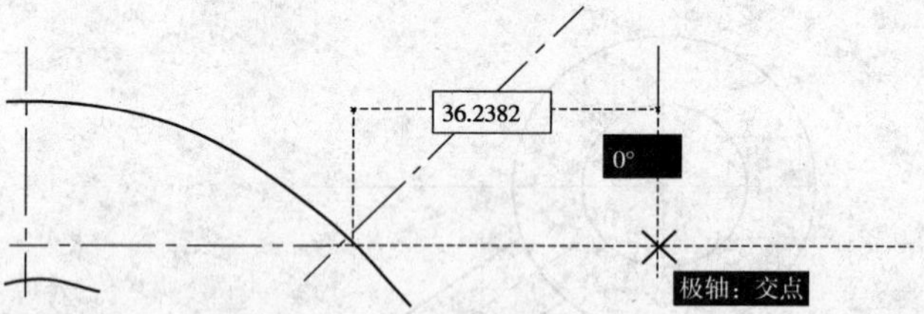

图 2-138　追踪到交点(二)

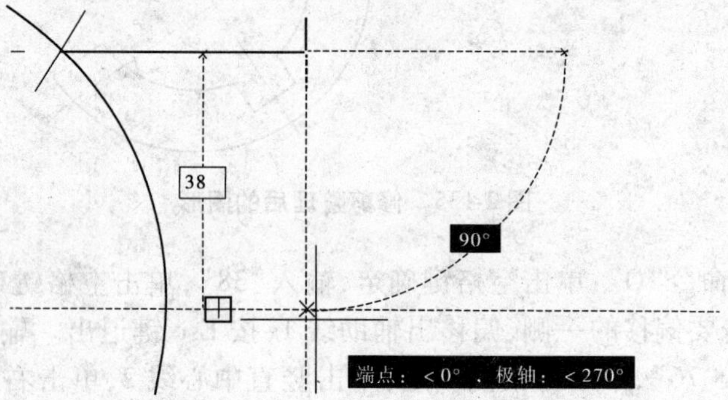

图 2-139　追踪到交点(三)

(16)单击水平中心线,选中最右端夹点,延长水平中心线如图 2-140 所示。

(17)输入直线命令“L”,结合对象追踪,并输入长度,绘制出如图 2-141 所示图形。

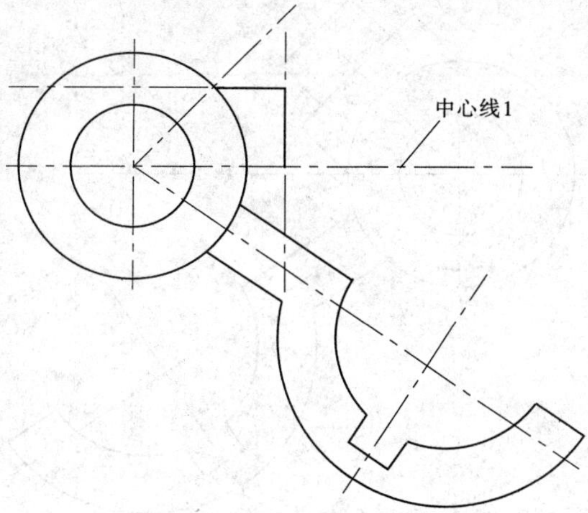

图 2-140　拖动夹点延长线段

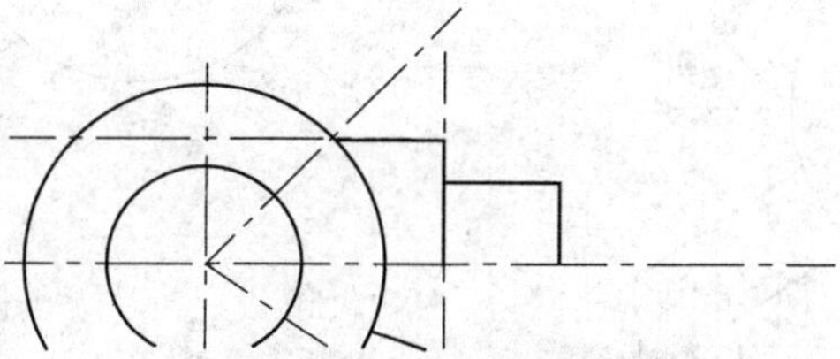

图 2-141　绘制的线段

(18)输入旋转命令“RO”,单击空格键确定,框选要旋转的对象,如图 2-142 所示,单击右键确定。移动光标,捕捉到圆心时,单击,再输入旋转角度“45”,回车确定,绘制图形如图 2-143 所示。

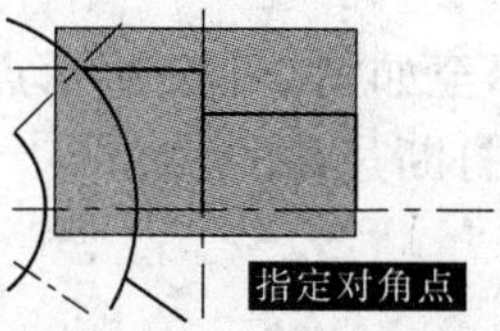

图 2-142　旋转对象的选取

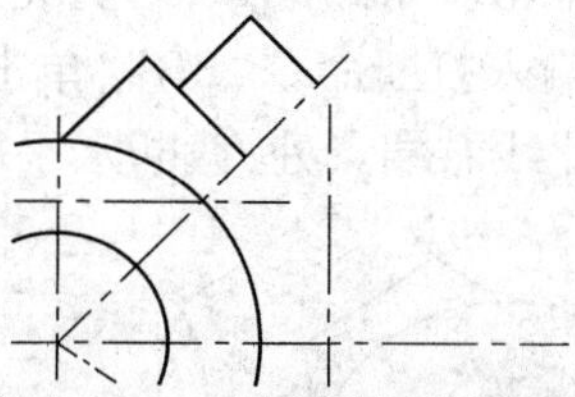

图 2-143　对象旋转后的图形

(19)输入镜像命令“MI”,单击空格键确定,框选如图 2-144 所示要镜像的对象,单击右键确定。

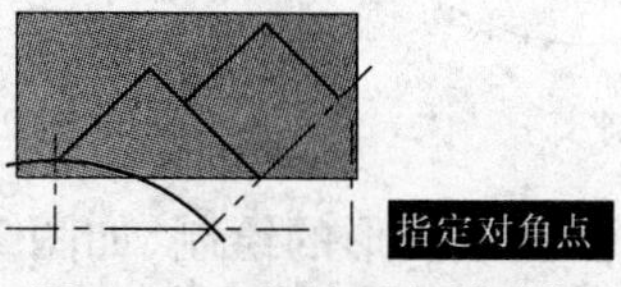

图 2-144　旋转对象的选择

单击对称中心线上的任意两点,单击右键确定,完成图形镜像。删除多余线条,绘制如图 2-145 所示图形。

(20)输入圆命令“C”,单击空格键确定,输入“T”,捕捉到第一个切点(与真正的切点相近就行),如图 2-146 所示,单击,再捕捉第二个切点,如图 2-147 所示,输入半径“80”,回车,完成相切圆的绘制,如图 2-148 所示。

图 2-145 对象镜像后的图形

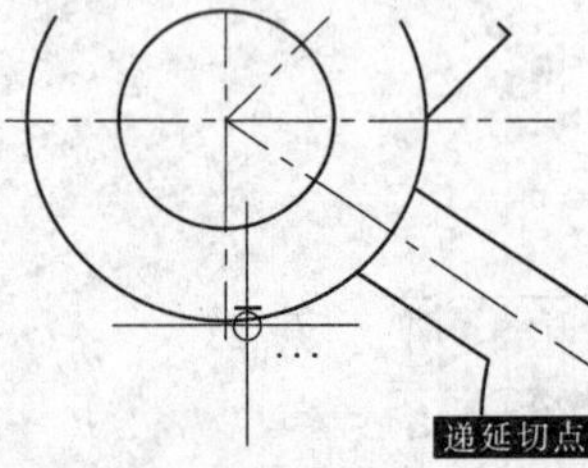

图 2-146 相切圆第一个切点的捕捉

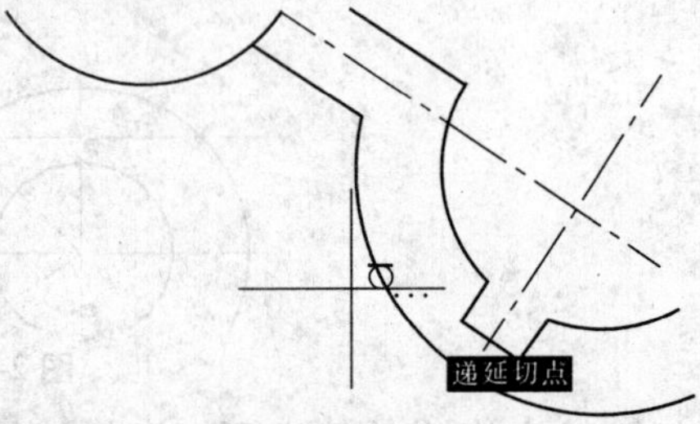

图 2-147 相切圆第二个切点的捕捉

(21)输入修剪命令“TR”,单击空格键确定,再单击空格键确定(表示所有线条都是修剪边界),单击多余的圆弧,修剪完后单击右键确定。

(22)输入打断命令“BR”,单击空格键确定,移动光标至如图 2-149 所示点,单击,第二点指定在此线右端点处,截断水平中心线。采用同样方法打断过长的线。

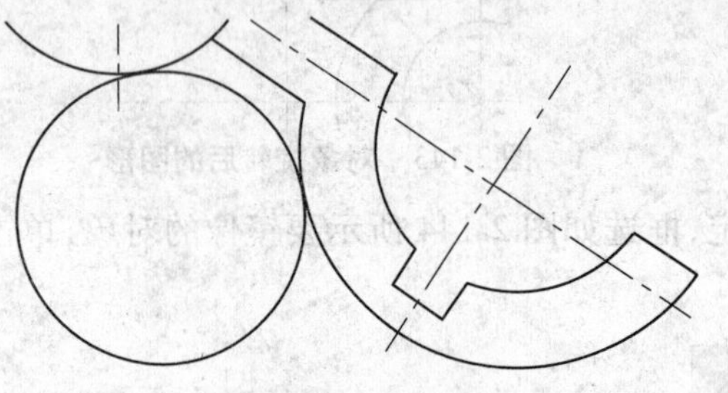

图 2-148 相切圆的绘制

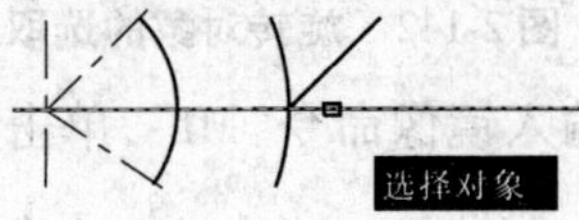

图 2-149 第一个打断点的选择

(23)调整线型比例,打开线宽,完成图形的绘制,如图 2-150 所示。

七、二维图形绘制实例 7

二维图形绘制实例 7 如图 2-151 所示。

此图的绘制思路为:绘制出 $\phi110$ 的圆,绘制出各方向上的定位线,再从细节上绘制图形的各个部分,把各个部分用相切的弧或直线连接在一起。

打开第一章所建的样板文件,单击“文件”—“另存为”命令把此文件另存为“二维图形

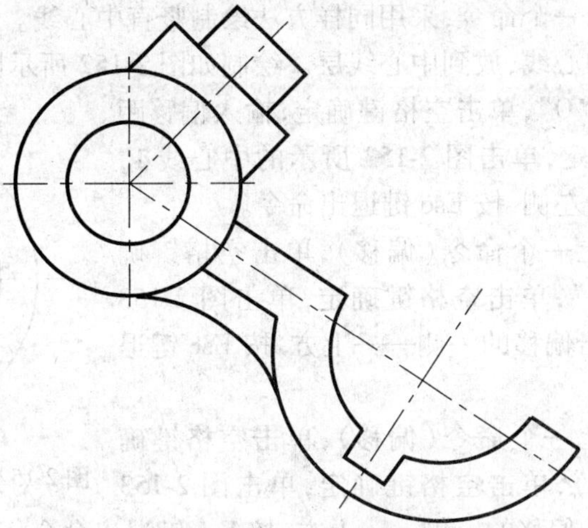

图 2-150　二维图形绘制实例 6 绘制结果

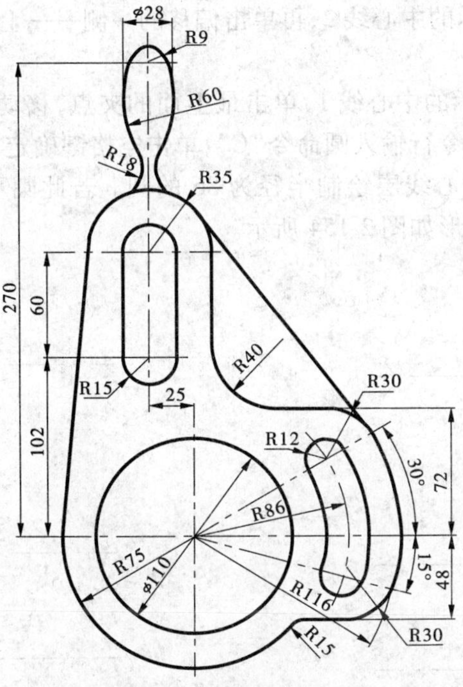

图 2-151　二维图形绘制实例 7

绘制实例 7. dwt”,开始绘图。或在新建一个 AutoCAD 2008 系统默认的样板文件后,进行图层的设置,将 0 层作为粗实线层,新建细实线层、中心线层,具体方法见第一章第三节“设置图层、线型及颜色”。右键单击状态栏上的按钮 对象捕捉 ,进行常用的对象捕捉的设置,如中点、端点、圆心、交点等。

(1)在命令行输入圆命令“C”,单击空格键确定,在绘图区域点任意一点作为圆心,输入圆半径“55”,在粗实线层绘制直径为 110 的圆。

单击空格键重复上一个命令,输入“75”,在粗实线层绘制半径为 75 的圆。

在命令行输入直线命令“L”,从圆点开始追踪,绘制水平中心线。

单击空格键重复上一个命令,采用同样方法绘制竖直中心线。

选中上面绘制的中心线,放到中心线层。绘制如图 2-152 所示图形。

(2)输入偏移命令“O”,单击空格键确定,输入偏移距离“25”,单击空格键确定,单击图 2-153 所示的中心线 1,再单击偏移的一侧——左侧,按 Esc 键退出命令。

单击空格键重复上一个命令(偏移),单击空格键确定,输入偏移距离“102”,单击空格键确定,单击图 2-153 所示的中心线 2,再单击偏移的一侧——上方,按 Esc 键退出。

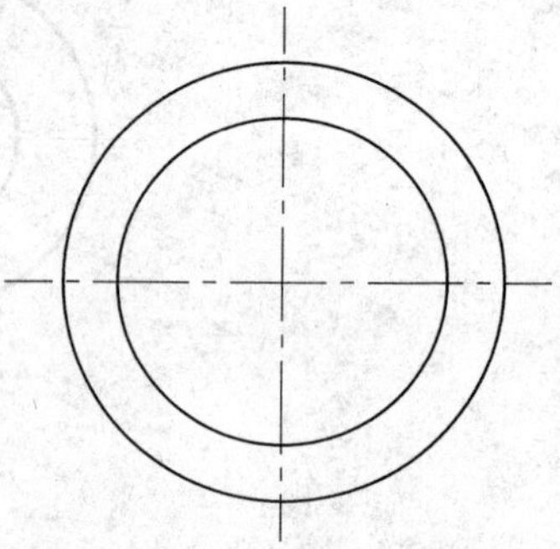

图 2-152　同心圆及中心线的绘制

单击空格键重复上一个命令(偏移),单击空格键确定,输入偏移距离“162”,单击空格键确定,单击图 2-153 所示的中心线 2,再单击偏移的一侧——上方,按 Esc 键退出命令。

单击空格键重复上一个命令(偏移),单击空格键确定,输入偏移距离“270”,单击空格键确定,单击图 2-153 所示的中心线 2,再单击偏移的一侧——上方,按 Esc 键退出。绘制图形如图 2-153 所示。

(3)单击图 2-154 所示的中心线 1,单击最上面的夹点,移动光标,利用对象追踪,延长此线到合适的长度。在命令行输入圆命令“C”,单击空格键确定,在绘图区捕捉到圆心 1 单击,输入圆半径“86”,在中心线层绘制半径为 86 的圆。若此圆不在中心线层,选中该圆放到中心线层便可。绘制图形如图 2-154 所示。

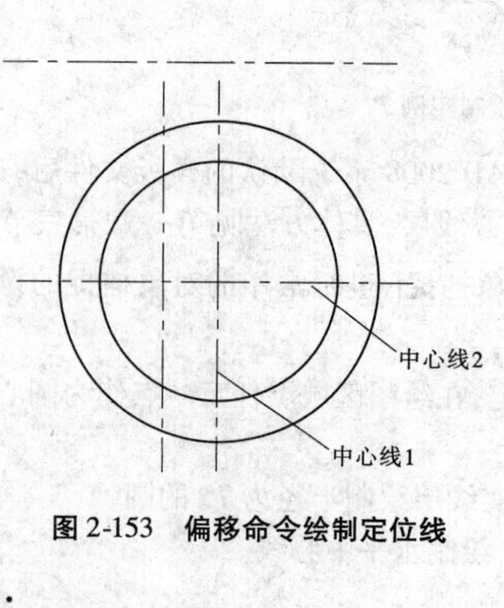

图 2-153　偏移命令绘制定位线

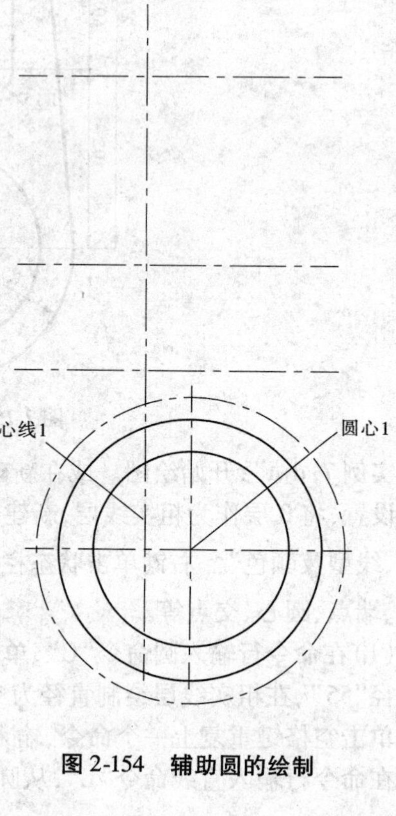

图 2-154　辅助圆的绘制

(4)输入直线命令“L”,单击空格键确定,捕捉到图 2-154 中圆心 1,单击;输入“ <30”,回车确定,在 30 度的方向上绘制任意长的线,绘制完成后,按 Esc 键退出。

单击空格键重复上一个命令(直线),捕捉到图 2-154 中圆心 1,输入“ < -15”,回车确定,在 -15 度的方向上绘制任意长的线,绘制完成后,按 Esc 键退出。绘制图形如图 2-155 所示。至此图形框架建立好了。

(5)在命令行输入圆命令“C”,单击空格键确定,在绘图区域捕捉到交点,作为圆心,输入圆半径“15”,在粗实线层绘制半径为 15 的圆。

输入复制命令“CO”,单击空格键确定,单击刚绘制的圆,单击右键确定,捕捉到此圆的圆心,单击此点作为基点,再捕捉到交点 2,单击此点作为第二圆的圆心,按 Esc 键退出,复制完成。绘制图形如图 2-156 所示。

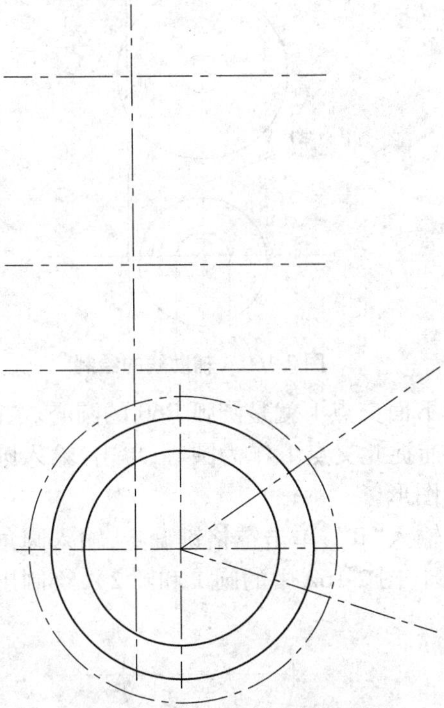

图 2-155　某一方向上绘制直线

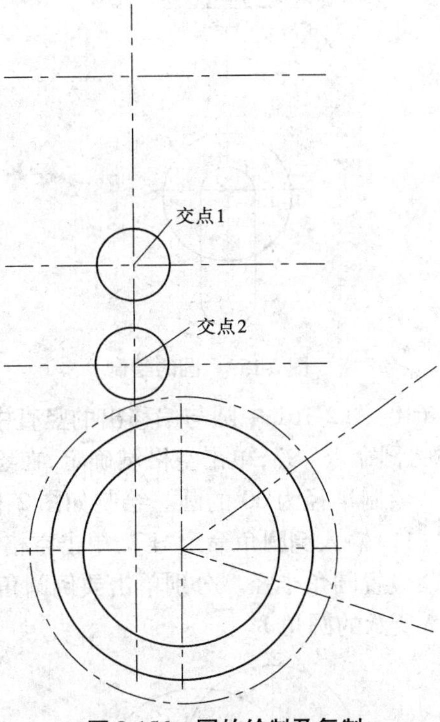

图 2-156　圆的绘制及复制

(6)输入直线命令“L”,单击空格键确定,捕捉到交点,单击,绘制如图 2-157 所示两直线。

(7)输入修剪命令“TR”,单击空格键确定,再单击空格键确定(表示所有线条都是修剪边界),单击多余的圆弧,修剪完后单击右键确定,绘制图形如图 2-158 所示。

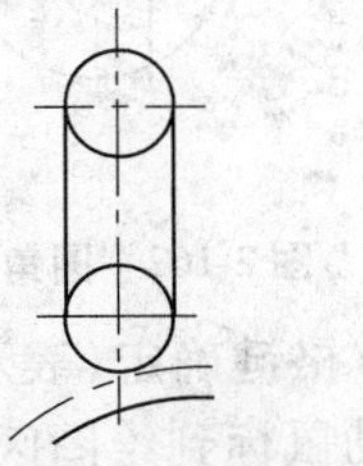

图 2-157　切线的绘制

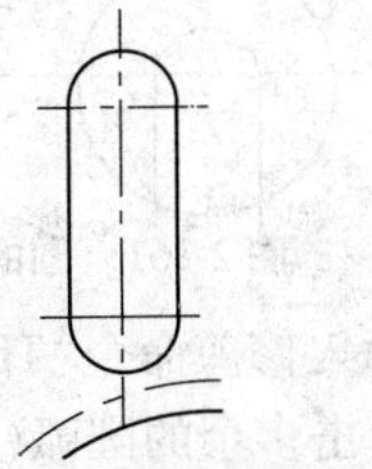

图 2-158　修剪后的图形

(8)在命令行输入圆命令“C”,单击空格键确定,在绘图区域捕捉到图 2-159 中的交点 1

作为圆心,输入圆半径“9”,绘制半径为9的圆。

单击空格键重复上一个命令,输入圆半径“35”,选择图2-159中的圆心1作为圆心,绘制半径为35的圆。绘制图形如图2-159所示。

(9)圆弧R9和圆弧R60相内切,根据这一特点,找R60圆弧的圆心。在命令行输入圆命令“C”,单击空格键确定,在绘图区域捕捉到图2-160中的圆心1,单击该点作为圆心,输入圆半径“51”(等于60-9),绘制半径为51的圆。

输入偏移命令“O”,单击空格键确定,输入偏移距离“46”(等于60-28/2),单击空格键确定,单击图2-160中所示的中心线1,再单击偏移的一侧——右侧,按Esc键退出。绘制图形如图2-160所示。

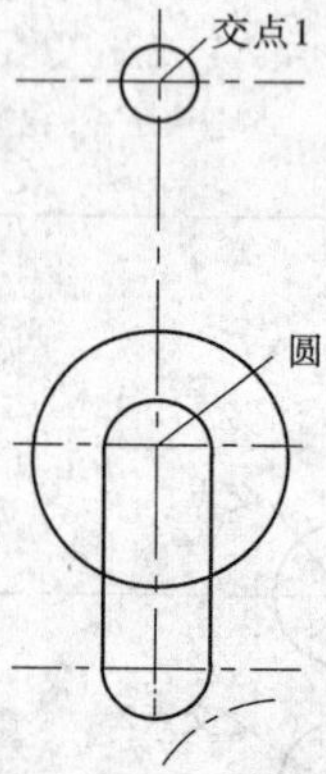

图2-159 圆的绘制

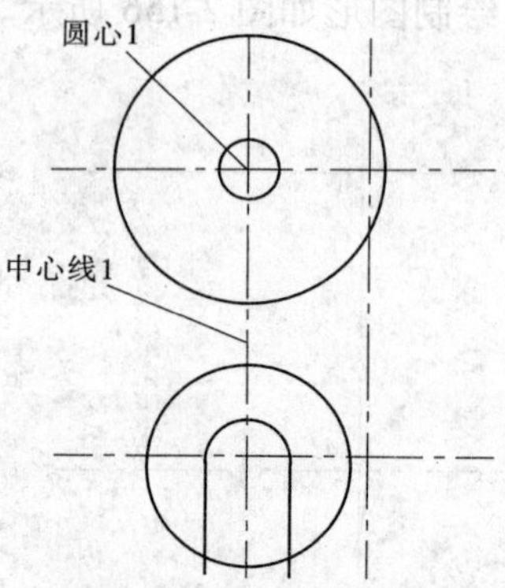

图2-160 辅助线的绘制

(10)图2-161中圆与偏移出的竖直中心线的下面交点1就是圆弧R60的圆心。在命令行输入圆命令“C”,单击空格键确定,在绘图区域捕捉此交点1作为圆心,单击,输入圆半径“60”,绘制半径为60的圆。绘制如图2-161所示图形。

(11)输入倒圆角命令“F”,单击空格键确定,输入“R”,单击空格键确定,输入圆角半径“18”,设置圆角半径。分别单击要倒圆角的两个圆(图2-162中的圆1和圆2),绘制出如图2-162所示的圆角1。

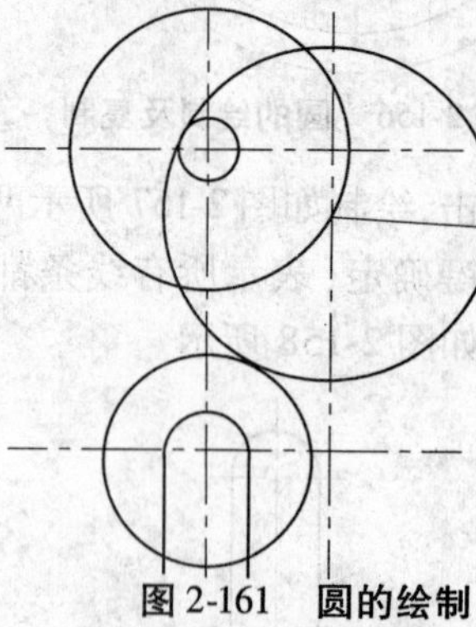

图2-161 圆的绘制

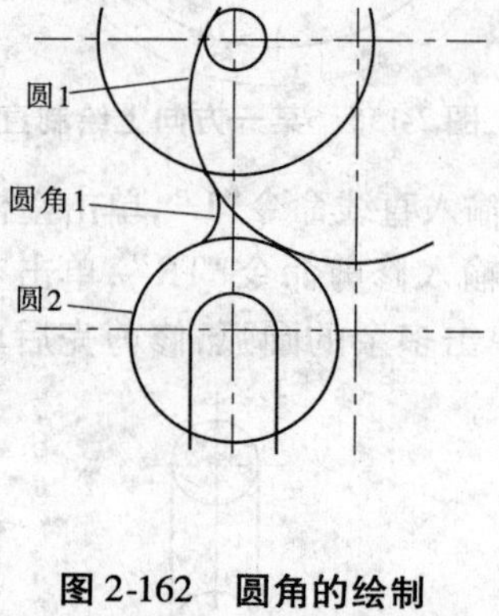

图2-162 圆角的绘制

(12)输入修剪命令“TR”,单击空格键确定,再单击空格键确定(表示所有线条都是修剪边界),单击多余的圆弧(若有细小部分,不好选择,移动鼠标到绘图区域需放大的区域,向上滚动鼠标中键,放大图形),修剪完后单击右键确定。删除多余的线条,整理后得如图2-163所示图形。

(13)输入镜像命令“MI”,单击空格键确定,单击,连续选择要镜像的对象,选择完后,单击右键确定。单击对称中心线上的任意两点,单击右键确定,完成图形镜像。绘制如图2-164所示图形。

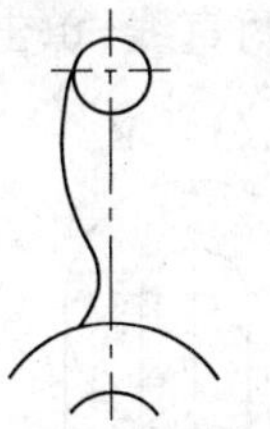

图2-163　修剪整理后的图形

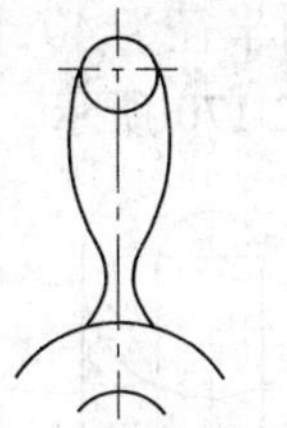

图2-164　对象镜像后的图形

(14)输入偏移命令“O”,单击空格键确定,输入偏移距离“48”,单击空格键确定,单击如图2-165所示的中心线1,再单击偏移的一侧——下侧,按Esc键退出。

单击空格键重复上一个命令(偏移),单击空格键确定,输入偏移距离“72”,单击空格键确定,单击图2-165水平中心线1,再单击偏移的一侧——上侧,按Esc键退出。

单击连续选择所偏移的两条中心线,放在粗实线层,绘制图形如图2-165所示。

(15)在命令行输入圆命令“C”,单击空格键确定,在绘图区域捕捉到图2-166中的圆心1,单击该圆心,输入圆半径“116”,绘制半径为116的圆。再拖动上面偏移的水平线的夹点,延长,绘制图形如图2-166所示。

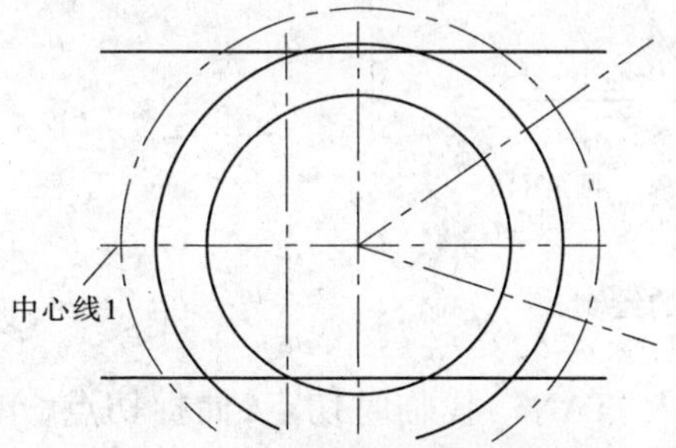

图2-165　对象偏移后的图形

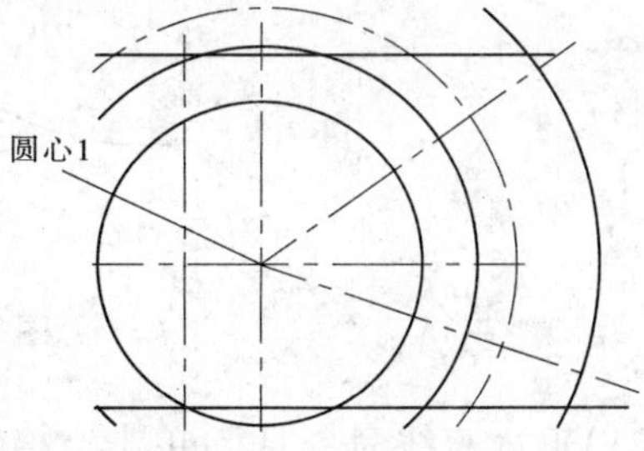

图2-166　圆的绘制

(16)在命令行输入倒圆角命令“F”,单击空格键确定,输入“R”,单击空格键确定,输入“30”,设置圆角半径为30,输入“M”,可多次倒圆角,单击空格键确定,单击要倒圆角的直线和圆弧,再单击要倒圆角的直线和圆弧,按Esc键退出。绘制图形如图2-167所示。

(17)输入修剪命令“TR”,单击空格键确定,连续选择上面所倒的圆角,单击空格键确定,作为修剪边界,单击多余的圆弧,修剪完后单击右键确定,绘制图形如图2-168所示。

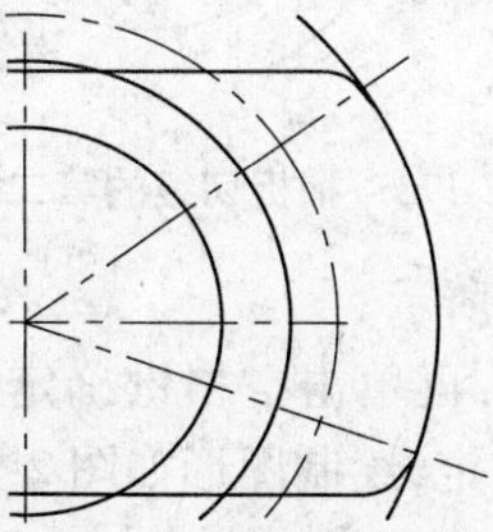

图2-167　圆角的绘制

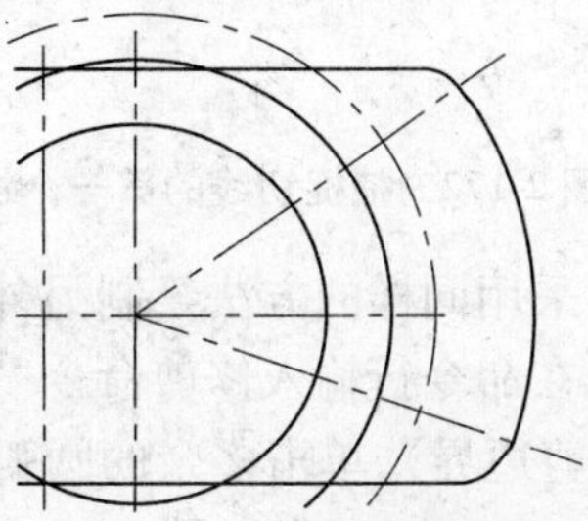

图2-168　修剪后的图形

(18)输入直线命令"L",单击空格键确定,捕捉到交点,单击,绘制任意长的线段 1,绘制图形如图 2-169 所示。

(19)在命令行输入倒圆角命令"F",单击空格键确定,输入"R",单击空格键确定,输入"40",设置圆角半径为 40,单击空格键确定,选择要倒圆角的两直线,单击空格键确定,绘制的圆角 1 如图 2-170 所示。

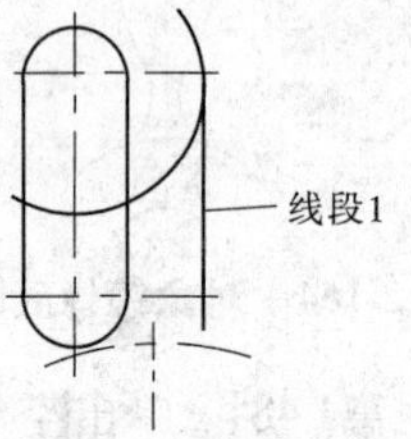

图 2-169 直线的绘制

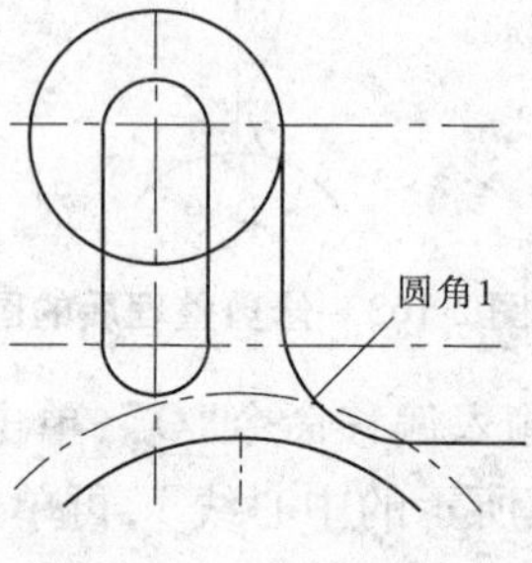

图 2-170 圆角的绘制

(20)采用同样的方法倒圆角 R15,绘制图形如图 2-171 所示。

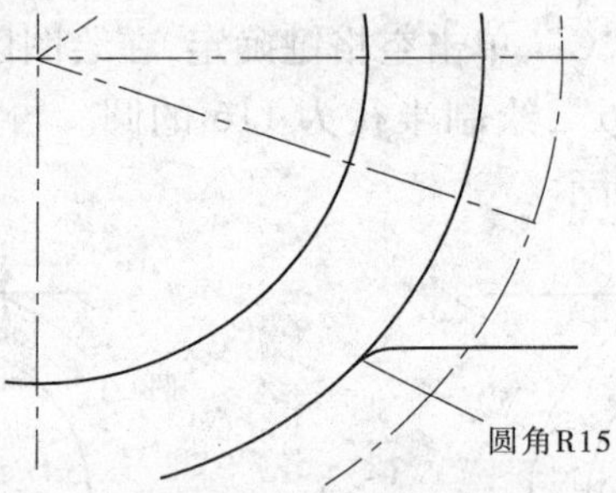

图 2-171 圆角的绘制

(21)输入直线命令"L",单击空格键确定,输入"TAN",找临时切点,捕捉切点,单击如图 2-172 所示的切点,再输入"TAN",并单击如图 2-173 所示的切点。绘制一条切线,如图 2-174 所示。

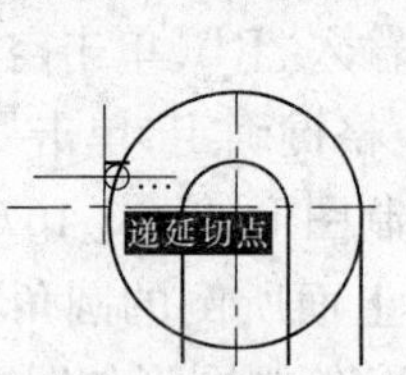

图 2-172 捕捉切线的第一个切点

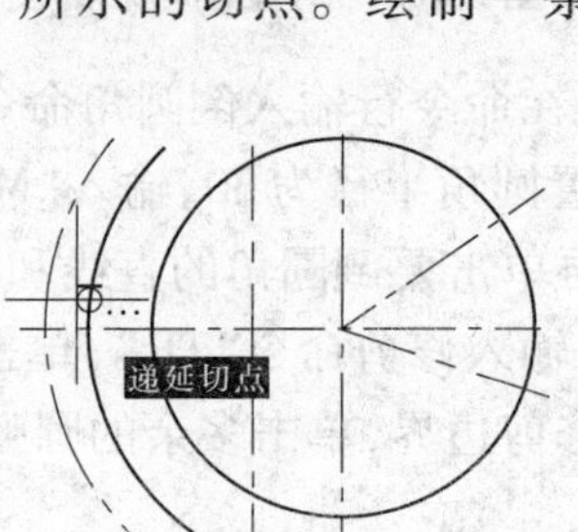

图 2-173 捕捉切线的第二个切点

(22)采用同样的方法绘制另外一条切线,如图 2-175 所示。

(23)在命令行输入修剪命令"TR",单击空格键确定,再单击空格键确定(表示所有线条都是修剪边界),单击多余的圆弧,修剪完后单击右键确定,绘制图形如图 2-176 所示。

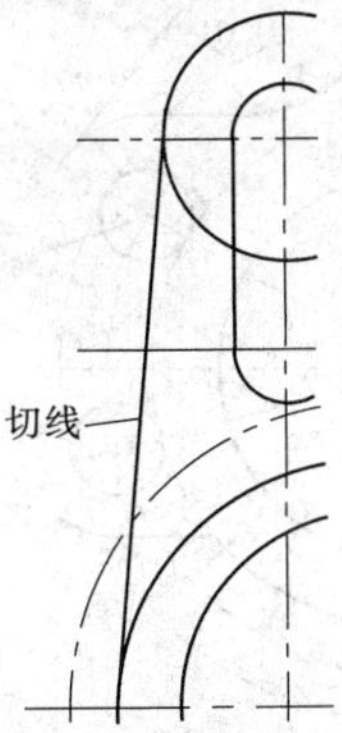

图 2-174　切线的绘制

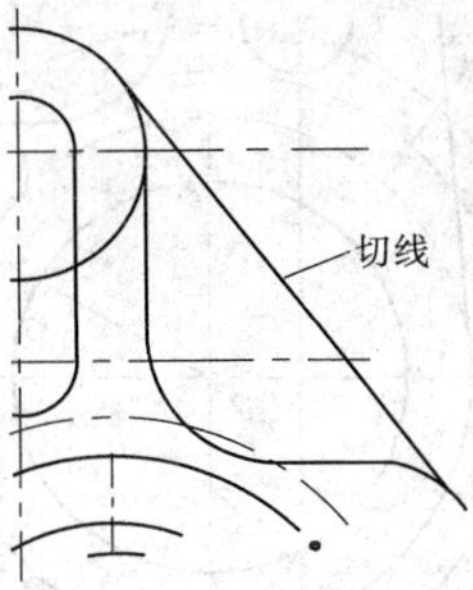

图 2-175　另一条切线的绘制

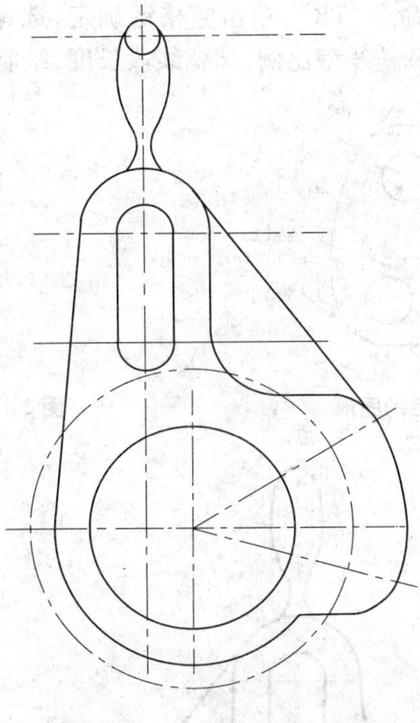

图 2-176　修剪整理后的图形

(24)在命令行输入偏移命令“O”,单击空格键确定,输入偏移距离“12”,单击空格键确定,单击图 2-177 点画线圆 1,单击圆外侧,再单击图 2-177 点画线圆 1,单击圆内侧(圆 2、圆 3),偏移出两同心圆,绘制如图 2-177 所示图形。

(25)在命令行输入圆命令“C”,单击空格键确定,在绘图区域捕捉到图 2-178 所示交点 1,作为圆心,输入圆半径“12”,绘制半径为 12 的圆。单击空格键,重复圆命令,再绘制同样的圆,如图 2-178 所示。

(26)在命令行输入修剪命令“TR”,单击空格键确定,单击连续选择图 2-179 中的线 1、线 2,单击空格键确定,作为修剪边界,单击多余的圆弧,修剪完成后,单击空格键确定,绘制图形如图 2-179 所示。选中图 2-179 剩下的圆弧(圆弧 1、圆弧 2),放在粗实线层。

(27)为了修剪多余的线条,绘制如图 2-180 所示的四条任意线即线 1、线 2、线 3、线 4。

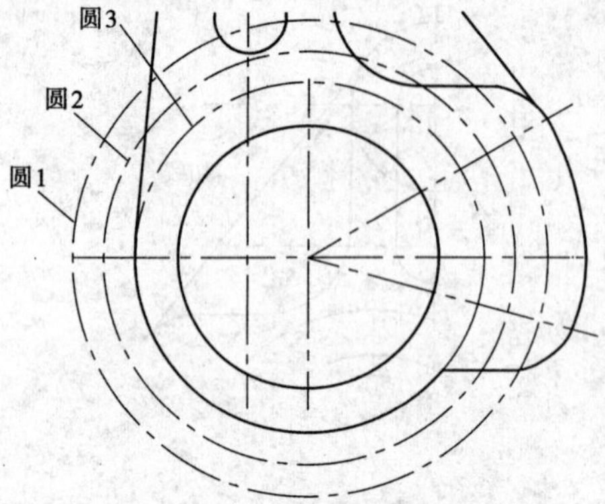

图 2-177　同心圆的偏移绘制

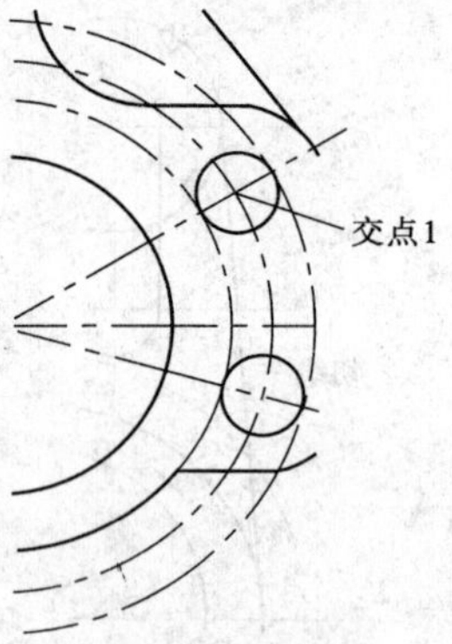

图 2-178　圆的绘制

(28)在命令行输入修剪命令“TR”,单击空格键确定,选择合适的修剪边界,剪掉多余的线条。删除多余的线段。调整线型比例,调整线段长度,绘制图形如图 2-181 所示。

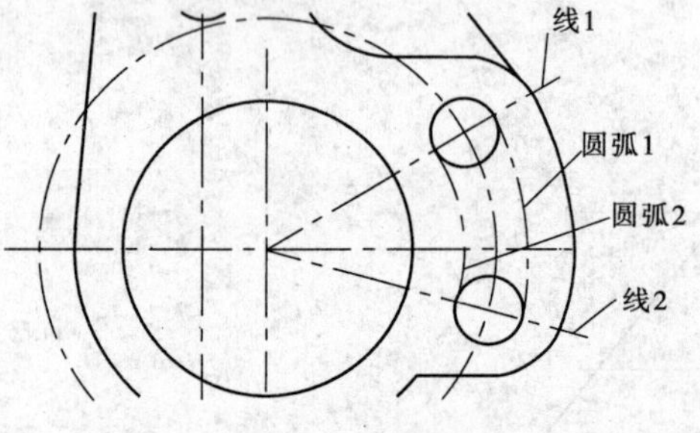

图 2-179　修剪整理后的图形

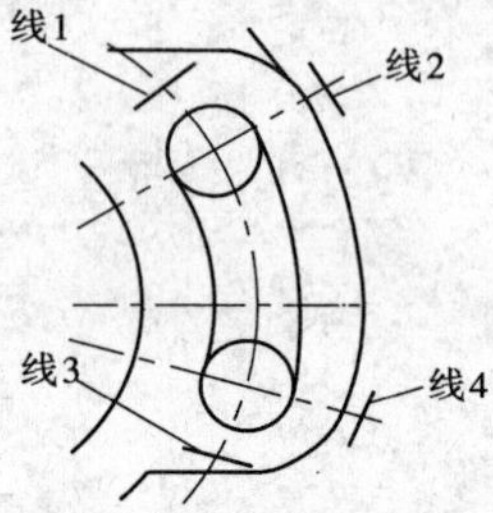

图 2-180　修剪边界的绘制

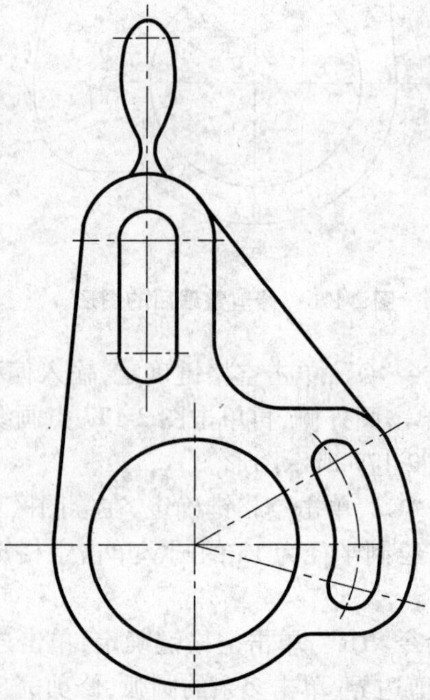

图 2-181　二维图形绘制实例 7 绘制结果

本章小结

绘图思路。在绘制一个二维图形之前应先分析二维图形,分析用什么样的方法绘制二维图形,哪种方法绘制得最快。绘制二维图形,一般的大体思路都是先绘制基准线,再绘细节图。

对象捕捉的设置。为方便精确绘图,需进行对象捕捉的设置。这里特别注意,只需设置常用的捕捉点即可,如中点、端点、圆心、交点等。若有些捕捉点也要用到,在用到时再设置也可以。不要把对象捕捉模式中的特殊点全部选中,否则在绘图时会捕捉到很多对象,反而会干扰绘图,所以一般只选择常用的对象捕捉模式,而不是全部选择。

透明的对象捕捉快捷键的应用。如在二维图形绘制实例3,步骤7图2-80中捕捉切点时,可以不用打开透明的"对象捕捉"工具栏,而是输入快捷键"tan",一样可以捕捉到切点。透明的对象捕捉快捷键见附录。

在AutoCAD 2008软件系统中,通常空格键和回车键均能表示确定,如命令的完成,输入完成,对象选择的完成等。

在输入剪切命令后,命令行提示"选择对象或 <全部选择>:",此时可以用单击的方式去选择剪切的边界,也可以直接按空格键或回车键表示绘图区域中所有的图形对象均为剪切的边界。当需剪切的对象较多时,后者可明显提高绘图效率。

在AutoCAD 2008软件系统中,快捷键不分大小写,如要绘制直线,在命令行输入"L"和"l"均可。

绘制圆弧时,逆时针方向为正。如图2-92和图2-93中所示,需选择圆弧的起点为下端点,终点为上端点,否则绘制的圆弧是另一半圆弧。

在绘图时,一般先绘制圆,再绘制中心线,如二维图形绘制实例4中先绘制了同心圆,再绘制了中心线。

机械制图国标中规定,点画线、虚线与实线相交时,不能将其空当处与实线相交。在AutoCAD 2008绘图过程中,先不要调整线条使其符合此标准,我们可以在绘图完成后通过修改线型比例,延长、缩短线条等方法来调整。

第三章　实体造型

实体造型是一个构建空间三维对象的过程,它使得对实体模型的想象变得容易。在AutoCAD三维建模环境中提供了多种基本实体,包括长方体、楔体、圆锥体、球体、圆柱体、圆环体等,对多个基本实体进行布尔运算,再对实体进行编辑可以构建出复杂的三维实体。AutoCAD在三维建模环境中还提供了拉伸、旋转、扫描、放样等构造三维实体的方法。

第一节　AutoCAD 2008三维建模环境介绍

一、AutoCAD 2008三维建模用户界面

启动AutoCAD 2008后,在“工作空间”工具栏下拉列表中选择“三维建模”即可进入到三维建模的环境,如图3-1所示。若“工作空间”工具栏不显示,把光标放在“标准”工具栏上,单击右键,调出“工作空间”工具栏即可。

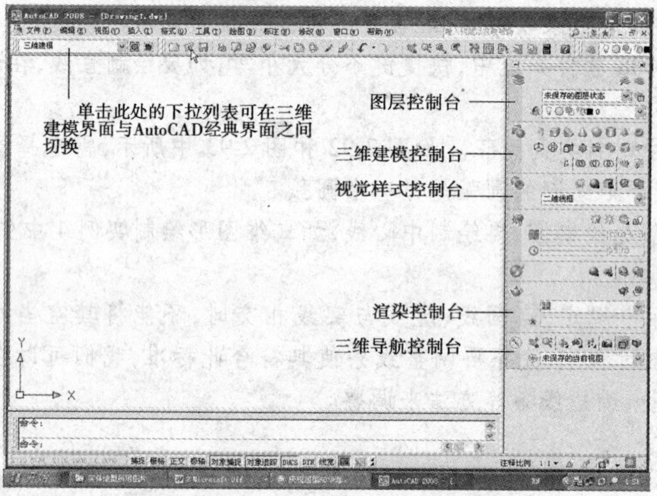

图3-1　AutoCAD 2008三维建模界面

二、坐标系

进入三维建模环境后,缺省状态下的坐标系为世界坐标系(WSC),AutoCAD 2008世界坐标系的图标如图3-2所示。

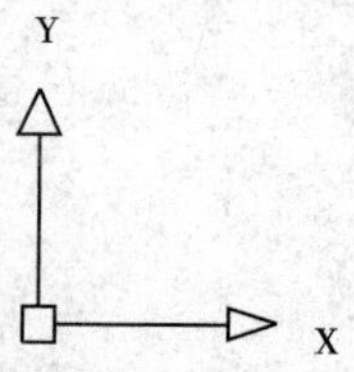

图3-2　AutoCAD 2008世界坐标系的图标

在WSC中,任何点的X坐标、Y坐标和Z坐标都是相对于原点测量的,且该坐标系是固定不变的。为了绘制三维图形,AutoCAD可以使用户定义自己的坐标系——用户坐标系(UCS)。定义用户坐标系时可以对坐标原点进行定位,对X、Y、Z轴进行定向(符合右手螺旋法则)。可通过“UCS”工具栏

对用户坐标系进行设置和新建。在“标准”工具栏上单击右键，调出“UCS”工具栏，如图 3-3 所示。

图 3-3 “UCS”工具栏

:激活 UCS 命令，可新建用户坐标系。

:返回世界坐标系。

:返回到上一个 UCS。

:基于选定的面定义新的坐标系。

:基于对象定义新的坐标系。

:以平行于屏幕的平面为 XY 平面，建立新的坐标系。

:通过移动原点建立新的坐标系。

:使用 Z 轴正向拉伸方法来定义用户坐标系，建立新的坐标系。

:指定用户坐标系的新原点及 X 轴和 Y 轴的方向，建立新的坐标系。

:绕 X 轴旋转当前的用户坐标系，建立新的坐标系。

:绕 Y 轴旋转当前的用户坐标系，建立新的坐标系。

:绕 Z 轴旋转当前的用户坐标系，建立新的坐标系。

:将当前 UCS 应用于指定的或所有的视图。

在三维建模过程中，可以根据需要，建立新的用户坐标系。

三、观察视点的选择

创建出来的三维模型，可以从任意方向观察。通过选择观察视点，可以改变观察三维模型的角度。可以通过视图菜单中的“动态观察”、“三维视图”和工具栏中的“动态观察”、“视图”、“三维导航工具条”以及控制台中的“三维导航”多种方法设置观察视点。

（一）快速设置视点

在“三维导航控制台”下拉列表、“视图”—“三维视图”、调出的“视图”工具栏中均可以选择查看方向：“俯视”、“仰视”、“左视”、“右视”、“前视”、“后视”、“西南等轴测”、“东南等轴测”、“东北等轴测”、“西北等轴测”。可以快速地确定出这些特殊视点。

（二）动态观察三维模型

在“标准”工具栏上单击右键，调出“动态观察”工具栏，如图 3-4所示。

图 3-4 “动态观察”工具栏

:受约束的动态观察，将动态观察约束到 XY 面或 Z 方向。

:允许沿任意选定的方式进行全方位动态观察。

:连续动态观察，可以将对象设置为连续运动。连续运动的方向和速度由鼠标移动的方向和速度决定。也可以在控制台直接使用此功能。

四、“视图”工具栏

在“标准”工具栏上单击右键，调出“视图”工具栏，如图 3-5 所示。

图 3-5 “视图”工具栏

此工具栏从左边起第二个图标开始依次是“俯视”、“仰视”、“左视”、“右视”、“前视”、“后视”、“西南等轴测”、“东南等轴测”、“东北等轴测”、“西北等轴测”视图。单击图标，所绘实体会显示相应视图。在默认状态下，三维建模空间的视图方向为“俯视”，如图 3-6 所示的三维实体。

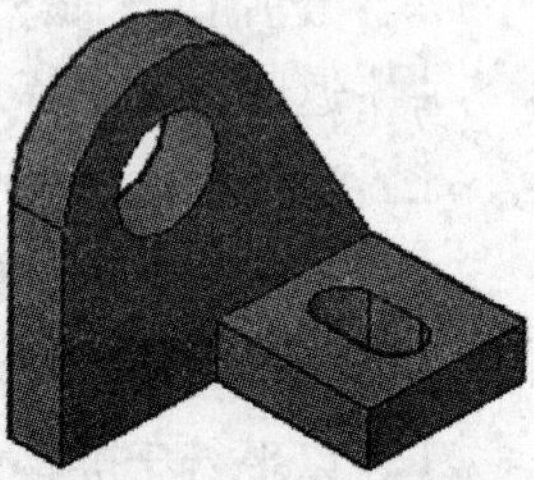

图 3-6 三维实体

当 WSC 坐标系的方向在默认位置即 XY 平面与屏幕平行，Z 轴正向指向屏幕外面的时候，看到的是此实体的俯视图，如图 3-7 所示的第一个视图。就像在桌面上放着如图 3-6 所示的实体，从不同方向看这个实体可得图 3-7 所示的实体的各个标准视图。

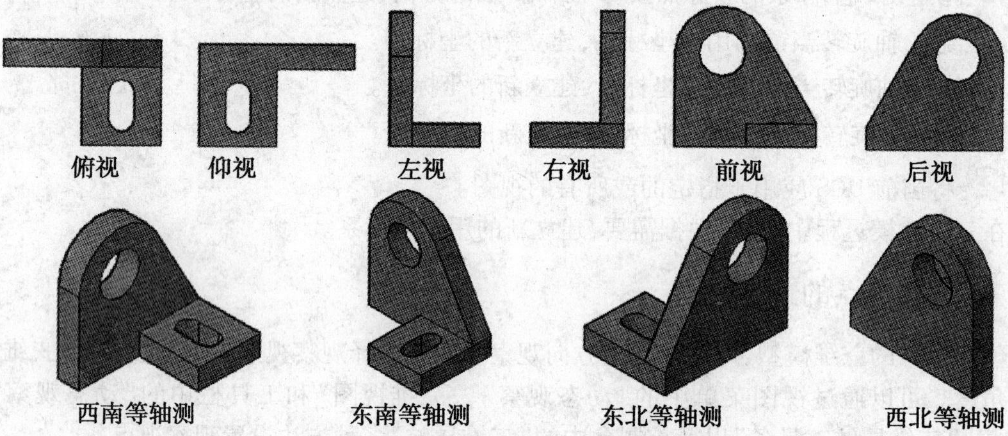

图 3-7 图 3-6 所示实体的各个标准视图

五、视觉样式

视觉样式反映三维图形的显示效果。如图 3-8 所示的“视图”—“视觉样式”菜单、视觉

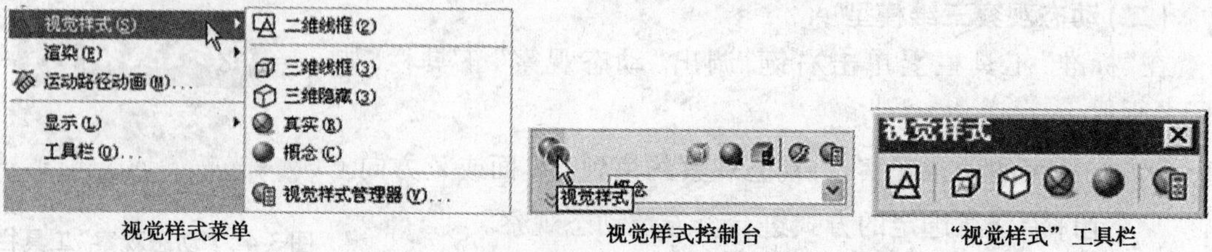

图 3-8 视觉样式

样式控制台、“视觉样式”工具栏都可以设置视觉样式。

实体的各种视觉样式的比较如图 3-9 所示。

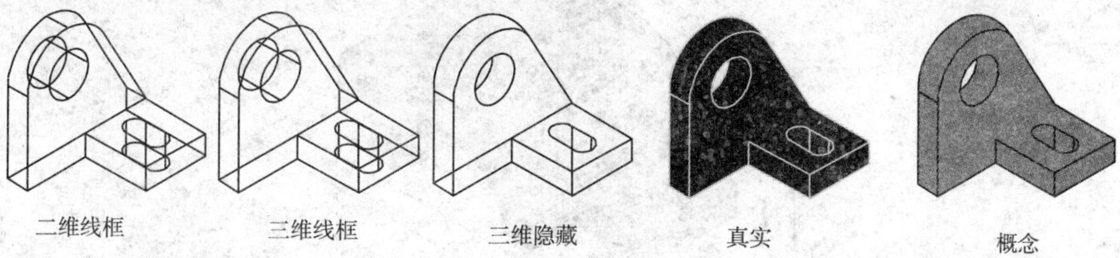

图 3-9 实体的视觉样式

第二节 实体造型实例

一、三维建模工具栏的调用

通过三维建模控制台、“建模”工具栏及“绘图”菜单中的“建模”子菜单，可执行 AutoCAD 的实体模型绘制命令。在“标准”工具栏上单击右键，可调出“建模”工具栏，如图 3-10 所示。图 3-11 为控制台中的建模控制台。在工具栏上单击相关的命令进行建模。

图 3-10 “建模”工具栏

图 3-11 建模控制台

二、实体造型实例 1

绘制如图 3-12 所示实体。

在进行实体造型之前，先对实体进行分析。可以看出，这一实体可由一系列基本实体经布尔运算得出。绘制这一实体有多种不同的方法，这里选择其中一种。在三维建模时，绘制的二维图形一般是在 XY 平面内，在对二维对象进行拉伸或旋转的时候，需把二维对象绘制在 XY 平面内。为了看图的方便，绘图时首先把视图方向设置为“西南等轴测”，且“视觉样式”设置为“概念”。在“标准”工具栏上单击右键，调出“建模”工具栏、“UCS”工具栏、“绘图”工具栏。

具体作图步骤如下所述：

(1)单击“视图”工具栏中的“西南等轴测”按钮，将视图转换为西南等轴测。

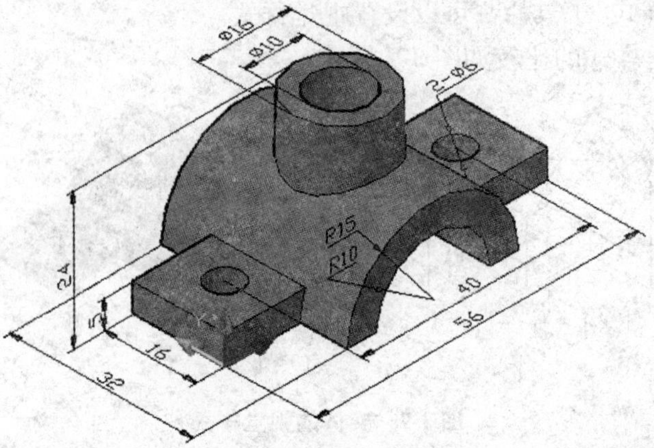

图 3-12　实体造型实例 1

(2)单击“建模”工具栏中的“长方体”按钮(绘制长方体)。

命令行提示:

指定第一个角点或[中心(C)]:0,0,0　(输入长方体第一个角点的坐标,按回车确定)

指定其他角点或[立方体(C)/长度(L)]:56,16,5　(输入长方体另一个角点的坐标,按回车确定)

(3)单击“UCS”工具栏的“UCS”按钮,建立用户坐标系。

命令行提示:

指定 UCS 的原点或[面(F)/命名(NA)/对象(OB)/上一个(P)/视图(V)/世界(W)/X/Y/Z/Z 轴(ZA)]<世界>:28,-8,0　(输入新的坐标原点)

指定 X 轴上的点或<接受>:　(按回车确定)

建立的用户坐标系如图 3-13 所示。

(4)单击“UCS”工具栏的“X”按钮,把坐标系的方向放到合适的位置。

命令行提示:

指定绕 X 轴的旋转角度<90>:　(按空格键确定,接受默认值 90 度)

(5)在坐标原点绘制半径为 15 的圆,如图 3-14 所示。

图 3-13　建立的用户坐标系

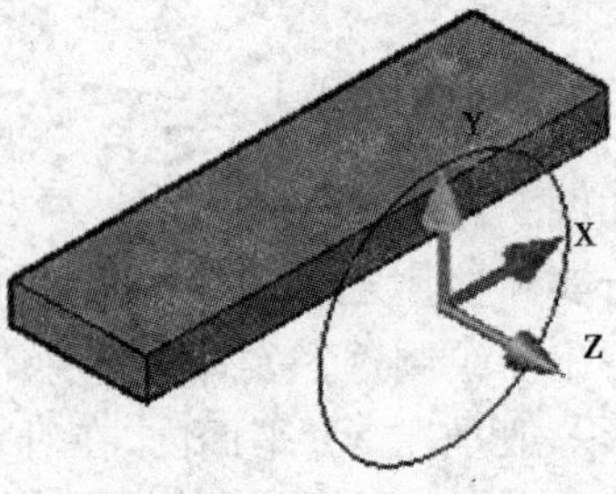

图 3-14　圆的绘制

(6)单击“建模”工具栏上的拉伸命令按钮。

命令行提示:

选择要拉伸的对象:　(选择图 3-14 所绘的圆,单击右键确定)

指定拉伸的高度或[方向(D)/路径(P)/倾斜角(T)] <5.0000 >:32 （把光标移至拉伸的方向上,输入拉伸长度）

绘制如图 3-15 所示图形。

(7)单击“UCS”工具栏的“X”按钮（把坐标系的方向放到合适的位置）。

命令行提示:

指定绕 X 轴的旋转角度 <90 >: -90 （按回车确定）

(8)单击“UCS”工具栏的“原点”按钮（将原点放到合适的位置）。

命令行提示:

指定 UCS 的原点或[面(F)/命名(NA)/对象(OB)/上一个(P)/视图(V)/世界(W)/X/Y/Z/Z 轴(ZA)] <世界 >:_o 指定新原点 <0,0,0 >:0,16,24 （输入新坐标原点的坐标,把坐标系移到半圆柱的端面中心,按回车确定）

建立的新坐标系如图 3-16 所示。

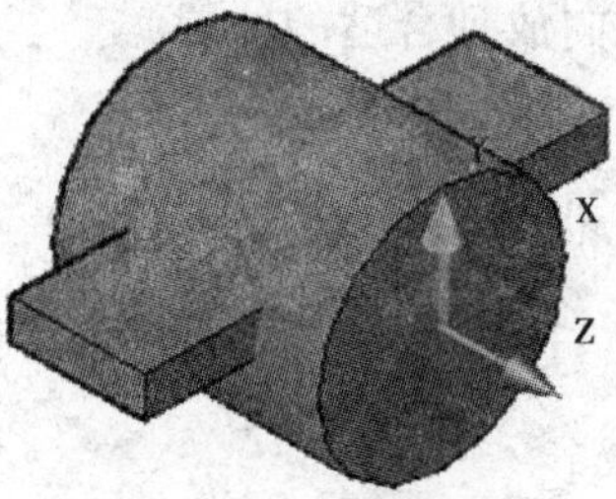

图 3-15　拉伸圆柱

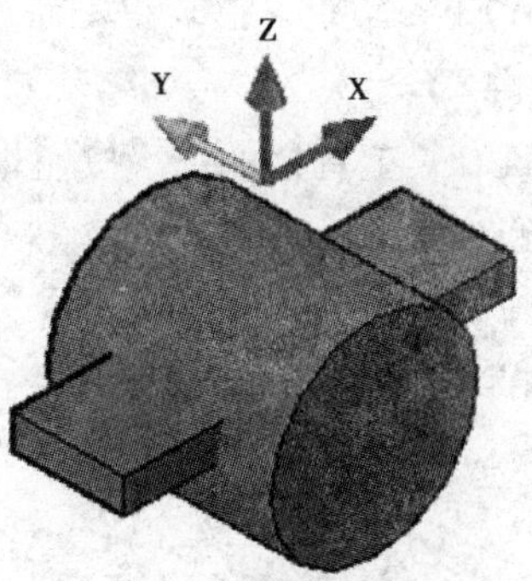

图 3-16　建立的新坐标系

(9)单击“建模”工具栏中的“圆柱”命令按钮。

命令行提示:

指定底面的中心点或[三点(3P)/两点(2P)/相切、相切、半径(T)/椭圆(E)]:0,0,0（按空格键确定）

指定底面半径或[直径(D)]:5 （按空格键确定）

指定高度或[两点(2P)/轴端点(A)] < -24.0000 >: -24（按空格键确定）

(10)采用同样方法在此处再建立一个半径为 8 的圆柱,绘制如图 3-17 所示图形。

(11)单击“建模”工具栏中的“并集”按钮（把先前组合体与刚建立的大圆柱进行并运算）。

命令行提示:

选择对象:找到 1 个 （选择长方体）

选择对象:找到 1 个,总计 2 个 （选择半径为 15 的圆柱）

选择对象:找到 1 个,总计 3 个 （选择半径为 8 的圆柱）

选择对象: （右键确定）

图 3-17　同心圆柱的绘制

(12)单击“建模”工具栏中的“差集”按钮（把先前组合体与半径为 5 的小圆柱进行差运算）。

命令行提示：

选择对象：找到 1 个 （选择被减的实体，选择组合体）

选择对象：（右键确定）

选择要减去的实体或面域：

选择对象：找到 1 个 （选择小圆柱体）

选择对象：（右键确定）

得到布尔运算后的实体如图 3-18 所示。

(13)单击“UCS”工具栏的“原点”按钮（将原点放到合适的位置）。

命令行提示：

指定 UCS 的原点或[面(F)/命名(NA)/对象(OB)/上一个(P)/视图(V)/世界(W)/X/Y/Z/Z 轴(ZA)] < 世界 >:_o 指定新原点 <0,0,0>：（单击长方体的一个角点作为坐标原点，按空格键）

(14)单击“UCS”工具栏的“X”按钮（把坐标系的方向放到合适的位置）。

命令行提示：

指定绕 X 轴的旋转角度 <90>:90 （按空格键）

建立的新坐标系，如图 3-19 所示。

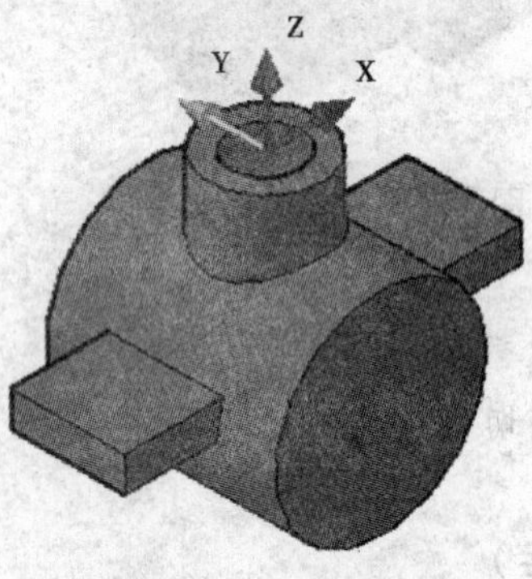

图 3-18 布尔运算后的立体

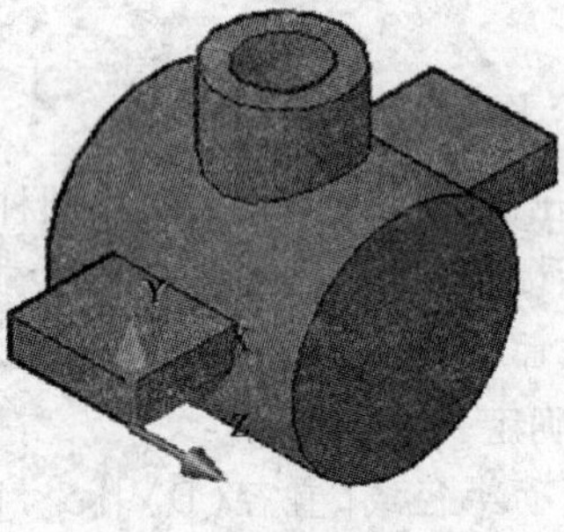

图 3-19 建立的新坐标系

(15)单击“修改”—“三维操作”—“剖切”。

命令行提示：

选择要剖切的对象：（选择所建的立体，右键确定）

指定切面的起点或[平面对象(O)/曲面(S)/Z 轴(Z)/视图(V)/XY(XY)/YZ(YZ)/ZX(ZX)/三点(3)] < 三点 >：（选择长方体的棱上一点，如图 3-20 所示）。

指定平面上的第二个点：（剖切面的第二点如图 3-21 所示）

在所需的侧面上指定点或[保留两个侧面(B)] < 保留两个侧面 >：（单击立体的上侧下半部分立体被切除，绘制图形如图 3-22 所示）

(16)单击“UCS”工具栏的“原点”按钮（将原点放到合适的位置）。

命令行提示：

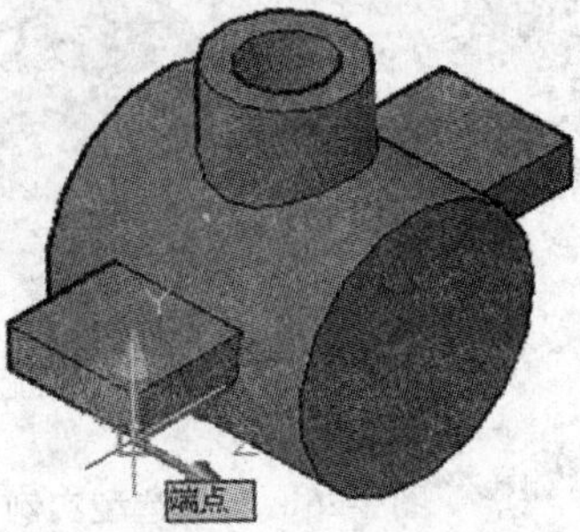

图 3-20　剖切面的第一点

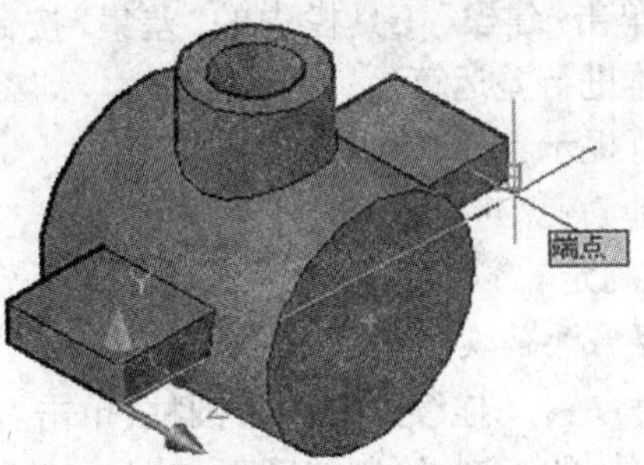

图 3-21　剖切面的第二点

指定 UCS 的原点或[面(F)/命名(NA)/对象(OB)/上一个(P)/视图(V)/世界(W)/X/Y/Z/Z 轴(ZA)]<世界>:_o 指定新原点<0,0,0>:（单击半圆柱的角点作为坐标原点,按空格键,建立如图 3-23 所示的坐标系）

图 3-22　剖切后的立体

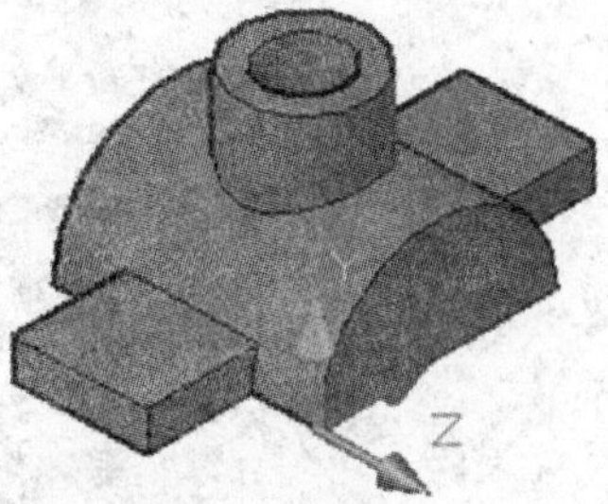

图 3-23　建立的新坐标系

(17)单击“建模”工具栏中的“圆柱”按钮。

命令行提示:

指定底面的中心点或[三点(3P)/两点(2P)/相切、相切、半径(T)/椭圆(E)]:15,0,0（按空格键确定）

指定底面半径或[直径(D)]:10　(按空格键确定)

指定高度或[两点(2P)/轴端点(A)]<-24.0000>:（移动光标,单击,输入任意长度）

(18)采用同样的方法,再绘出另外一半径为 3 的圆柱,绘制如图 3-24 所示图形。

(19)输入“CO”,单击左边小圆柱,单击右键确定,指定任一点作为基点,借用对象追踪,输入距离“40”,复制出另外一个圆柱,绘制如图 3-25 所示图形。

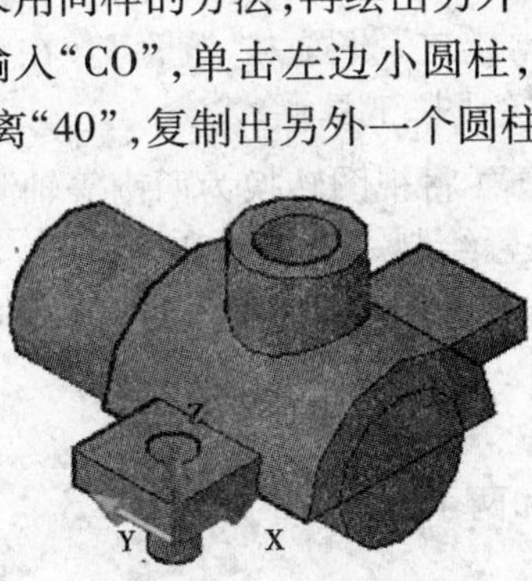

图 3-24　绘制的圆柱

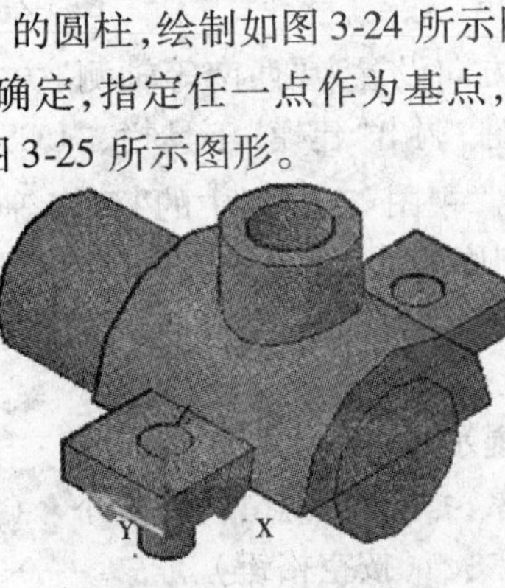

图 3-25　复制出圆柱

(20)单击“建模”工具栏中的“差集”按钮(把组合体与圆柱体进行差运算)。

命令行提示:

选择对象:找到 1 个(选择被减的实体,选择组合体)(单击右键确定)

选择要减去的实体或面域:

选择对象: (连续选择 3 个圆柱,单击右键确定)。

完成实体的绘制,绘制的图形如图 3-26 所示。

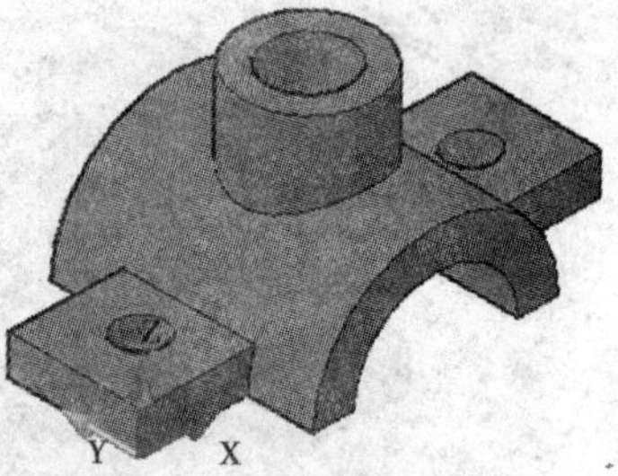

图 3-26 实体造型实例 1 绘制结果

三、实体造型实例 2

所要建立的实例如图 3-27 所示。

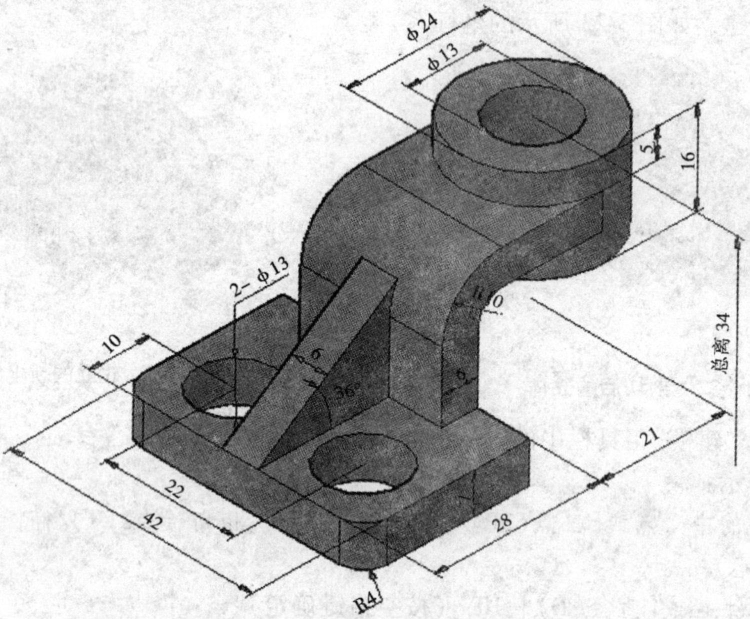

图 3-27 实体造型实例 2

把视图方向设置为“西南等轴测”方向,且“视觉样式”设置为“概念”。在“标准”工具栏上单击右键,调出“建模”工具栏、“UCS”工具栏、“绘图”工具栏。

(1)单击“视图”工具栏中的“西南等轴测”按钮(将视图转换为西南等轴测)。

(2)绘制底座的二维平面图:在绘图区域任意位置绘制一个矩形和两个圆。

(3)单击“绘图”工具栏“面域”按钮(把所绘二维图形生成可通过“拉伸”命令生成实体的面域)。

命令行提示:

选择对象:指定对角点:找到 3 个 (框选矩形和两个圆)

选择对象: (按空格键)

已提取 3 个环。

已创建 3 个面域。

(4)单击“建模”工具栏中的“差集”按钮（被减的实体为矩形面域，用两个圆来减，生成一个面域）。

(5)单击“建模”工具栏中的“拉伸”按钮。

命令行提示：

选择要拉伸的对象：（选择创建的面域，按空格键）

指定拉伸的高度或[方向(D)/路径(P)/倾斜角(T)]:7 （输入拉伸的高度，按空格键，建立的实体底座如图3-28所示）

(6)单击“UCS”工具栏的“原点”按钮（将原点放到合适的位置）。

命令行提示：

指定UCS的原点或[面(F)/命名(NA)/对象(OB)/上一个(P)/视图(V)/世界(W)/X/Y/Z/Z轴(ZA)]<世界>:_o 指定新原点<0,0,0>：（单击图3-28中的长方体角点1，按空格键确定）

(7)单击“UCS”工具栏的按钮（把坐标系的方向放到合适的位置）。

命令行提示：

指定绕X轴的旋转角度 <90>：（按空格键）

(8)单击“UCS”工具栏的“原点”按钮（将原点放到合适的位置）。

命令行提示：

指定UCS的原点或[面(F)/命名(NA)/对象(OB)/上一个(P)/视图(V)/世界(W)/X/Y/Z/Z轴(ZA)]<世界>:_o 指定新原点<0,0,0>:0,0,-9 （输入新的坐标原点，按空格键确定，建立的新坐标系如图3-29所示）

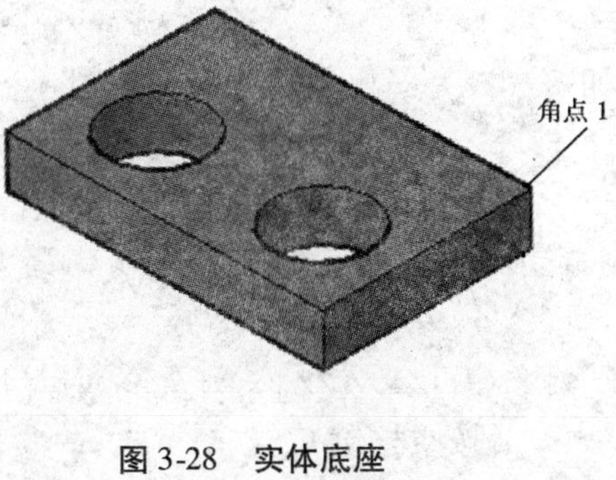

图3-28 实体底座

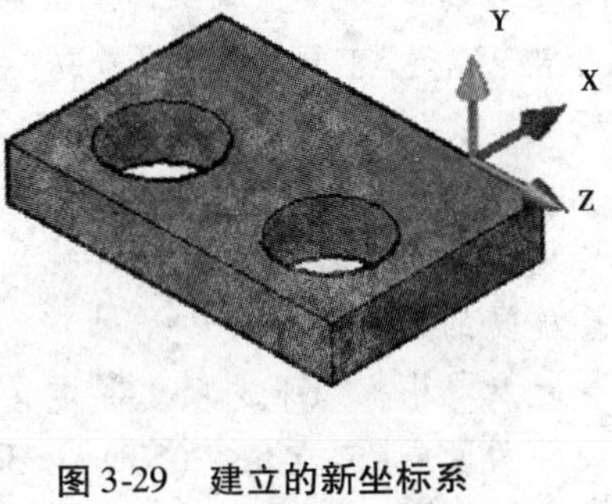

图3-29 建立的新坐标系

(9)绘制二维平面图：支架的横截面，如图3-30所示。

(10)单击绘图工具栏“面域”按钮（把所绘二维图形生成可通过“拉伸”命令生成实体的面域）。

命令行提示：

选择对象：指定对角点：找到8个 （框选图3-30中的二维图形）

选择对象：（单击右键确定）

已创建1个面域。

(11)单击“建模”工具栏中的“拉伸”按钮。

命令行提示：

选择要拉伸的对象：（选择创建的面域，单击右键确定）

指定拉伸的高度或[方向(D)/路径(P)/倾斜角(T)]:24 （输入拉伸的高度，按回车键建立的实体如图 3-31 所示）

(12)单击“建模”工具栏中的“并集”按钮，对两个实体进行布尔运算。

(13)移动坐标系到如图 3-32 所示位置并绘制二维图形。

(14)单击绘图工具栏“面域”按钮，把所绘二维图形生成可通过“拉伸”命令生成实体的面域。

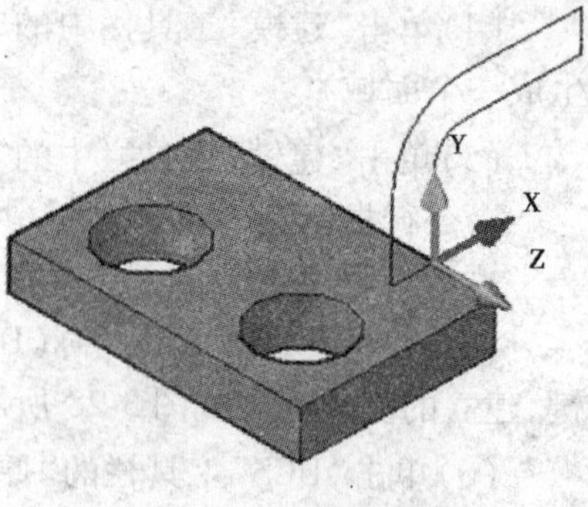

图 3-30 支架的横截面

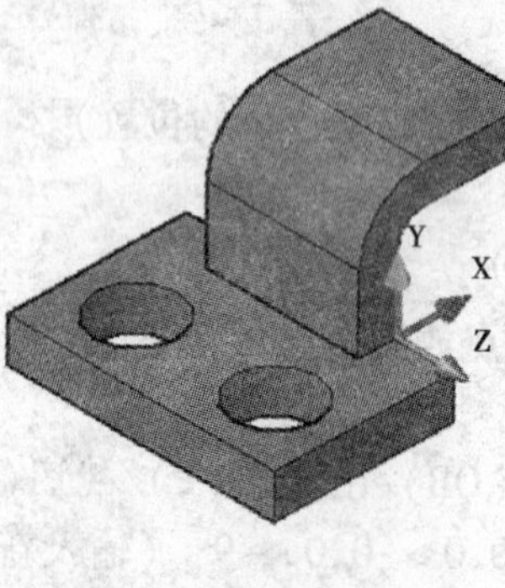

图 3-31 拉伸的支架

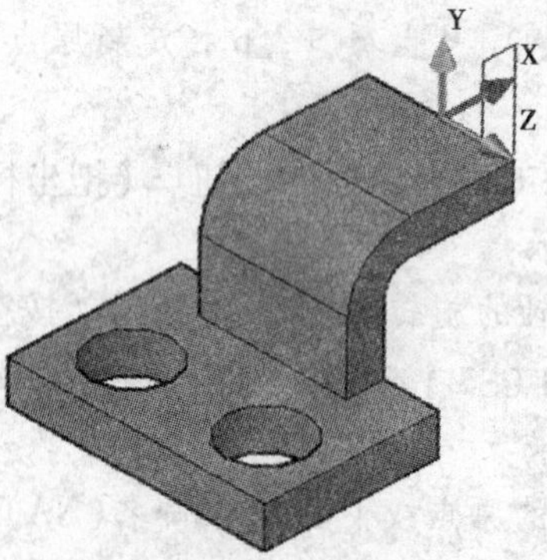

图 3-32 旋转二维图形绘制

(15)单击“建模”工具栏中的“旋转”按钮。

命令行提示：

当前线框密度:ISOLINES = 4

选择要旋转的对象:找到 1 个 （选择刚建立的面域）

选择要旋转的对象：（按空格键）

指定轴起点或根据以下选项之一定义轴[对象(O)/X/Y/Z] <对象> :y （按空格键）

指定旋转角度或[起点角度(ST)] <360>：（按空格键）

建立的实体如图 3-33 所示。

(16)单击“建模”工具栏中的“并集”按钮，把旋转实体与前面构造的实体进行布尔运算。

(17)用“建模”工具栏中的“圆柱”命令，建立一圆柱，把实体多余的部分减去，不再赘述。

(18)把坐标系移动到合适的位置，绘制肋板的二维图，如图 3-34 所示。绘制直线 1 时可借助于主视图对直线进行编辑，直线 1 右端点与直线 2 右端点需有一直线相连。

(19)单击绘图工具栏“面域”按钮，把所绘二维图形生成可通过“拉伸”命令生成实体的面域。

命令行提示：

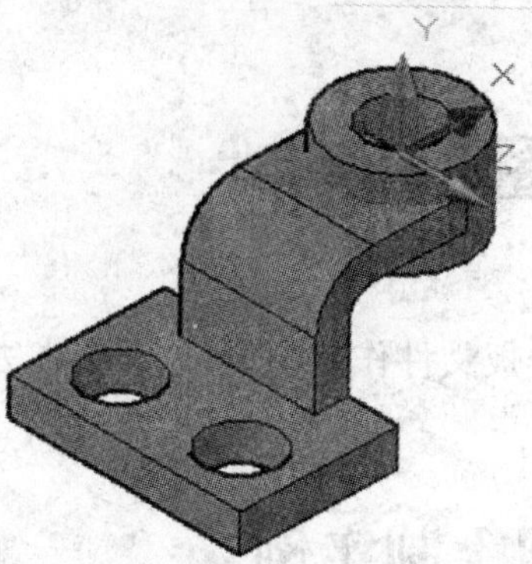

图 3-33　旋转生成实体

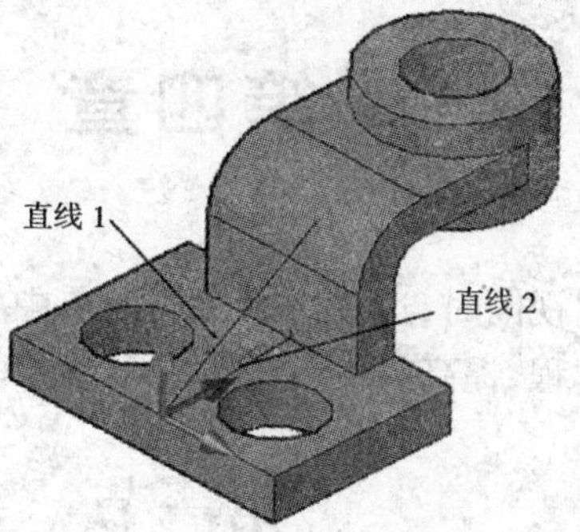

图 3-34　肋板截面图

选择对象:指定对角点:找到 3 个(框选所绘的二维图形)

选择对象:(按空格键)

已提取 1 个环。

已创建 1 个面域。

(20)单击"建模"工具栏中的"拉伸"按钮。

命令行提示:

选择要拉伸的对象: (选择创建的面域,按空格键)

指定拉伸的高度或[方向(D)/路径(P)/倾斜角(T)]:6 (输入拉伸的高度,按空格键)

(21)把刚拉伸的实体通过布尔运算的"并集"命令与之前的实体合并为一个实体。

(22)单击"修改"工具栏的圆角命令按钮,对实体进行倒圆角。完成实例的绘制,如图 3-35 所示。

图 3-35　实体造型实例 2 绘制结果

本章小结

在作一个实体造型之前应先分析该实体,一般来讲,组合体绘制的方法都不唯一,应选择一种最直接的造型方法。本章所述的两个实例都还有不同的造型方法,留给读者思考。

第四章　视图的绘制

在绘制视图时，选择第一章第四节中所建的样板文件作为模板，这样会省去绘图初始环境的设置过程，提高绘图效率。

第一节　三视图绘制实例

一、三视图绘制实例 1

绘制如图 4-1 所示的三视图实例。具体绘制过程如下所述。

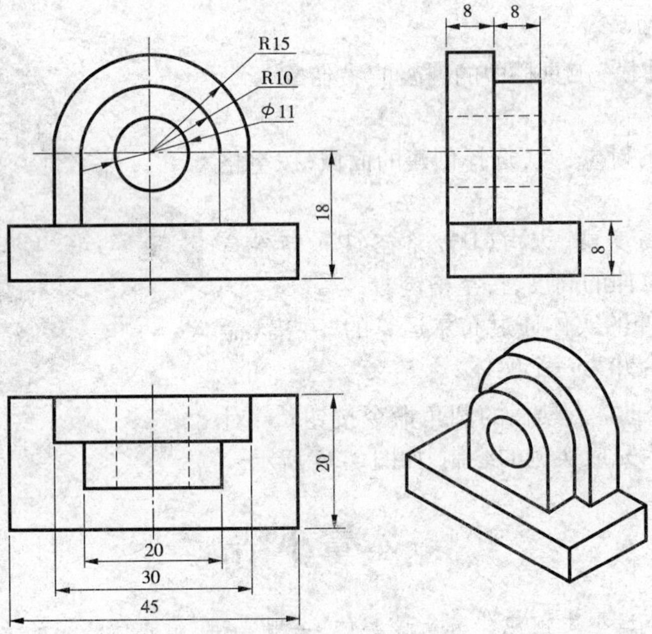

图 4-1　三视图绘制实例 1

(一)绘制组合体下面长方体的三视图

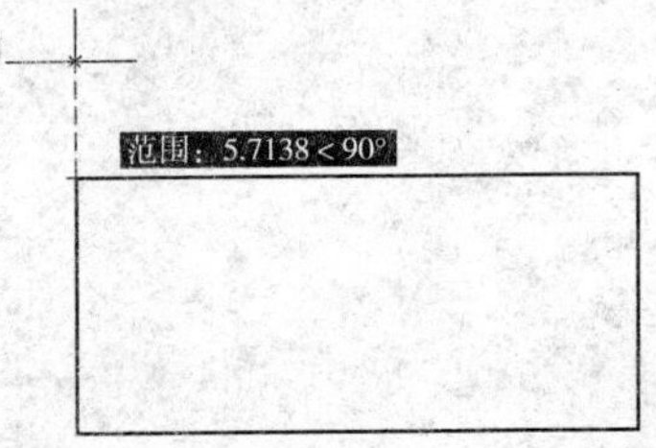

图 4-2　对象追踪(一)

(1)输入矩形命令，在绘图区域任意一点，作为矩形的一个角点，再输入“45,20”(矩形的长和宽)，回车，绘制出了长方体的俯视图。

(2)输入矩形命令，沿刚绘制的矩形的一个角点向上追踪，如图 4-2 所示，到合适位置后单击，确定了矩形的一个对角点，再输入“45,8”，回车，绘制出了长方体的主视图。

(3)采用同样的方法绘制出长方体的左视图。长方体的三视图如图 4-3 所示。

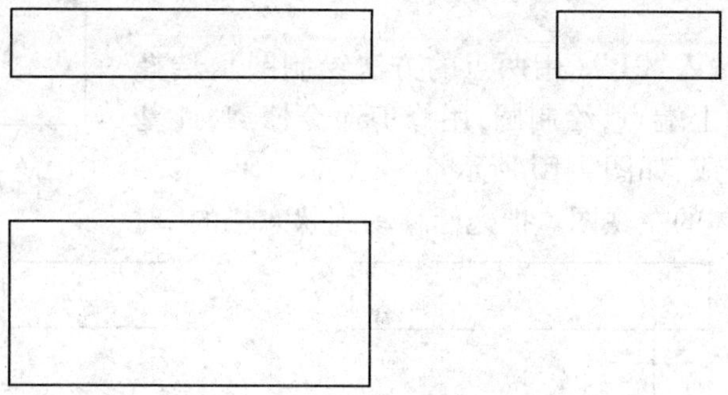

图 4-3　长方体的三视图

(二)绘制组合体上面后侧的一个基本体的三视图,其中孔先不绘制

(1)输入直线命令,从如图 4-4 所示位置开始追踪,输入 7.5,回车,再竖直向下追踪,如图 4-5 所示。输入 8,回车,采用同样的方法再向右追踪,输入 30,回车,再向上追踪,捕捉到交点,单击,回车,此基本体的俯视图完成,如图 4-6 所示。

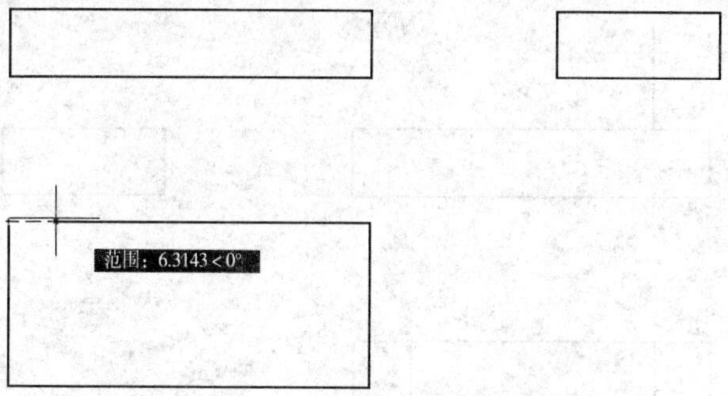

图 4-4　对象追踪(二)

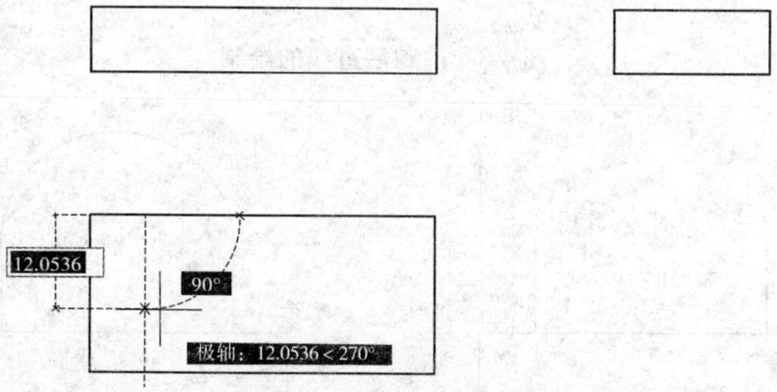

图 4-5　对象追踪(三)

(2)绘制基本体的主视图。输入直线命令,从合适的点开始向上追踪(保证“长对正”),如图 4-7 所示。

到交点处单击,再向上绘制长为 10 的线段,如图 4-8 所示。

输入偏移命令，把此线段向右偏移 30，绘出新的线段，如图 4-9 所示。

输入圆命令，再输入“2P”（用两点的方法绘制圆），选择上面绘制的两直线的上端点，绘制圆，用修剪命令修剪，此基本体的主视图绘制完成，如图 4-10 所示。

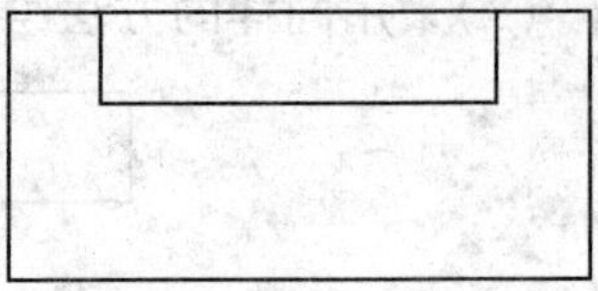

图 4-6　基本体的俯视图

（3）绘制此基本体的左视图。把光标移动到状态栏的“对象捕捉”按钮，单击鼠标右键，单击“设置”，把对象捕捉模式中的“象限点”加上。单击直线命令，单击线段的第一个端点，如图 4-11 所示。

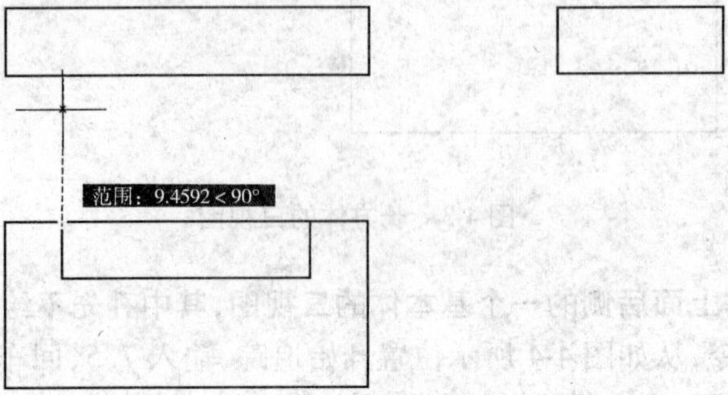

图 4-7　对象追踪（四）

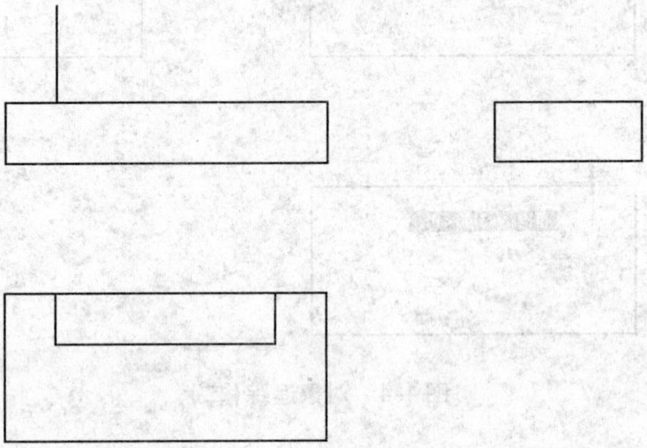

图 4-8　追踪后直线的绘制

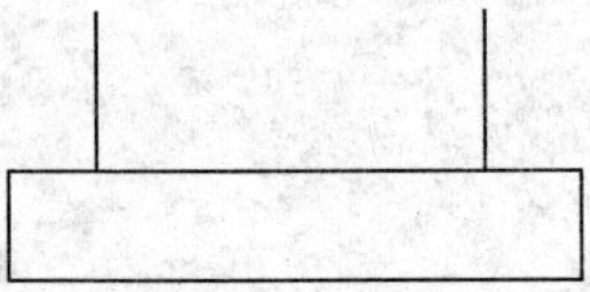

图 4-9　偏移直线

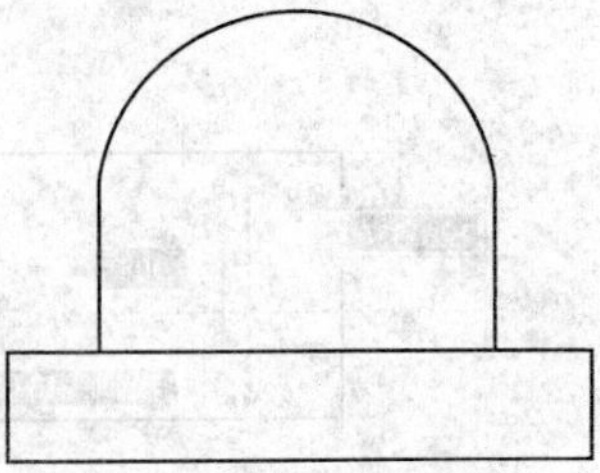

图 4-10　基本体的主视图

向上竖直追踪，再把光标移到要捕捉的象限点，如图 4-12 所示。

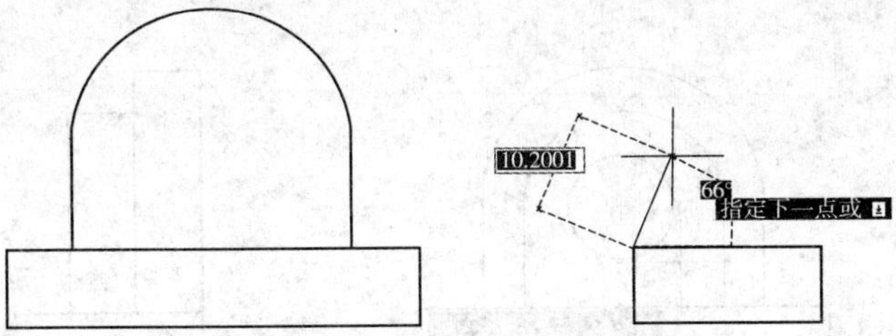

图 4-11　直线的第一个端点

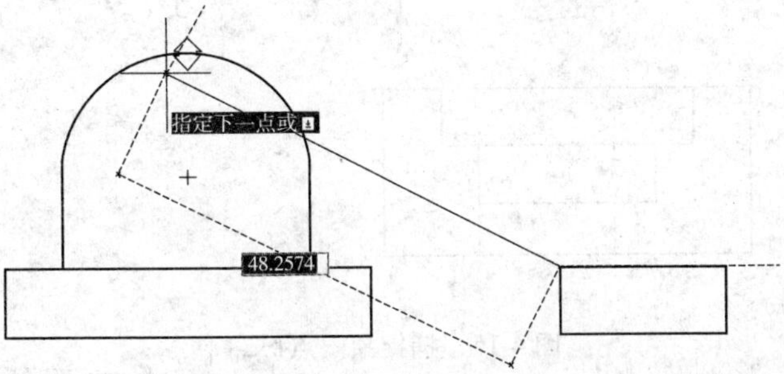

图 4-12　捕捉象限点(一)

再向右追踪，出现如图 4-13 所示的交点，单击，线段的端点就确定下来了，再向右追踪，输入 8，再向下追踪，捕捉到交点，单击确定，此基本体的左视图绘制完成，如图 4-14 所示。

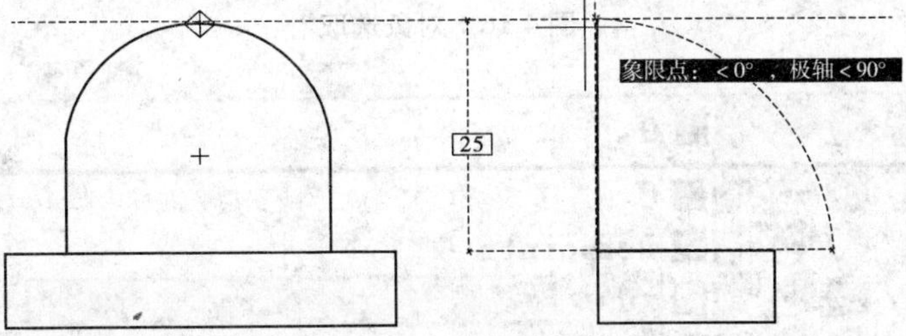

图 4-13　追踪交点

(三)绘制其余基本体的三视图，其中孔先不绘制

绘制方法同步骤(二)中绘制基本体方法。

(四)绘制孔

绘制圆柱或孔的时候一般先绘制有圆的视图，此处先绘制主视图。

(1)输入圆命令，捕捉到图上圆弧的圆心，绘制半径为 5 的圆。

(2)从圆的象限点开始追踪，如图 4-15 所示。

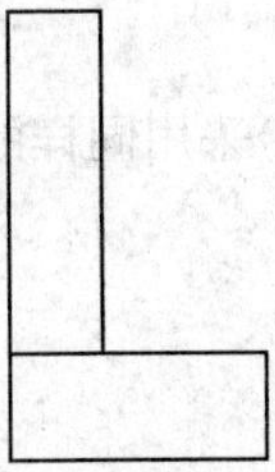

图 4-14　基本体的左视图

绘制出两线段，再选中这两个线段，如图 4-16 所示。

单击图层下拉框中的虚线层，如图 4-17 所示。

把它们放到虚线层，若线型比例不合适，双击该虚线，修改线型比例，孔的俯视图绘制结果如图 4-18 所示。

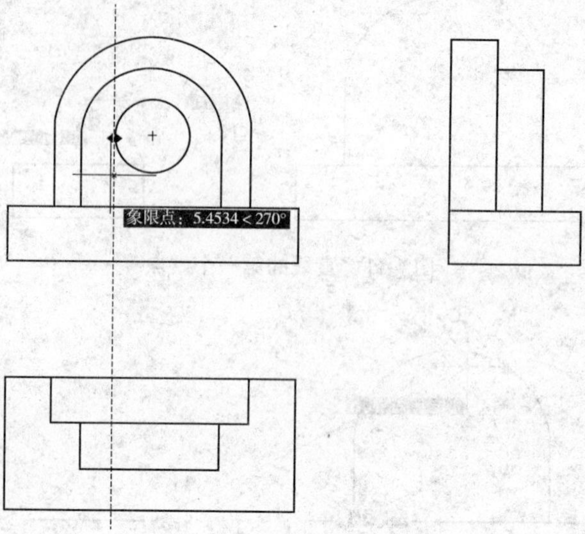

图 4-15　捕捉象限点(二)

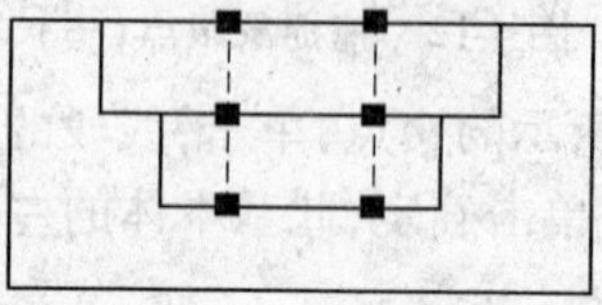

图 4-16　对象选取

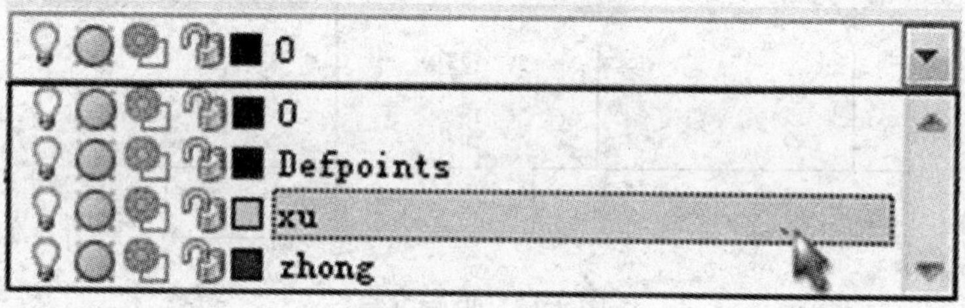

图 4-17　图层选取

(3)采用同样的方法绘制孔的左视图,如图 4-19 所示。

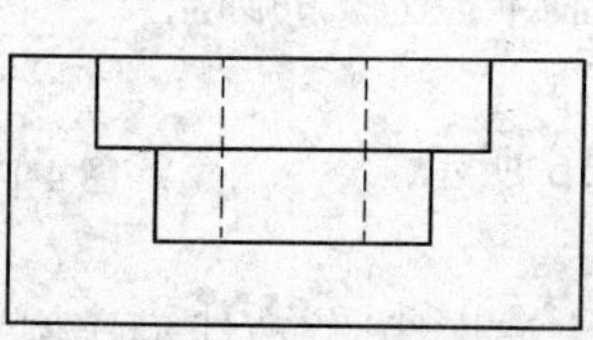

图 4-18　孔的俯视图

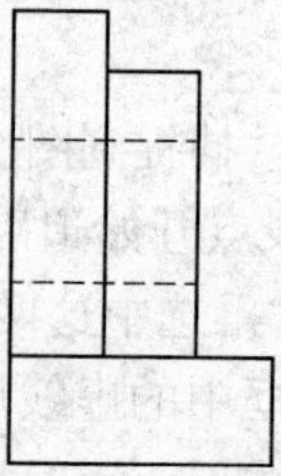

图 4-19　孔的左视图

(五)补画中心线,调整线型比例

按下“线宽”按钮,三视图显示如图 4-20 所示。

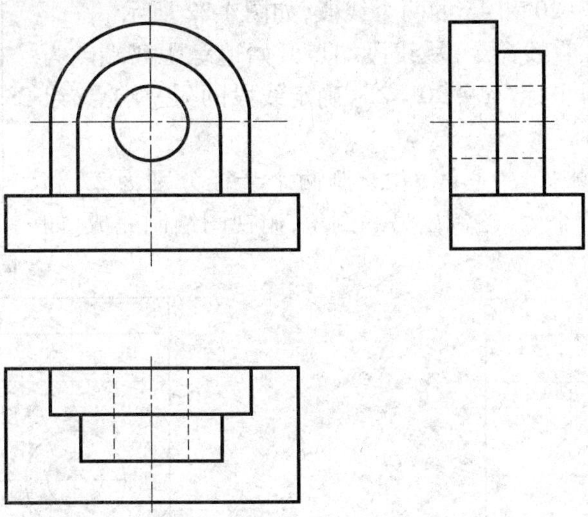

图 4-20　三视图绘制实例 1 绘制结果

二、三视图绘制实例 2

绘制如图 4-21 所示的三视图实例。具体绘制过程如下所述。

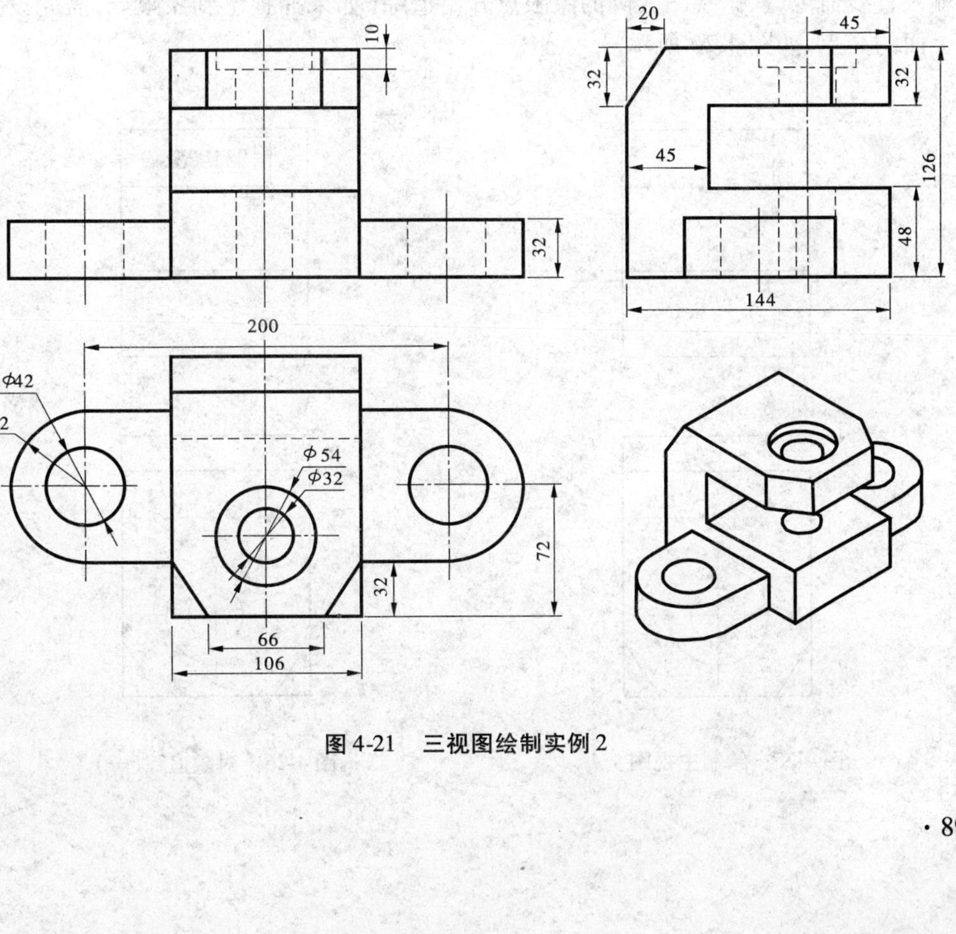

图 4-21　三视图绘制实例 2

（一）绘制中间主体部分的三视图

（1）绘制俯视图。用矩形命令，绘制长为 106，宽为 144 的长方形，再绘制距离上边界分别为 20 和 45 的两个线段，如图 4-22 所示。

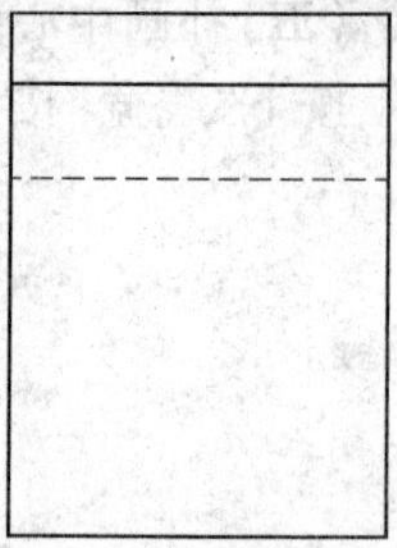

图 4-22　绘制俯视图

（2）绘制倒角。输入直线命令，从线段端点开始追踪距离端点为 20 的线段一端，输入相对坐标“@ －20,32”，确定线段的另一端点，绘出如图 4-23 所示图形。

换到中心线图层，绘制出中心线，并绘制两个半径分别为 27 和 16 的同心圆，通过“镜像”命令，绘制出另一倒角，俯视图绘制完成，如图 4-24 所示。

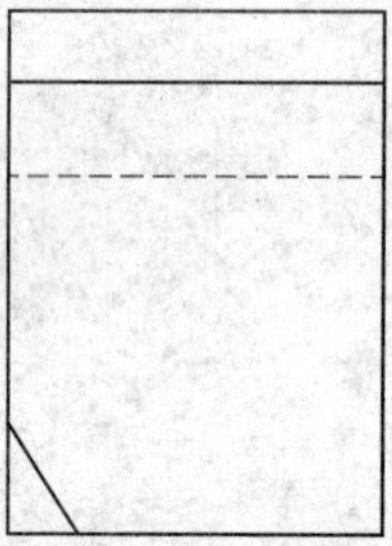

图 4-23　倒角的绘制

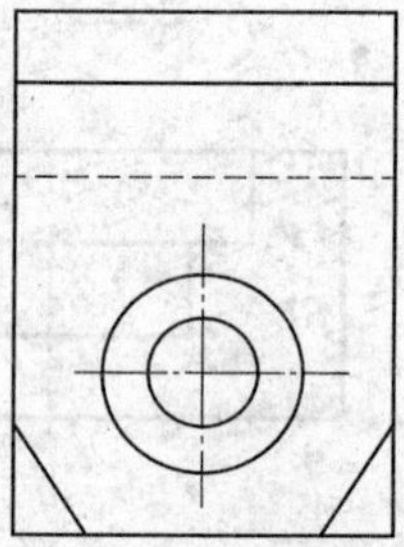

图 4-24　俯视图

（3）绘制主视图。其中“长对正”的关系需借用俯视图和“对象追踪”命令来完成。先绘制长为 106，宽为 126 的矩形，再补上其他线条，如图 4-25 所示。

输入直线命令，从俯视图大圆的象限点开始追踪（如果捕捉不到象限点，需先设置），一直到上面的交点，如图 4-26 所示。

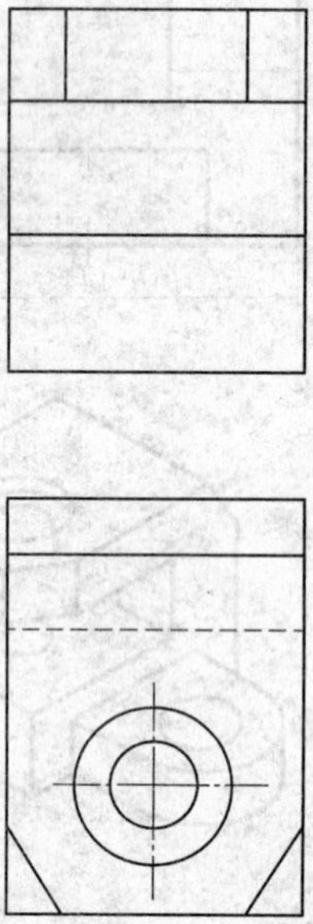

图 4-25　绘制主视图

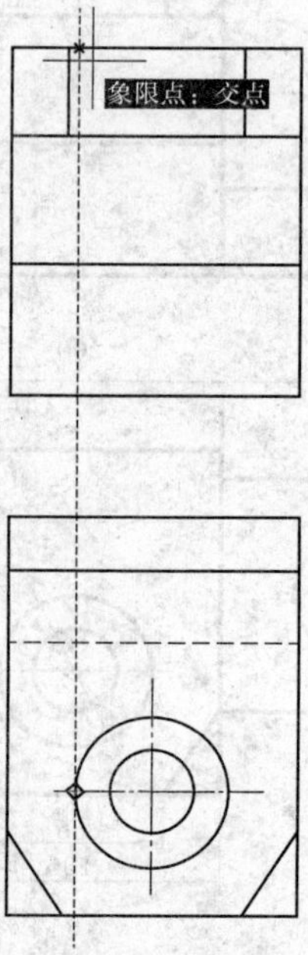

图 4-26　对象追踪（一）

捕捉到交点的时候,单击,再向下移动鼠标,输入 10,绘制出长为 10 的线段,如图 4-27 所示。

向右追踪,再把光标向圆的另外一个象限点移动,捕捉到后,把光标向上移,如图 4-28 所示,单击,绘制了一线段,再向上追踪到交点,单击,完成线段的绘制。

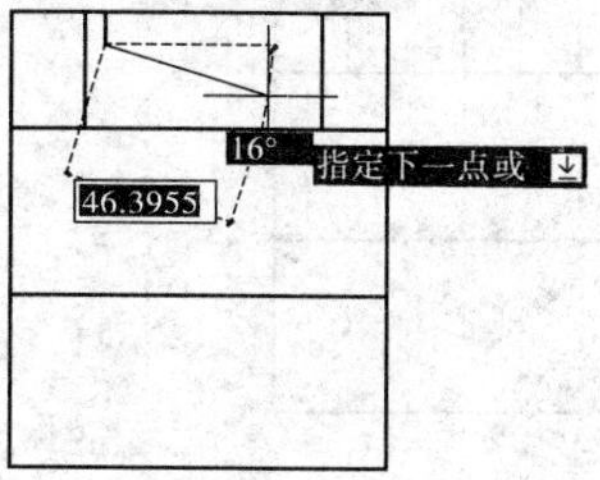

图 4-27　绘制直线(一)

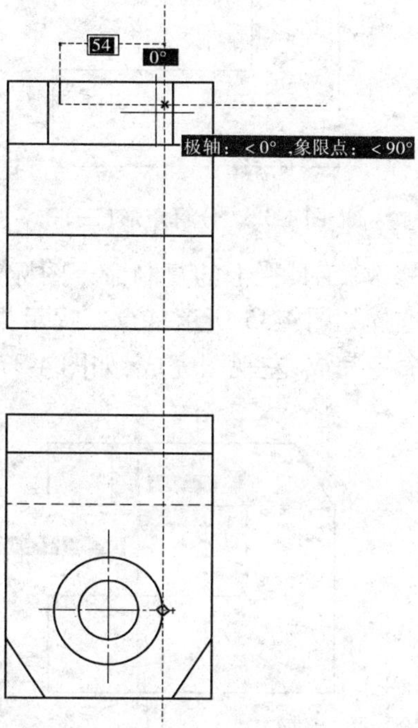

图 4-28　对象追踪(二)

选中图 4-28 所绘线段放到虚线层,并采用相同的方法绘制剩余的虚线,补上中心线,结果如图 4-29 所示。

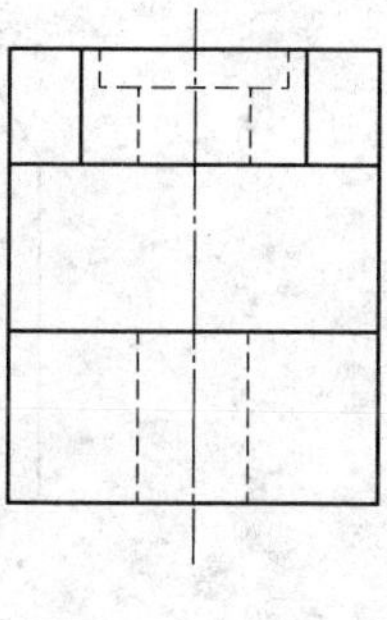

图 4-29　主视图

(4)绘制左视图。输入矩形命令,绘制一长为 144,宽为 126 的矩形。单击"修改"工具栏的倒直角命令图标,输入"D"选择距离选项,输入第一个倒角距离 20,回车,再输入第二个倒角距离 32,回车,分别选择矩形的上侧的边和左侧的边,绘制出倒角,如图 4-30 所示。用直线命令,结合对象对踪,绘制出的图形如图 4-31 所示。

单击"绘图"工具栏的分解命令按钮,选择所绘矩形剩下的部

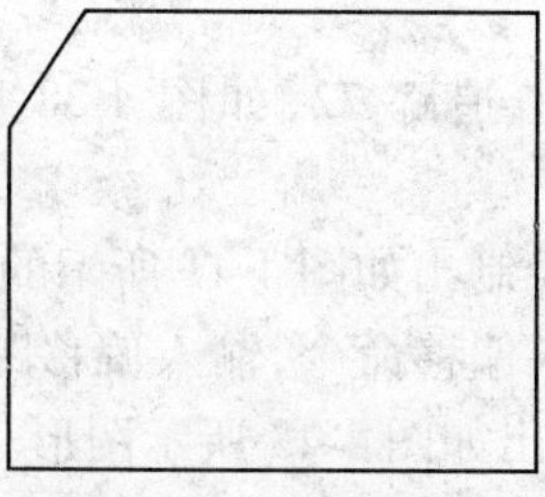

图 4-30　绘制倒角

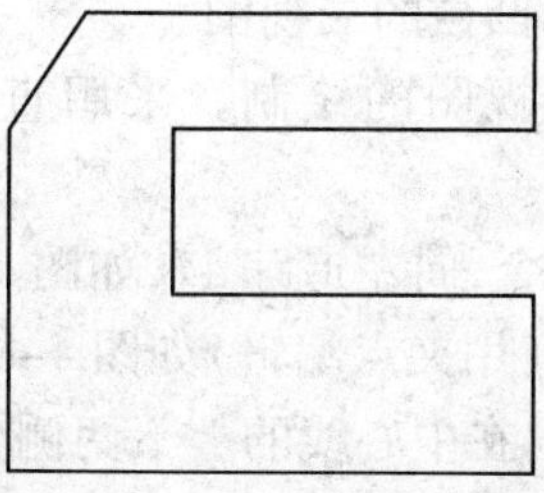

图 4-31　绘制直线(二)

分，把它分解，如图 4-32 所示。输入偏移命令，偏移距离分别为 32 和 45，把其中一条放到中心线层，如图 4-33 所示。用夹点，把中心线延长，如图 4-34 所示。

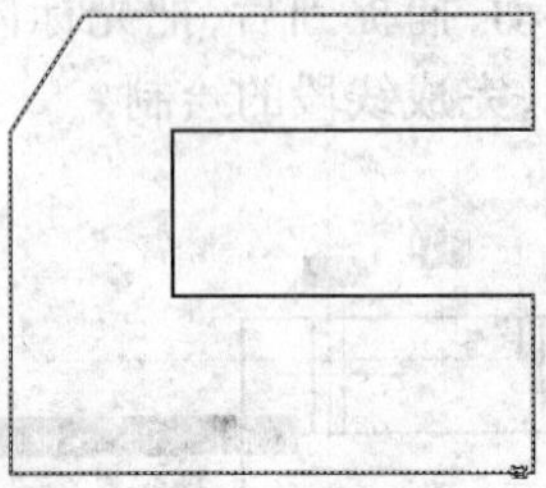

图 4-32　分解矩形（三）

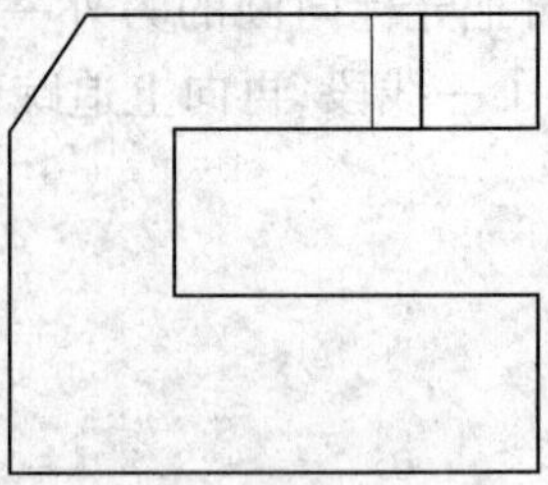

图 4-33　偏移直线（一）

单击“修改”工具栏上的复制命令图标，选择主视图中的虚线，单击右键确定，提示指定基点时，选择如图 4-35 所示基点。提示指定第二点时，选择如图 4-36所示的目标点，回车确定，复制命令完成，左视图完成，如图 4-37 所示。

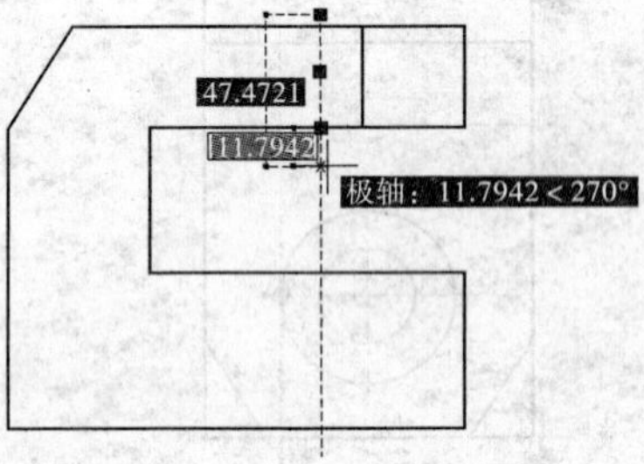

图 4-34　延长中心线

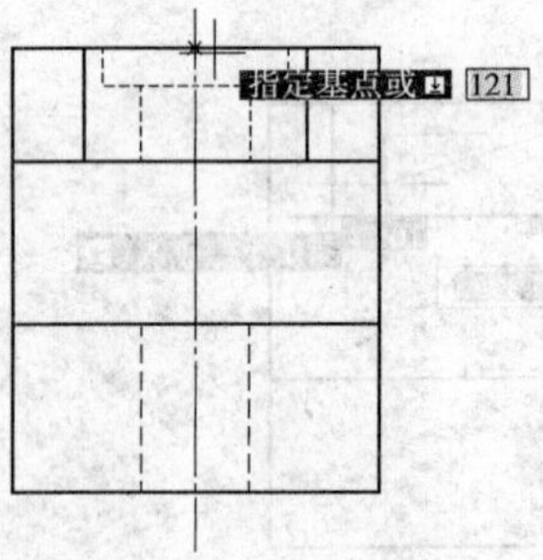

图 4-35　基点的选择

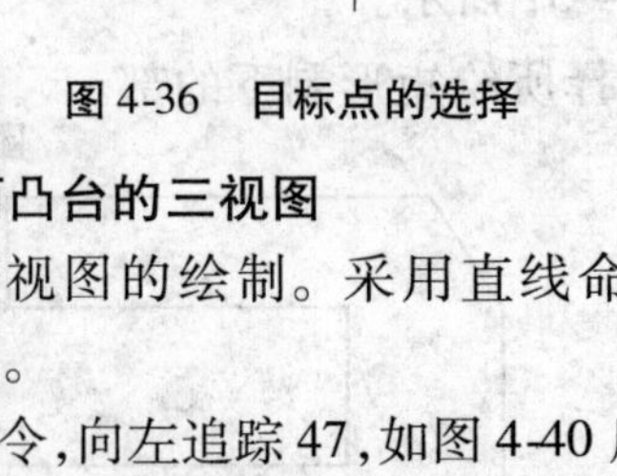

图 4-36　目标点的选择

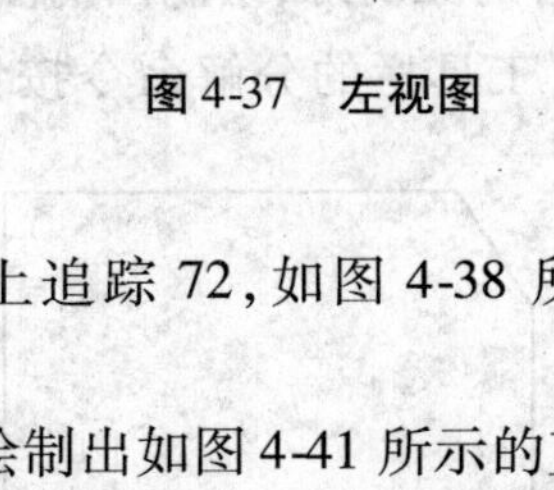

图 4-37　左视图

（二）绘制两凸台的三视图

（1）凸台俯视图的绘制。采用直线命令，向上追踪 72，如图 4-38 所示。绘制出如图 4-39所示直线。

采用直线命令，向左追踪 47，如图 4-40 所示。绘制出如图 4-41 所示的直线。

修改其长度（用夹点编辑）如图 4-42 所示。输入偏移命令，输入偏移距离 42，选择偏移对象水平中心线，在中心线的上下两侧分别单击，绘出如图 4-43 所示图形。

以此为参考线，绘制如图 4-44 所示图形（线宽打开显示）。

调整中心线，用镜像命令，把所绘图形复制到右边，俯视图的绘制完成，如图 4-45 所示

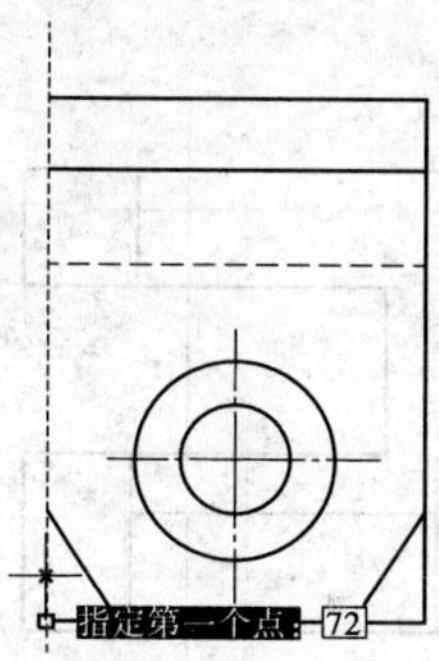

图 4-38　对象追踪(三)

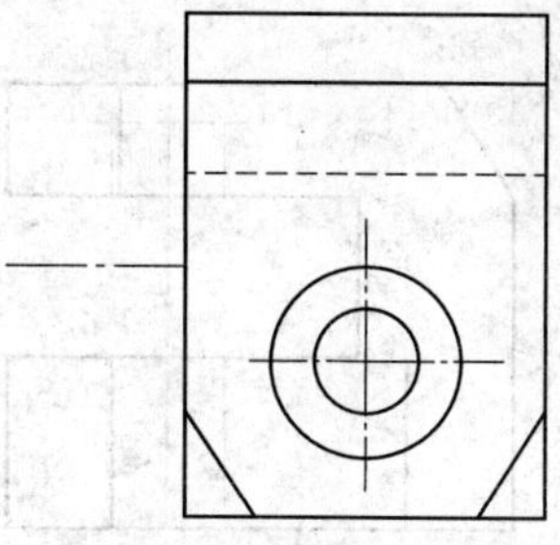

图 4-39　绘制直线(三)

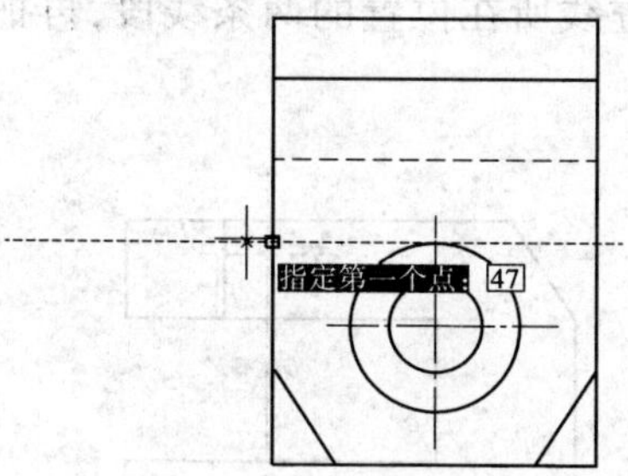

图 4-40　对象追踪(四)

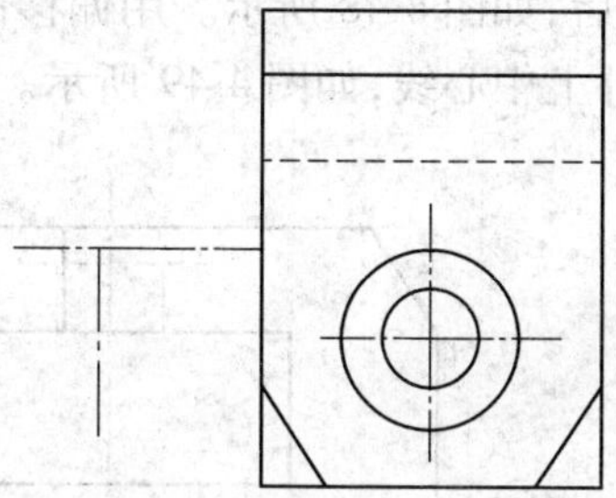

图 4-41　绘制直线(四)

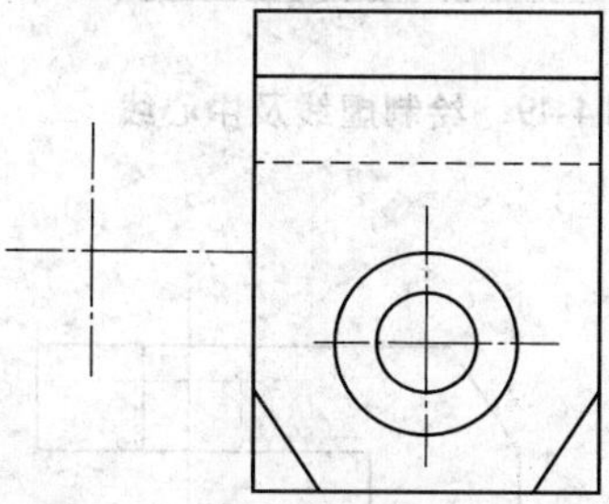

图 4-42　修改直线长度

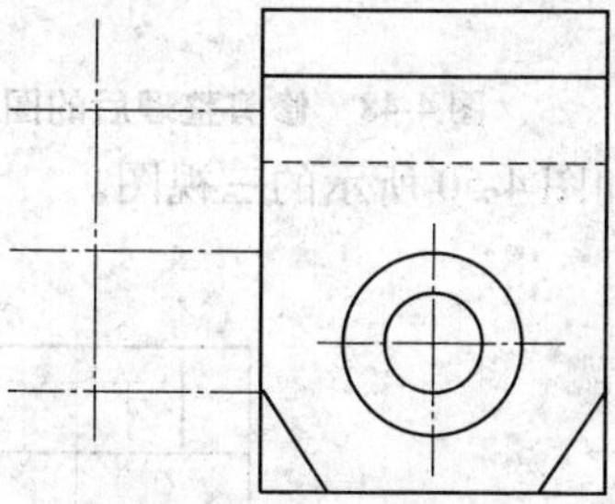

图 4-43　偏移直线(二)

(打开线宽显示)。

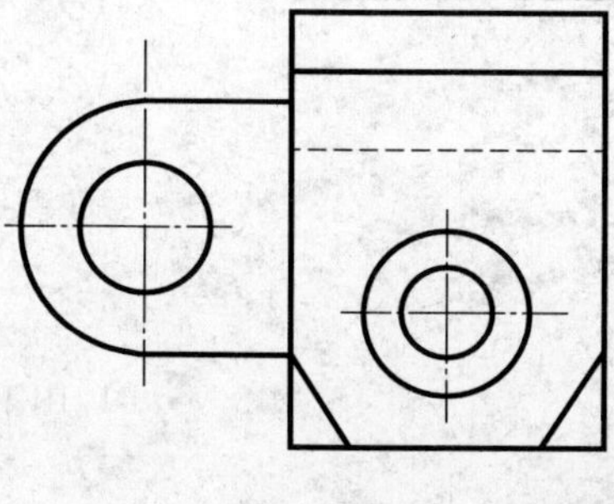

图 4-44　凸台绘制

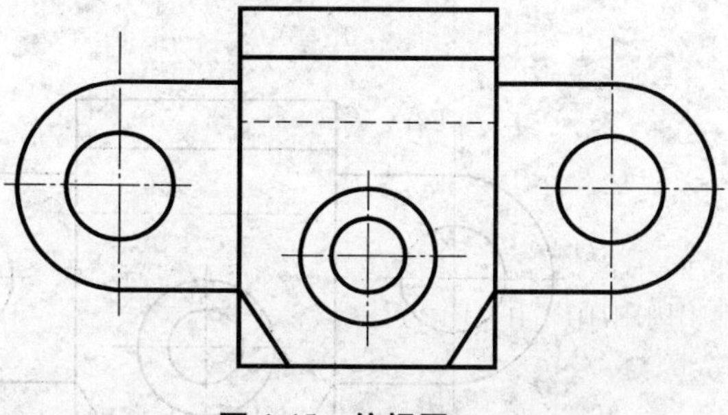

图 4-45　俯视图

(2)凸台主视图的绘制。先绘制一边,然后镜像复制。

(3)绘制凸台的左视图。用偏移命令把右边那条线向左分别偏移 30 和 114,如图 4-46

所示。绘制出如图 4-47 所示线段。

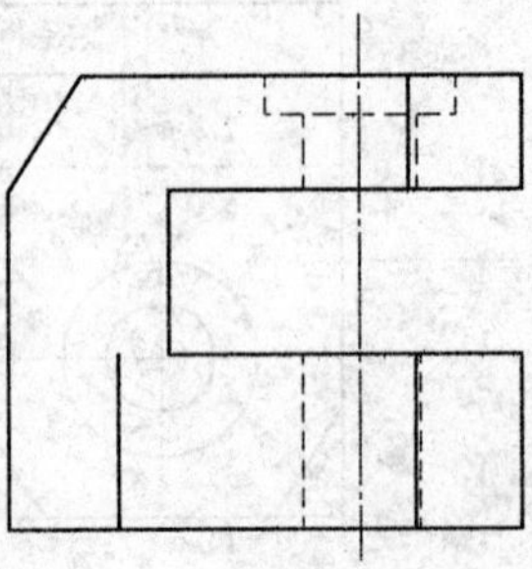

图 4-46 偏移直线(三)

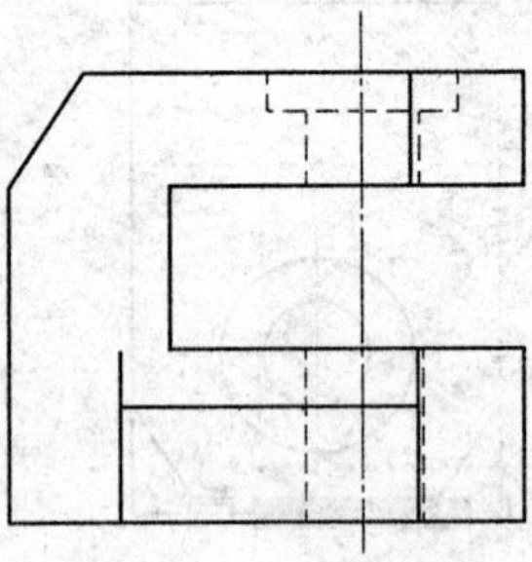

图 4-47 绘制直线(五)

修剪后,如图 4-48 所示。用偏移命令绘制出虚线所在位置的两条线段,再把它们放到虚线层,补上中心线,如图 4-49 所示。

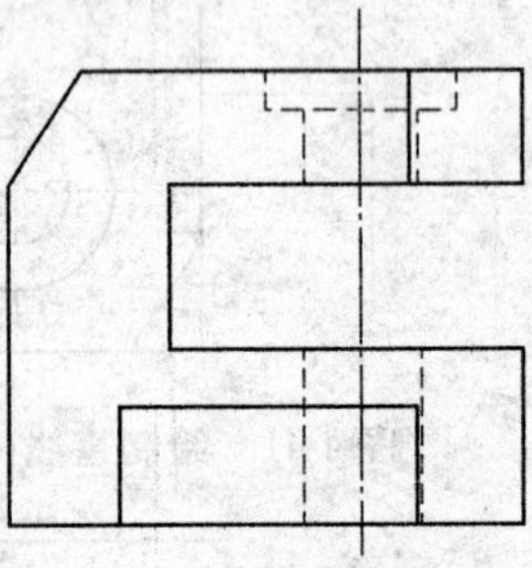

图 4-48 修剪整理后的图形

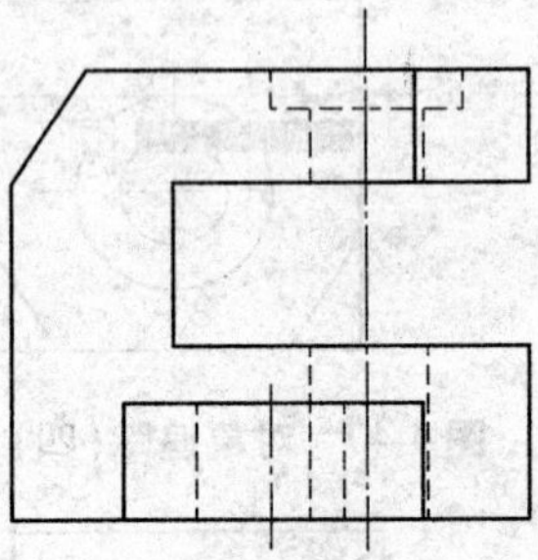

图 4-49 绘制虚线及中心线

绘制如图 4-50 所示的三视图。

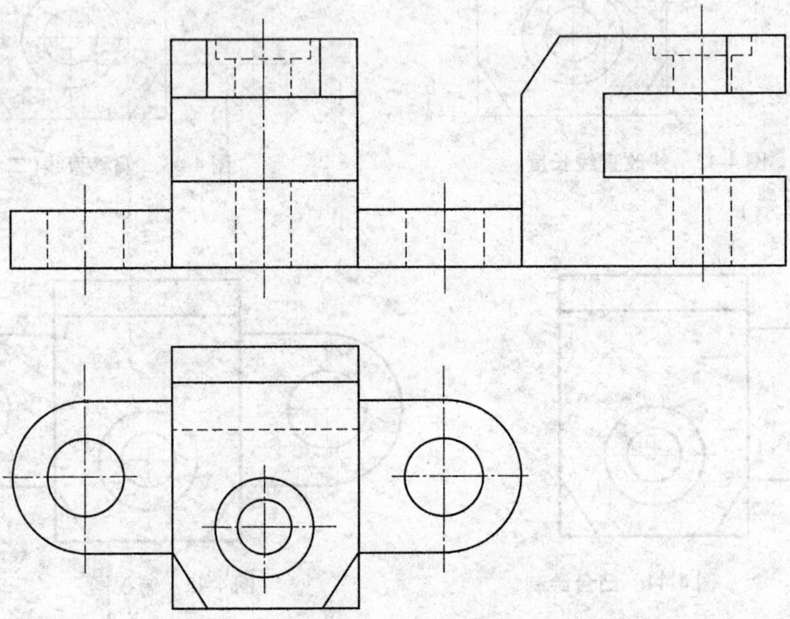

图 4-50 三视图

若三个视图的距离太近，单击“修改”工具栏上的命令图标✥，选中要移动的对象，如图 4-51所示。

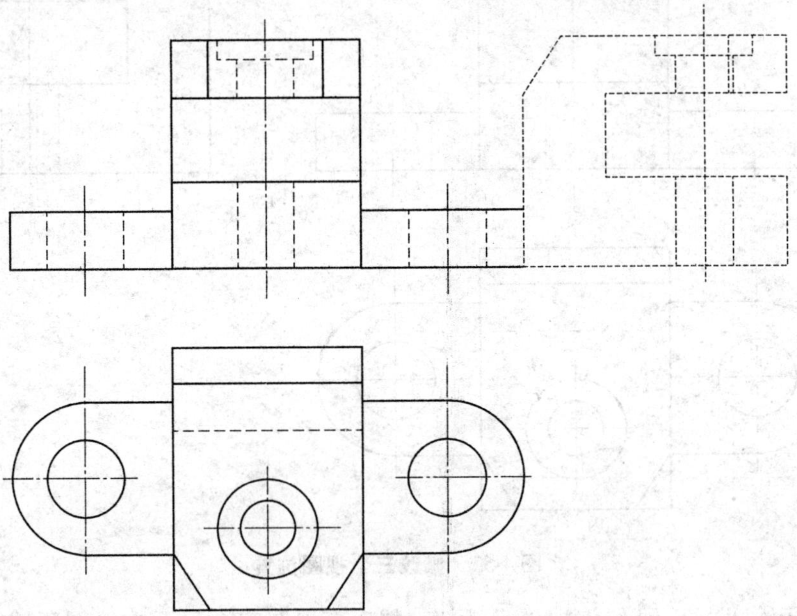

图 4-51　移动对象选取

单击右键确定，提示指定基点，在绘图区域任意一点，向右追踪，如图 4-52 所示。

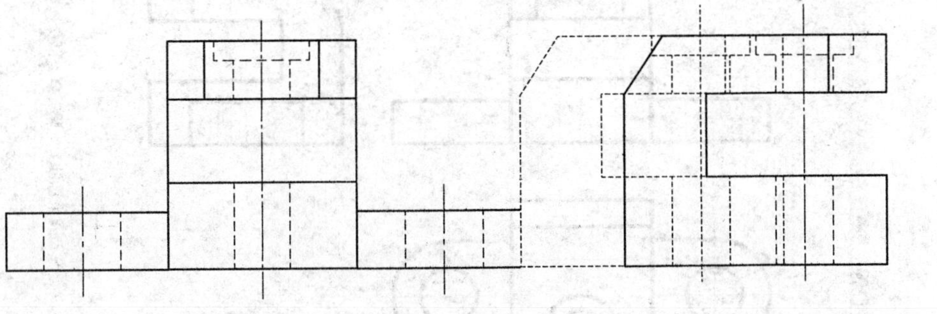

图 4-52　对象追踪(五)

到合适的位置后单击，选中的对象被移动，采用相同的方法把俯视图向下移，结果如图 4-53所示。

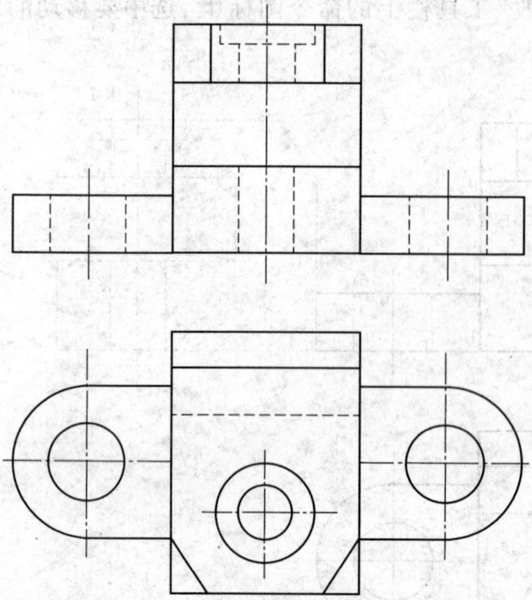

图 4-53　修改三个视图位置

在命令行输入“z”，回车，输入“e”，回车，整个三视图完全显示在绘图区域，以线宽方式打开，结果如图 4-54 所示。

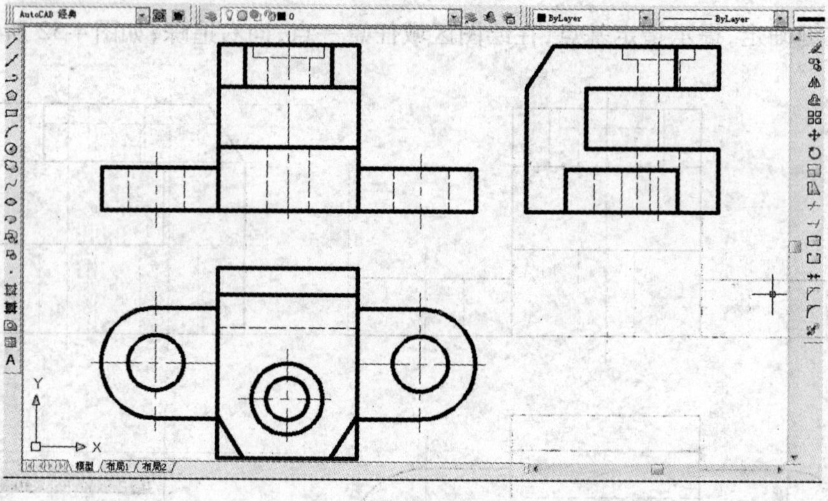

图 4-54　图形充满绘图区域显示

（三）三视图尺寸标注

（1）设置文字样式。具体方法见第一章第三节，不再赘述。

（2）设置标注样式。调出“标注”工具栏，单击标注样式图标，弹出“标注样式管理器”对话框，如图 4-55 所示。

单击“新建”按钮，给所创建的新标注样式命名，如图 4-56 所示。

单击“继续”按钮，对所定义的标注样式进行定义，在“文字”选项卡中，将“文字对齐”方式修改为 ISO 标准，如图 4-57 所示。

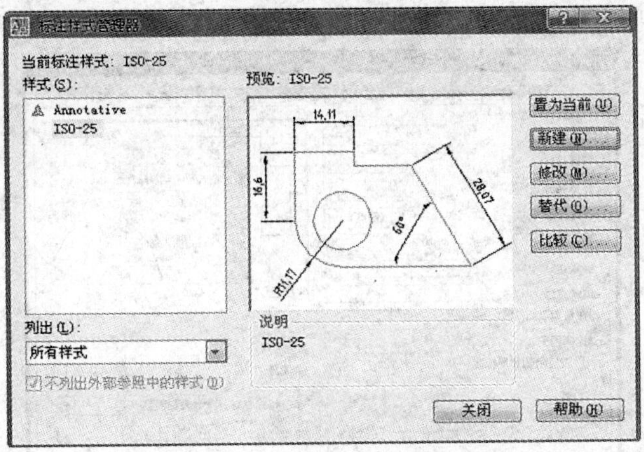

图 4-55 “标注样式管理器”对话框

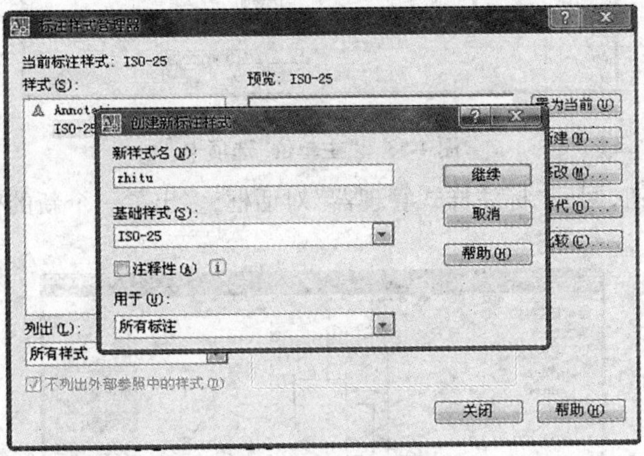

图 4-56 创建新标注样式

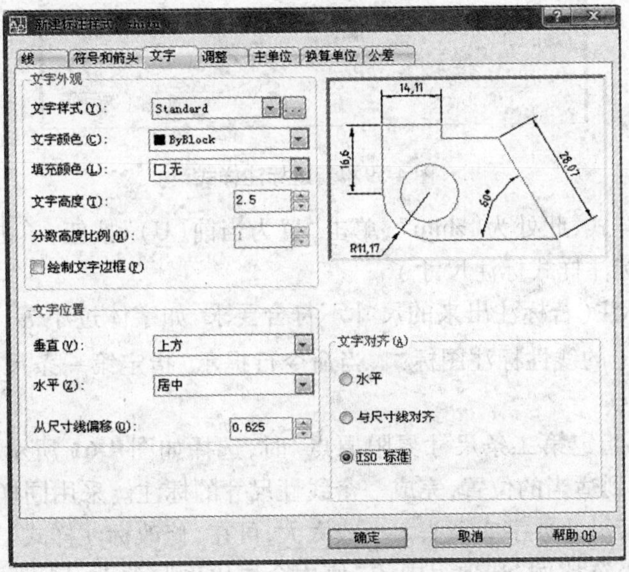

图 4-57 “文字”选项卡

在“主单位”选项卡中，将修改“小数分隔符”为“.”句点，如图 4-58 所示。

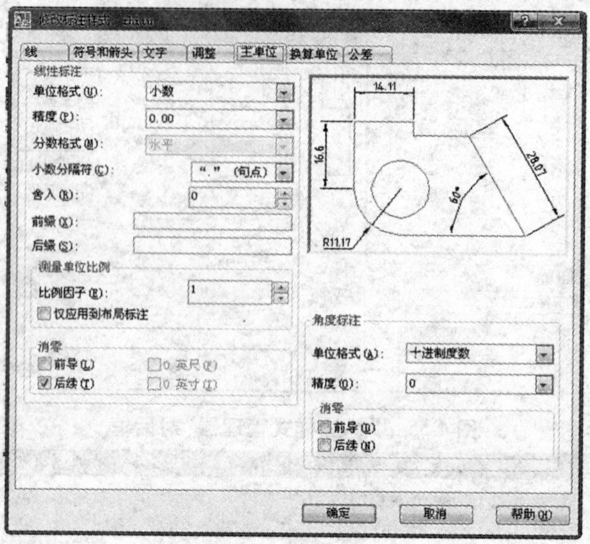

图 4-58　**“主单位”选项卡**

单击“确定”按钮，回到“标注样式管理器”对话框，多出了一个新的标注样式，如图 4-59 所示。

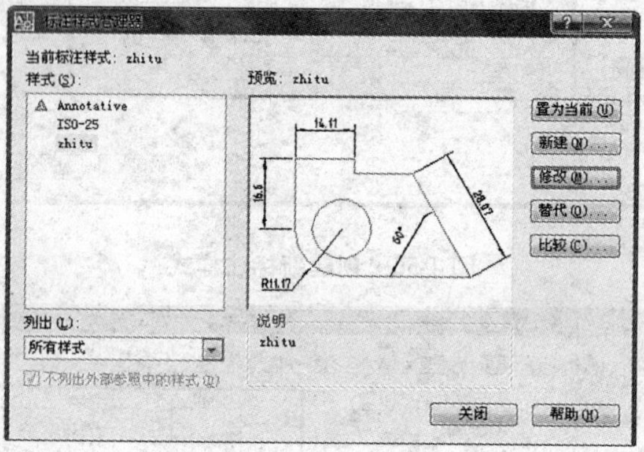

图 4-59　**新建标注样式**

选中新的标注样式，此处为“zhitu”，单击“置为当前(U)”按钮，单击“关闭”按钮，就可以用设定好的尺寸标注样式标注尺寸了。

（3）进行尺寸标注（若标注出来的尺寸不符合要求，如字体过小等，需修改标注样式）。单击“标注”工具栏上的线性标注图标⊢⊣，当命令行提示“指定第一条尺寸界限原点”时，选择如图 4-60 所示的点。

当命令行提示“指定第二条尺寸界限原点”时，选择如图 4-61 所示的点。然后移动光标，把标注的尺寸放到适当的位置，完成一个线性尺寸的标注。采用同样的方法依次完成其他线性尺寸标注。若尺寸数字或箭头太小或太大，可在“修改标注样式”对话框的“调整”选项卡中，选定“标注特征比例”选项组中的“使用全局比例”，修改其比例值即可。线性尺寸标注结果如图 4-62 所示。

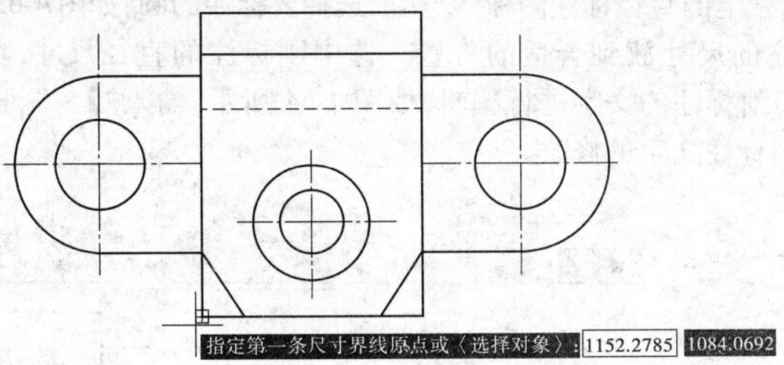

图 4-60 线性尺寸标注(一)

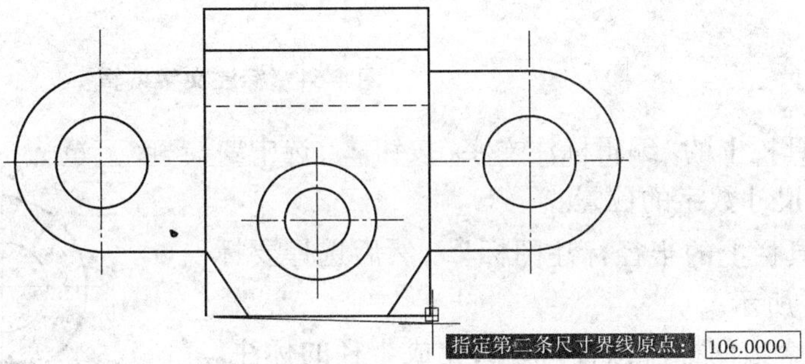

图 4-61 线性尺寸标注(二)

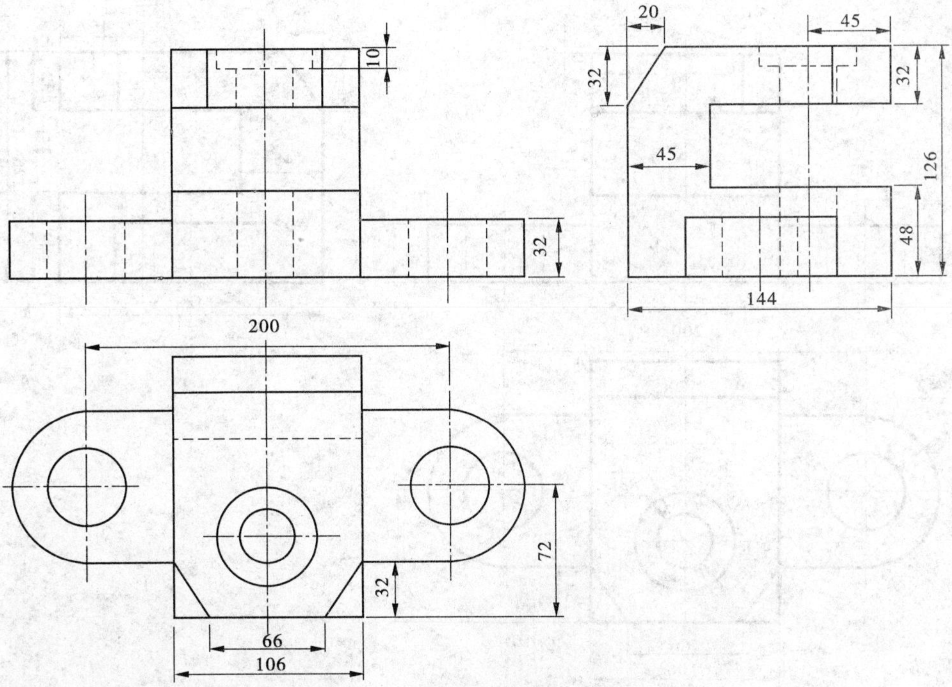

图 4-62 线性尺寸标注结果

单击“标注”工具栏上的直径标注图标，然后选择要标注的圆，如图 4-63 所示。

移动光标，把标注的尺寸放到合适的位置。选中刚标注的直径尺寸，在命令行输入“ED”，单击空格键，可对标注的文字进行编辑，如图 4-64 所示，输入“2 -”，再单击“确定”按钮，回车。完成了对标注文字的修改。

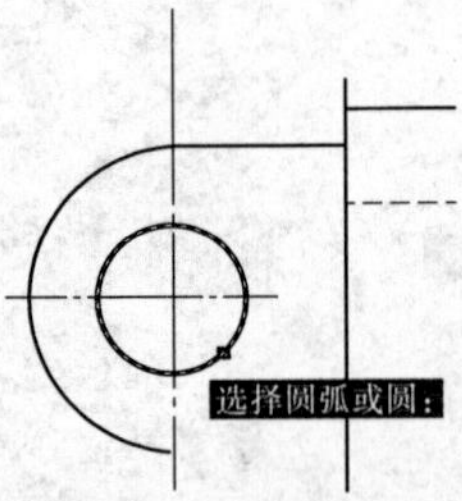

图 4-63　直径标注

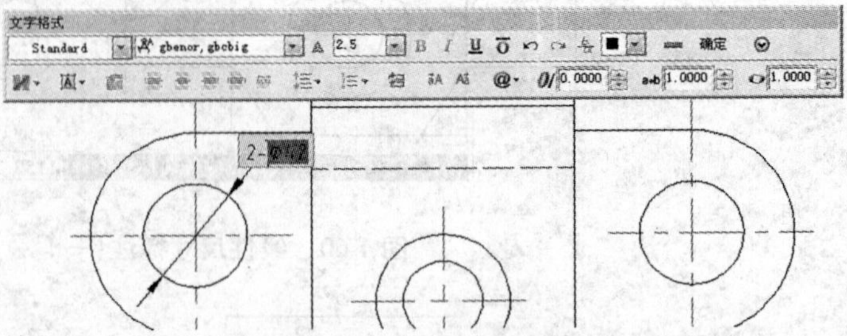

图 4-64　标注文字编辑

选中“标注”工具栏上的“编辑标注文字”按钮，选中要编辑的尺寸，可移动尺寸数字的位置。

单击“标注”工具栏上的半径标注图标，然后选择要标注的半径，如图 4-65 所示。

移动光标，选择合适的标注位置，单击，完成半径的标注。尺寸标注完成，以线宽方式打开，结果如图 4-66 所示。

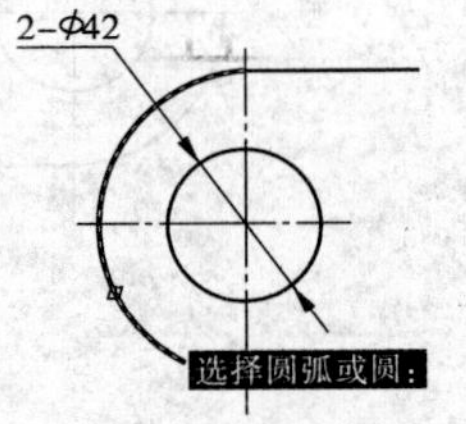

图 4-65　半径的标注

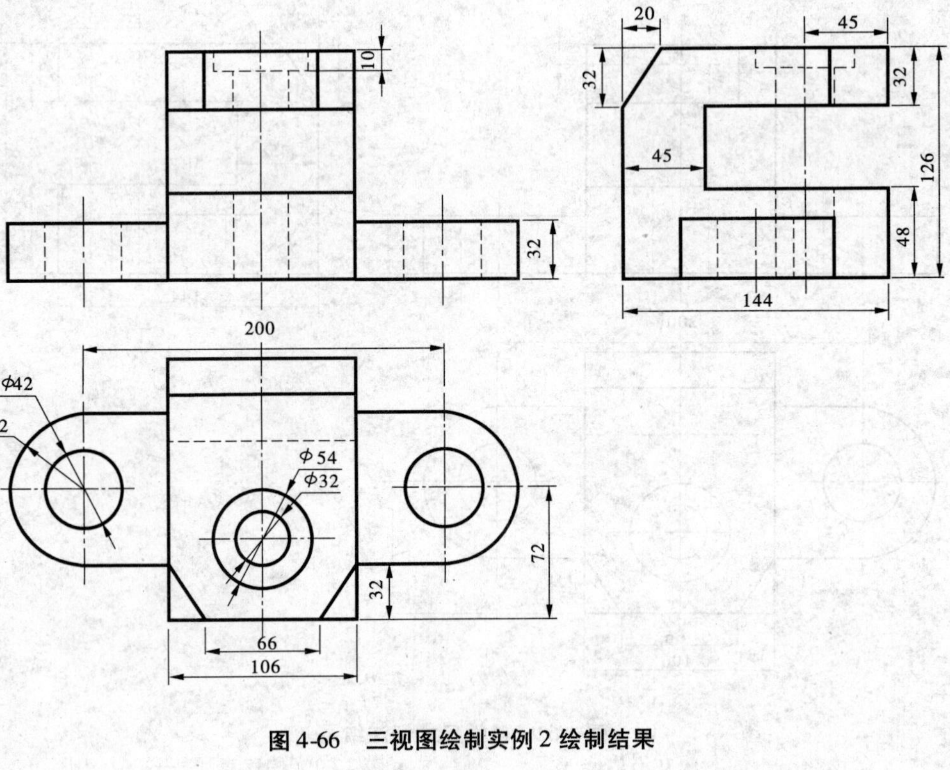

图 4-66　三视图绘制实例 2 绘制结果

第二节　剖视图绘制实例

剖视图绘制实例如图 4-67 所示。具体绘制步骤如下所述。

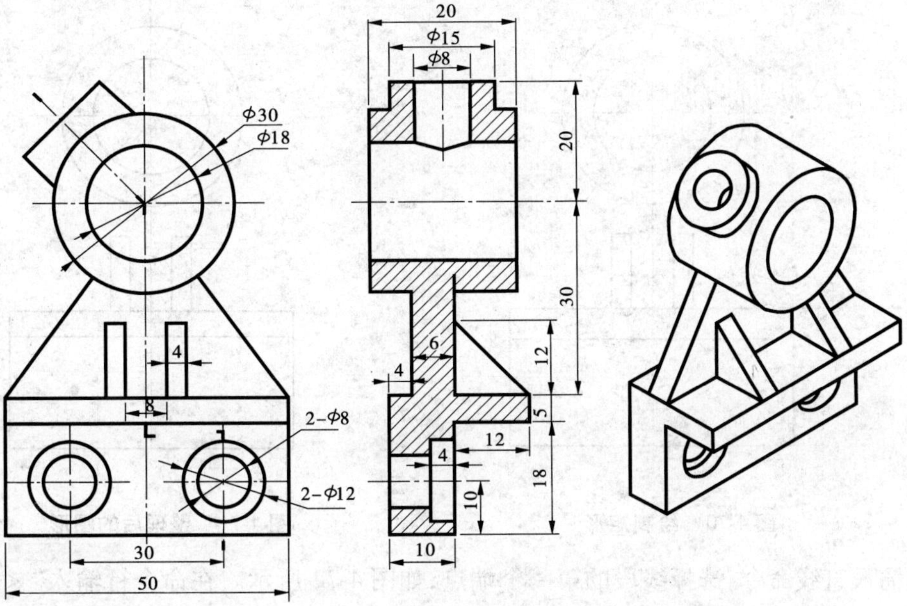

图 4-67　剖视图绘制实例

一、主视图的绘制

(1)绘制如图 4-68 所示图形。

(2)把水平中心线向下偏移 30,延长,把竖直中心线向左偏移 25,如图 4-69 所示。

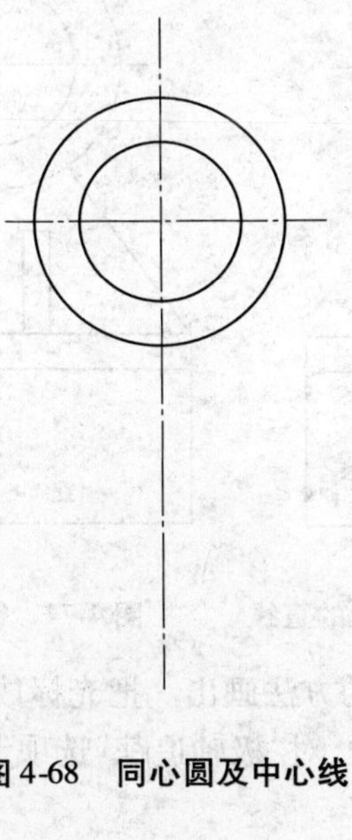

图 4-68　同心圆及中心线

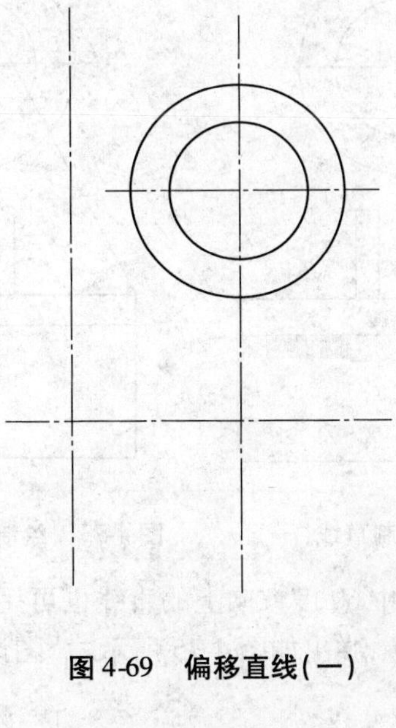

图 4-69　偏移直线(一)

(3)从偏移出的两中心线开始，利用对象追踪、输入距离的方式，绘制如图 4-70 所示图形。

(4)删除不用的线条，拉伸需延长的中心线后，绘制如图 4-71 所示图形。

图 4-70　绘制矩形

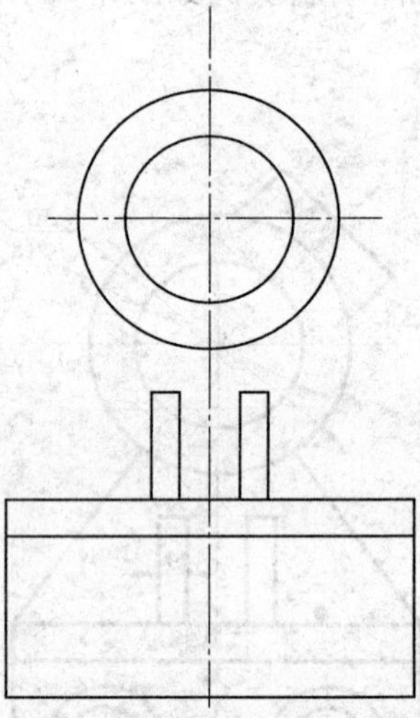

图 4-71　整理后的图形

(5)输入直线命令，选择线段的第一个端点，如图 4-72 所示。在命令行输入“ <60”，表示在 60 度方向上画线，绘制直线（在绘制直线过程中，若捕捉到特殊点，不能单击）如图 4-73所示。

修剪图 4-73 中的多余线条，镜像后得到如图 4-74 所示的图形。

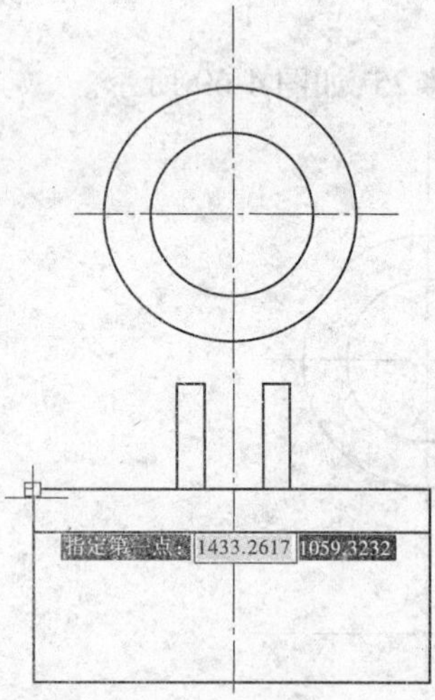

图 4-72　绘制直线（一）

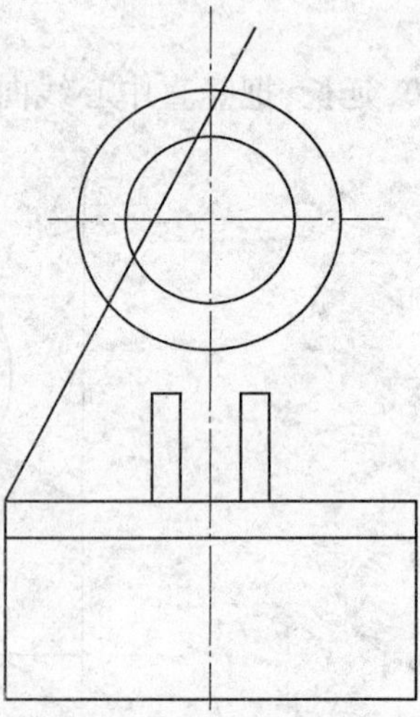

图 4-73　绘制 60 度方向上的直线

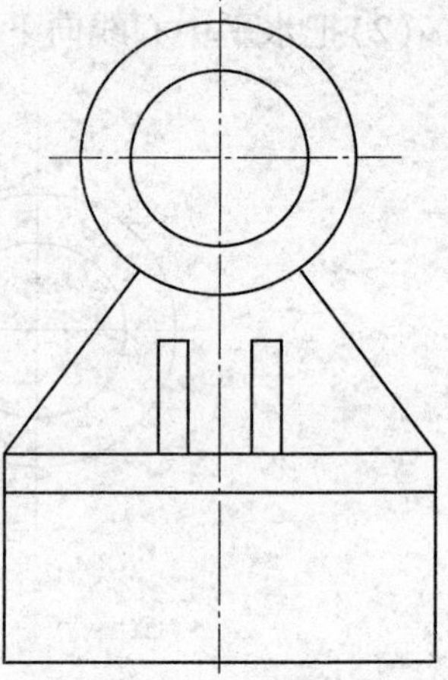

图 4-74　镜像后的图形

注：图 4-73 中 60 度方向上的直线也可用极轴追踪的方法画出。把光标放在“极轴”按钮上，单击右键设置，弹出如图 4-75 所示“草图设置”对话框，对“极轴追踪”选项卡进行设置。

在命令行输入直线命令，单击直线的第一个端点，在 60 度方向开始追踪，直到追踪到交点，如图 4-76 所示。

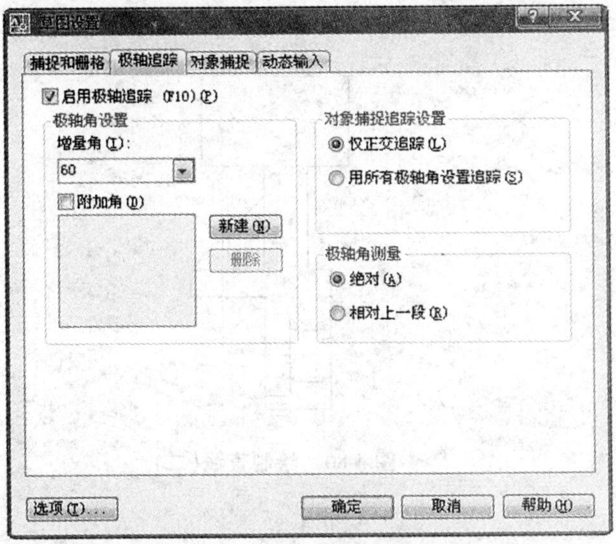

图 4-75　**“极轴追踪”选项卡**

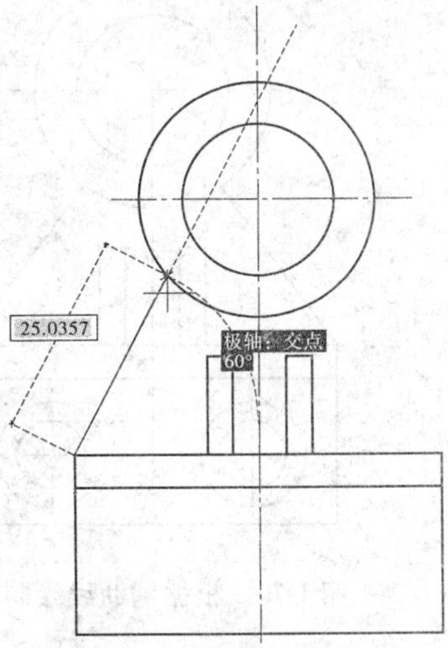

图 4-76　**捕捉交点**

(6)采用上面两种方法中的任一种，绘制如图 4-77 所示的点画线。输入偏移命令，绘制出如图 4-78 所示图形。

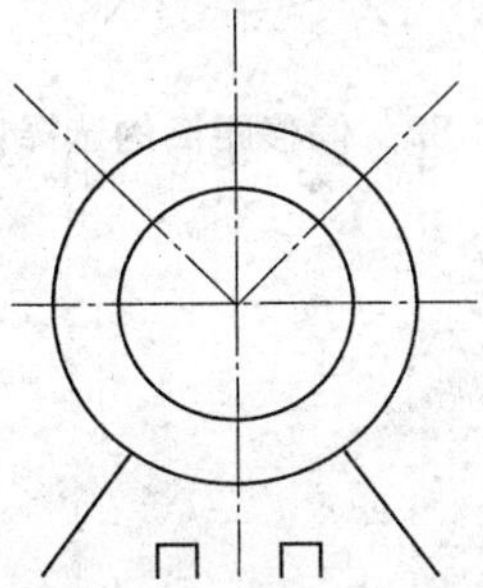

图 4-77　**绘制点画线**

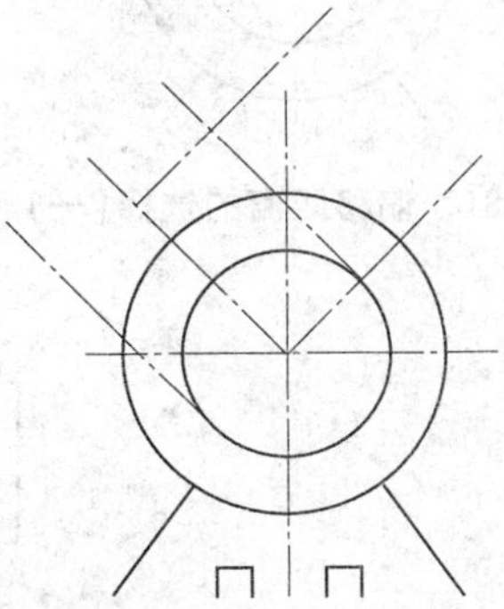

图 4-78　**偏移直线(二)**

(7)绘制直线(设置极轴追踪为 45 度)，删除多余线条，绘制圆，结果如图 4-79 所示。主视图绘制完成。

二、旋转剖视图的绘制

(1)先绘制如图 4-80 所示的图形。

(2)输入偏移命令，当命令行提示输入偏移距离时，单击如图 4-81 所示的点，再单击如图 4-82所示的点，则输入的偏移距离为这两点之间的距离，选择偏移对象，绘制出如图 4-83 所示图形。

(3)输入偏移命令，输入偏移距离时，第一点选择如图 4-84 所示，第二点选择如图 4-85 所示。

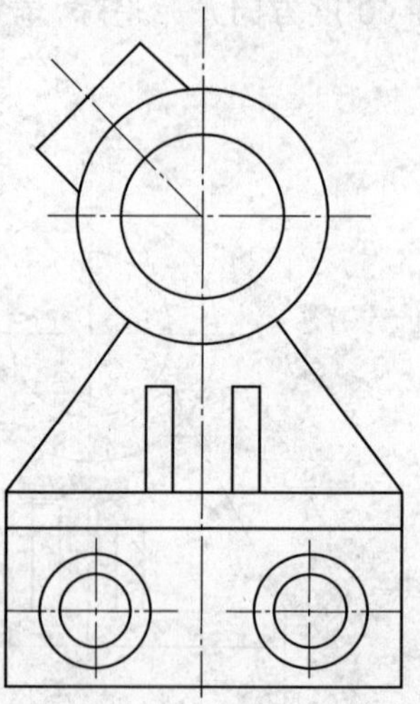

图 4-79　根据辅助线绘制图形

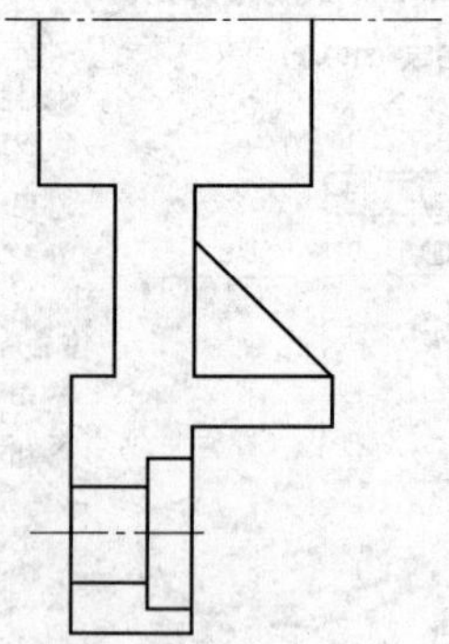

图 4-80　绘制直线(二)

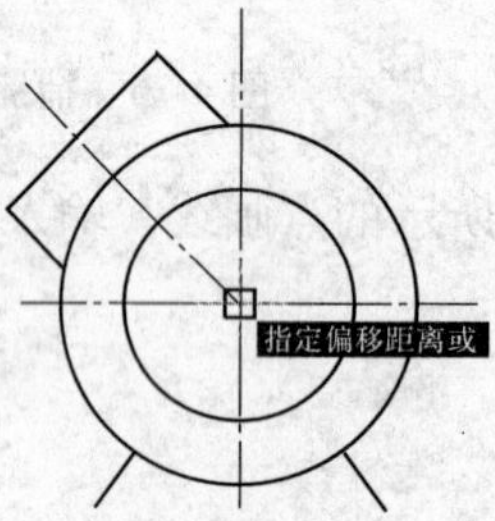

图 4-81　偏移距离的选择(一)

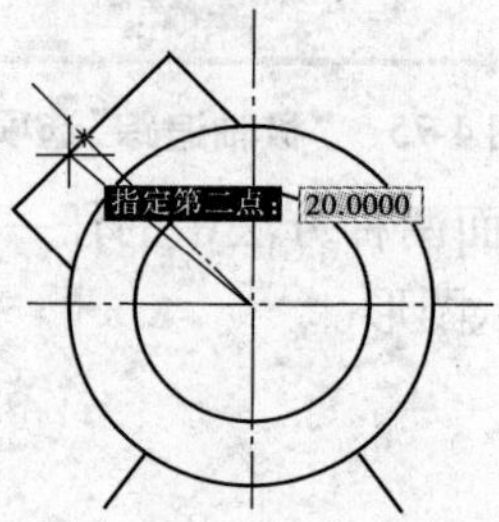

图 4-82　偏移距离的选择(二)

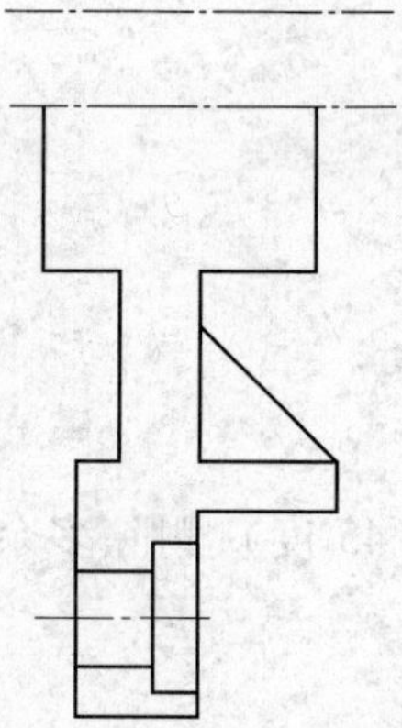

图 4-83　偏移直线(三)

选择偏移对象,指定偏移的一侧,绘制出如图 4-86 所示图形。

(4)绘制如图 4-87 所示的辅助线。

(5)输入直线命令,绘制图形,删除多余的线条,绘制如图 4-88 所示图形。

(6)确定相贯线上的特殊点的位置。输入偏移命令,选择要偏移的对象,输入偏移距离 4,得到如图 4-89 所示图形。

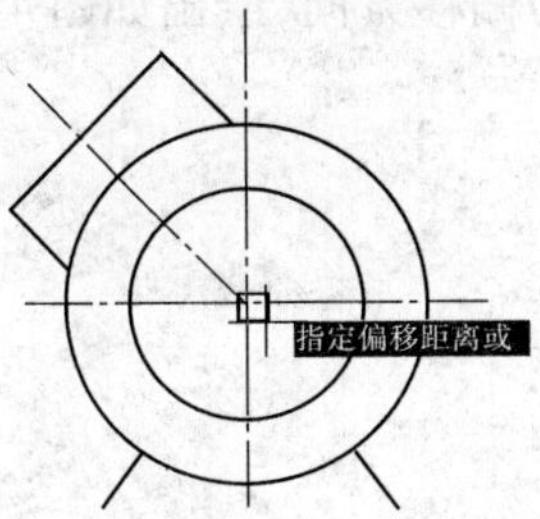

图 4-84　偏移距离的选择(三)

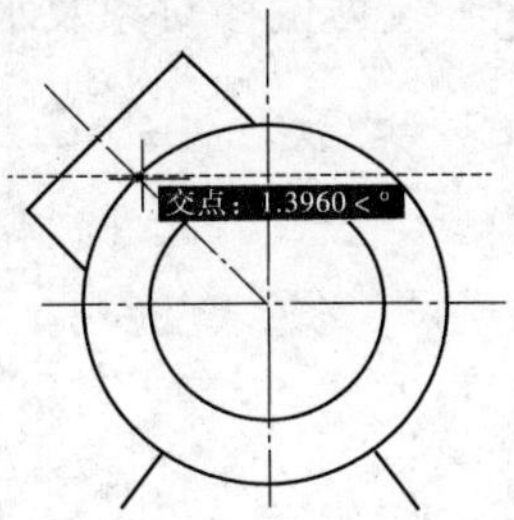

图 4-85　偏移距离的选择(四)

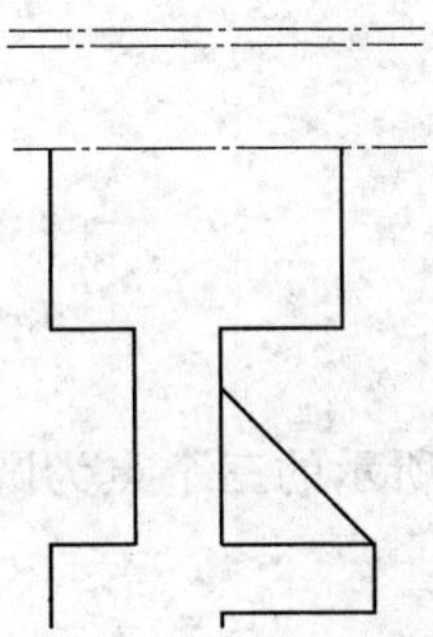

图 4-86　偏移直线(四)

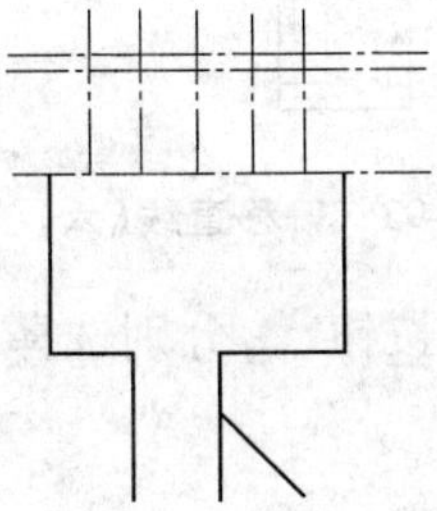

图 4-87　绘制辅助线

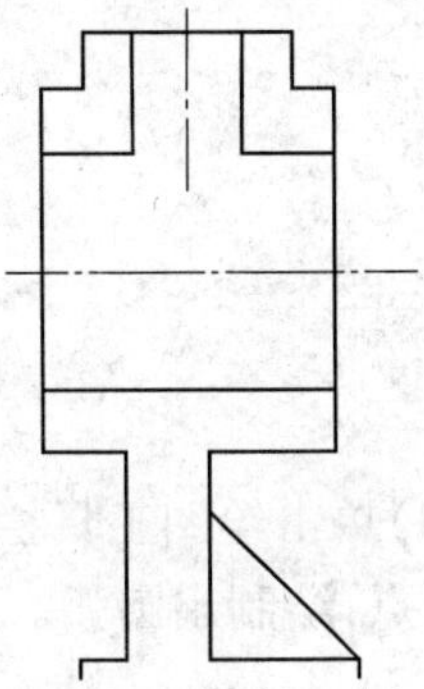

图 4-88　根据辅助线绘制图形

绘制如图 4-90 所示的直线。

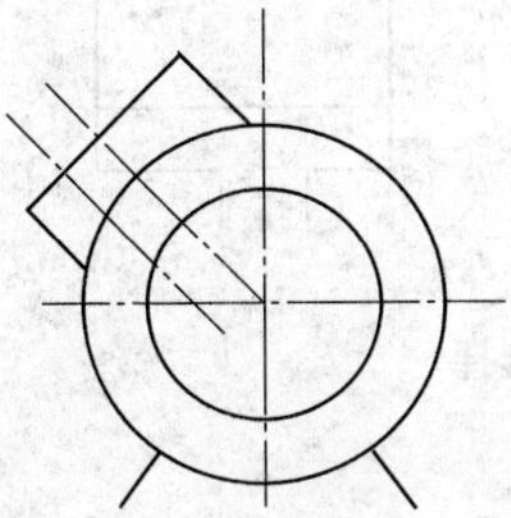

图 4-89　偏移直线(五)

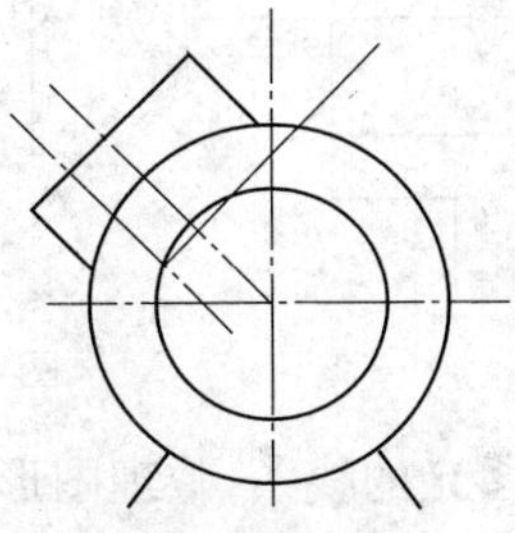

图 4-90　绘制直线(三)

(7)输入偏移命令,分别选择如图 4-91 所示的两点,输入偏移距离。

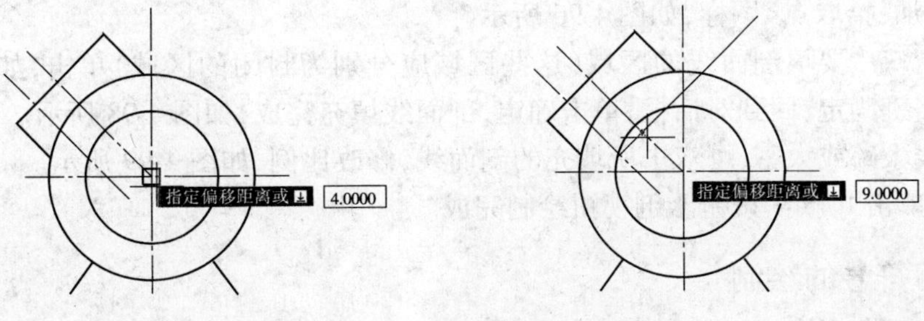

图 4-91　偏移距离的输入

选择水平中心线为偏移对象及水平中心线上面为偏移方向，绘出如图 4-92 所示图形。

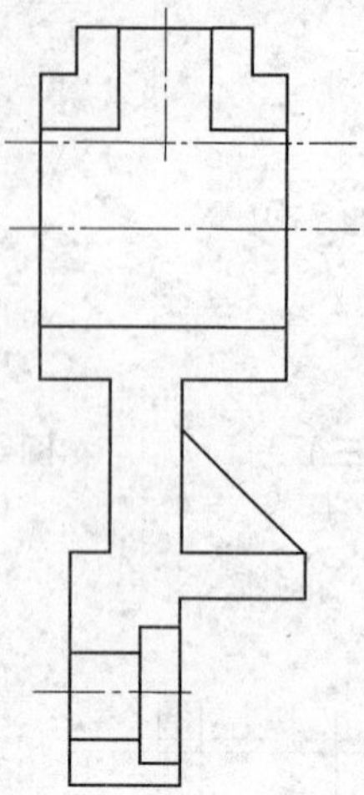

图 4-92　偏移直线（六）

（8）单击绘图工具栏上的圆弧命令按钮，分别选择如图 4-93 所示的三个点为圆弧上的三个点，绘制出圆弧。

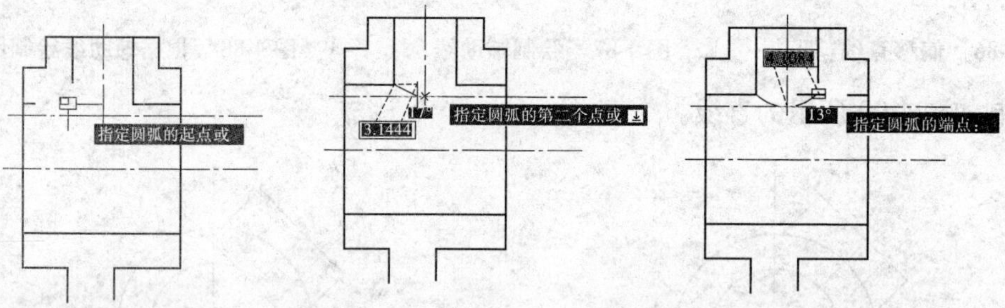

图 4-93　圆弧上三个点的选择

（9）删除多余的线条，整理图形。

（10）填充剖面线。把细实线层设置为当前层。单击“绘图”工具栏的图案填充命令按钮，弹出“图案填充和渐变色”对话框，如图 4-94 所示。

单击“图案”下拉列表，选择图案的类型，如图 4-95 所示。

单击“添加:拾取点”图标，如图 4-96 所示。

在绘图窗口中要填剖面线的区域（这些区域应分别为封闭的区域）单击，如图 4-97 所示。单击空格键确定，回到对话框，单击确定，剖面线填充完成，如图 4-98 所示。

若剖面线太疏或太密，可双击所填充的剖面线，修改比例，如图 4-99 所示。

修改后，单击“确定”按钮。剖视图绘制完成。

三、剖切符号的绘制

用直线命令，绘制出表示剖切面的起、停位置的直线。选中这些直线，单击“线宽控制”下拉框，修改线宽为 0.7 毫米，如图 4-100 所示。

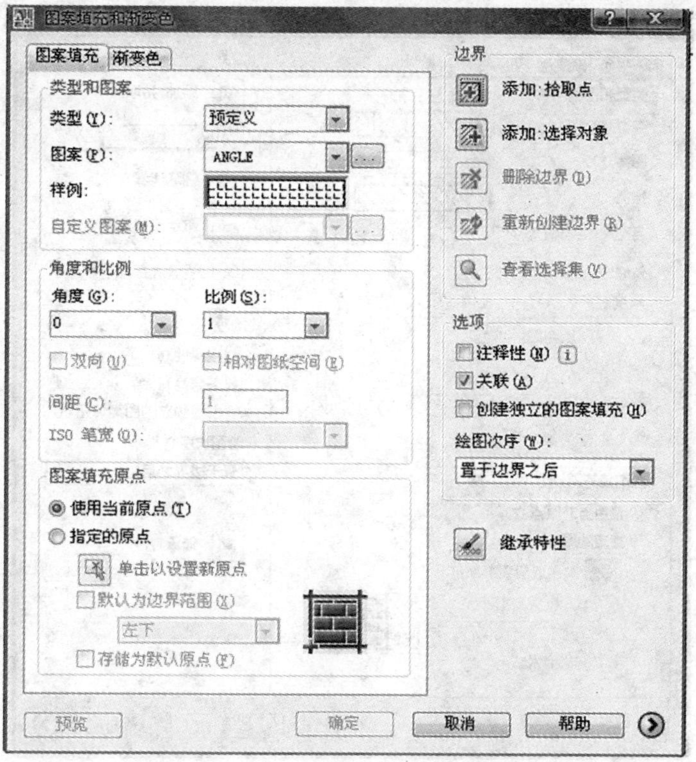

图 4-94 “图案填充和渐变色”对话框

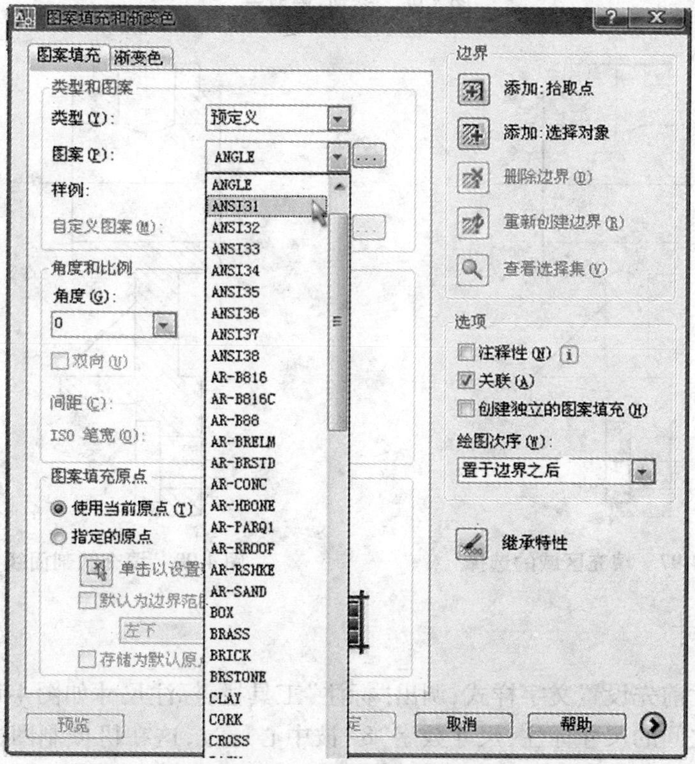

图 4-95 填充图案的选择

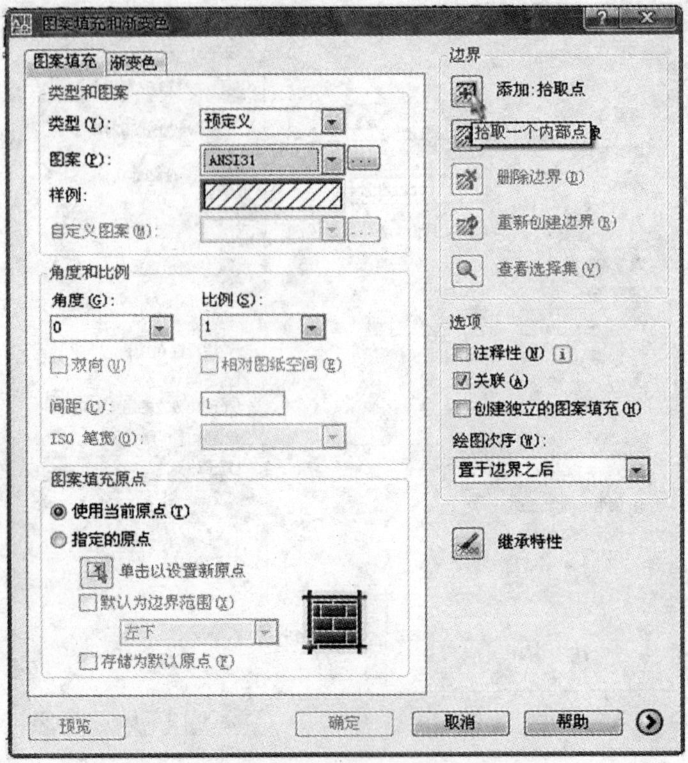

图 4-96　添加:拾取点

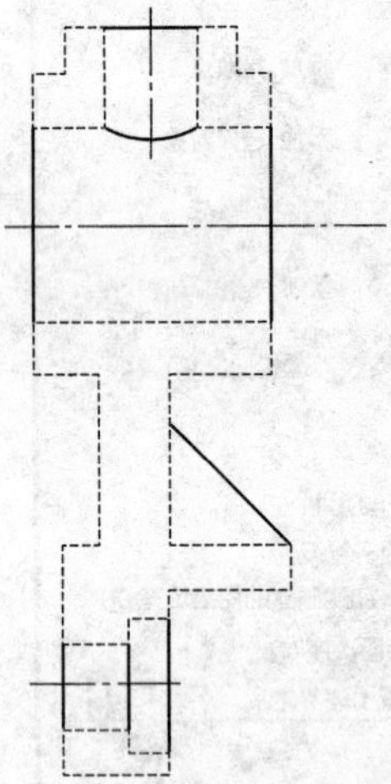

图 4-97　填充区域的选择

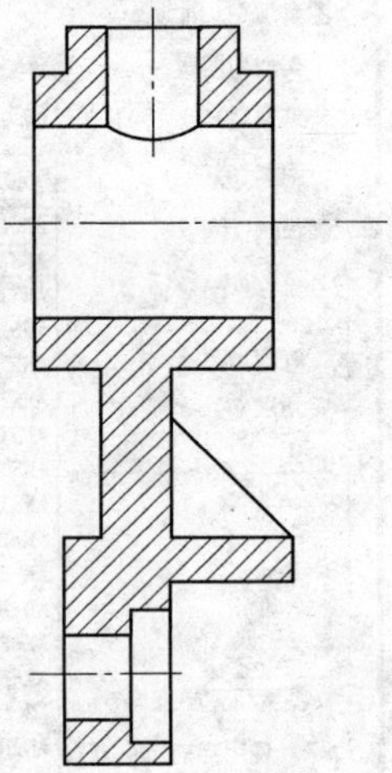

图 4-98　填充的剖面线

四、标注尺寸

(1)标注尺寸前先设置文字样式,调出“标注”工具栏,标注尺寸如图 4-101 所示。

(2)两肋板之间的尺寸标注,尺寸数字“8”被中心通过,这在机械制图标准中是不允许的。单击“标注”工具栏上的编辑标注文字按钮,把文字移到适当的位置。

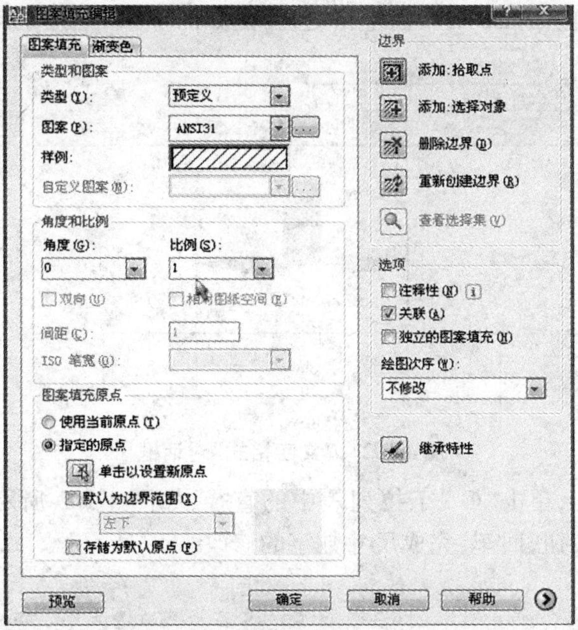

图 4-99　修改剖面线线型比例

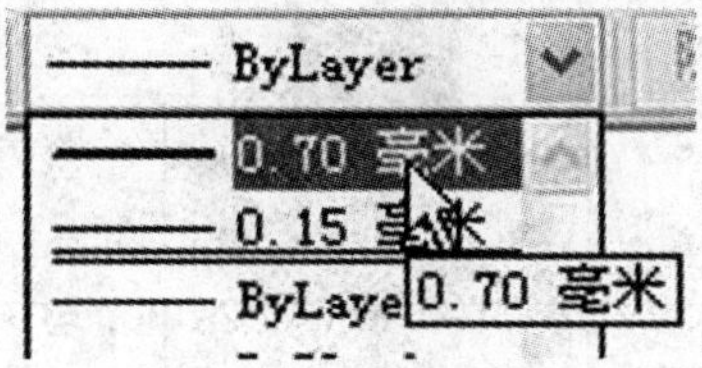

图 4-100　修改线宽

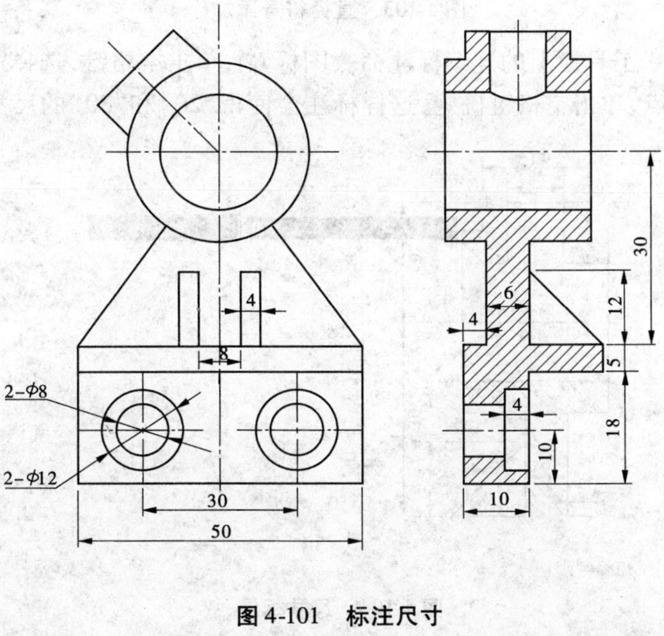

图 4-101　标注尺寸

(3)单击该尺寸,输入“ED”,单击空格键,弹出如图 4-102 所示的对话框。

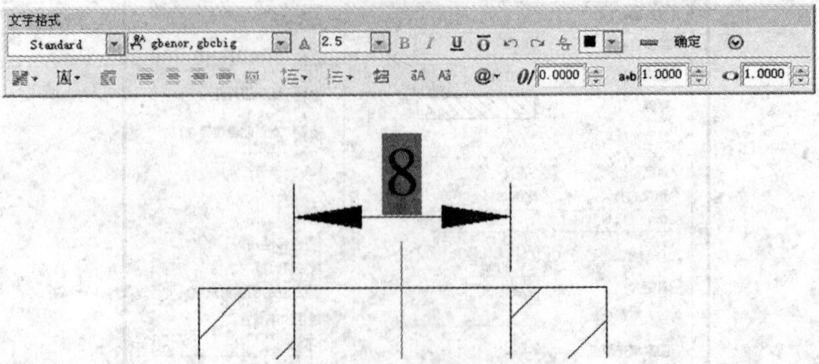

图 4-102 “文字格式”对话框

光标在“8”的前面,单击“@”下拉列表中的直径,如图 4-103 所示,在数字前面输入直径符号,单击“确定”按钮,回车,完成尺寸数字的修改。

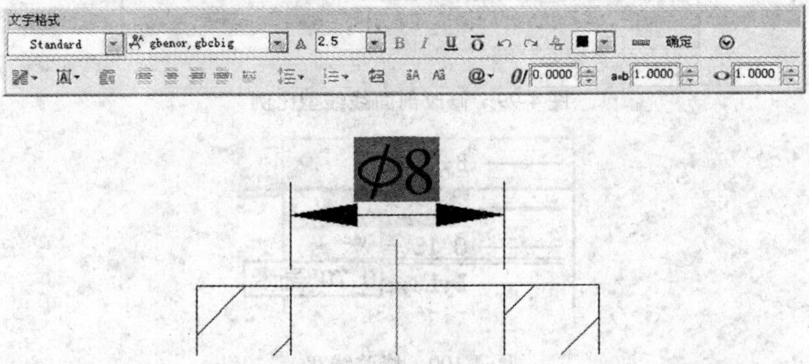

图 4-103 直径符号添加

(4)单击“标注”工具栏上的连续标注命令图标 ,单击空格键,选择“30”尺寸,再单击如图 4-104 所示的点,单击空格键确定,这样标注会使得“20”和“30”的尺寸对齐。

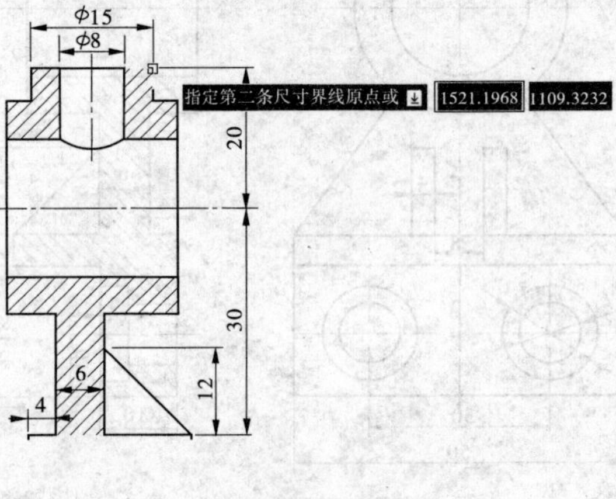

图 4-104 尺寸标注

尺寸标注完成后，将线宽打开，剖视图绘制实例的绘制结果如图 4-105 所示。

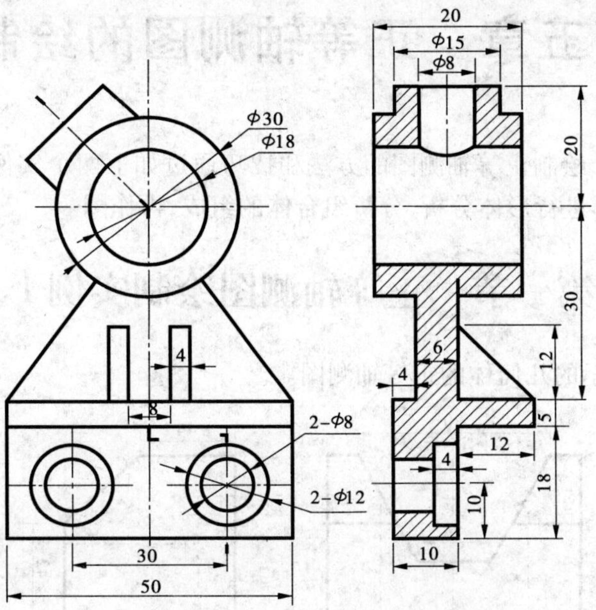

图 4-105　剖视图绘制实例绘制结果

第五章　正等轴测图的绘制

用 AutoCAD 2008 绘制正等轴测图的方法和技巧通过如下两个实例来学习。绘制正等轴测图时，先要对图形进行形体分析，分析组合体的组成，再作图。

第一节　正等轴测图绘制实例 1

绘制如图 5-1 所示的几何体的正等轴测图。

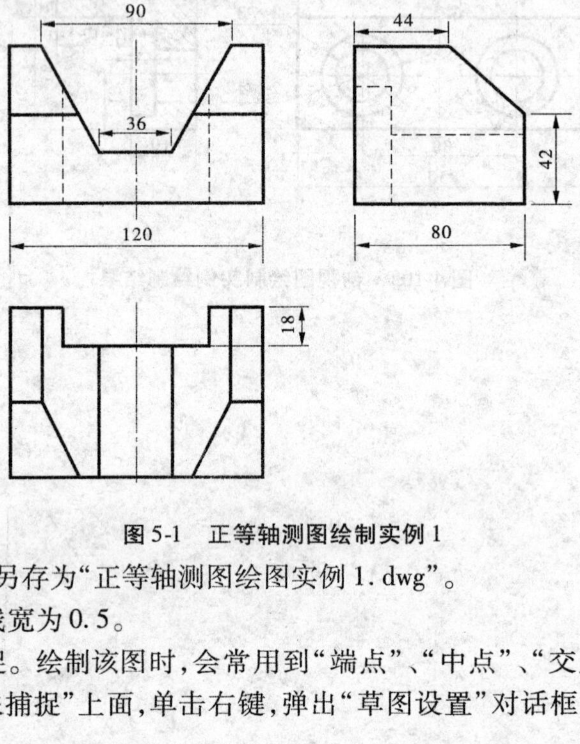

图 5-1　正等轴测图绘制实例 1

(1)新建文件，并另存为"正等轴测图绘图实例 1. dwg"。

(2)设置 0 层的线宽为 0. 5。

(3)设置对象捕捉。绘制该图时，会常用到"端点"、"中点"、"交点"等对象的捕捉模式。把光标放在"对象捕捉"上面，单击右键，弹出"草图设置"对话框，设置"对象捕捉"选项卡，如图 5-2 所示。

单击图 5-2 中的"捕捉和栅格"选项卡，设置"捕捉类型"为等轴测捕捉，如图 5-3 所示，单击"确定"按钮，关闭对话框。

此时光标变成了等轴测方向，如图 5-4 所示，光标方向可通过 F5 键切换。

(4)绘制长方体。

①按 F5 键，将光标切换到"等轴测上"状态，打开"正交"，单击直线命令图标(或快捷键"L")，在屏幕上任意一点，向右移动光标，输入长度"120"，回车。再向上移动光标，输入宽度"80"，回车。采用同样方法绘制另外两条直线，得矩形如图 5-5 所示。

②单击复制命令图标(或快捷键"CO")选中图中的线条，单击右键，任意指定基点，按 F5 键，将光标切换到"等轴测右"状态，利用正交追踪，结果如图 5-6 所示。输入"75"，回

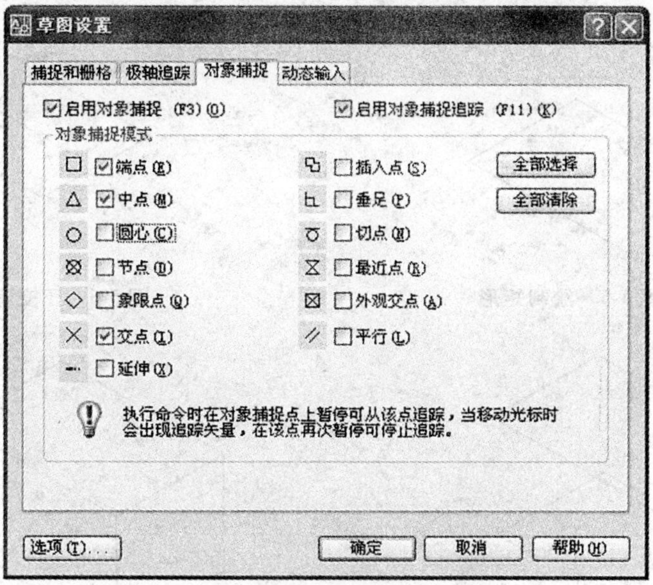

图 5-2 "对象捕捉"选项卡设置

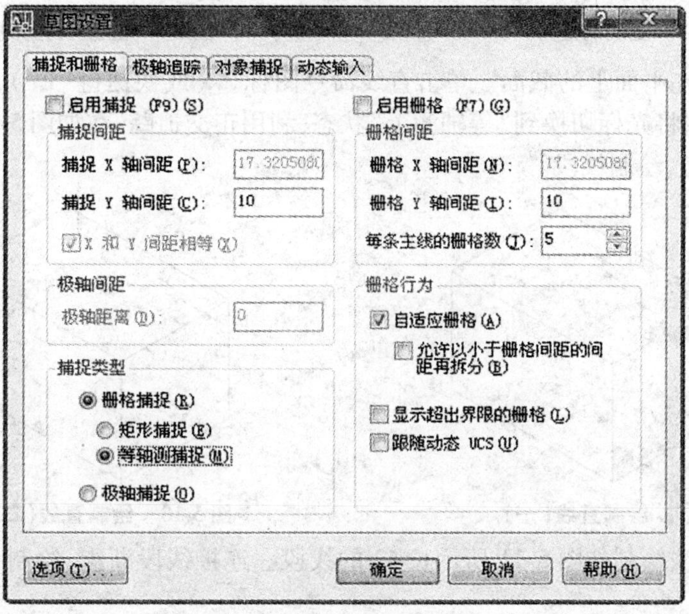

图 5-3 "捕捉和栅格"选项卡设置

图 5-4 等轴测方向上的光标

车确定，按 Esc 键退出，完成的图形如图 5-7 所示。

③用直线命令，连接对应的顶点，删除看不见的线条，结果如图 5-8 所示。

(5)切除前面的斜角。

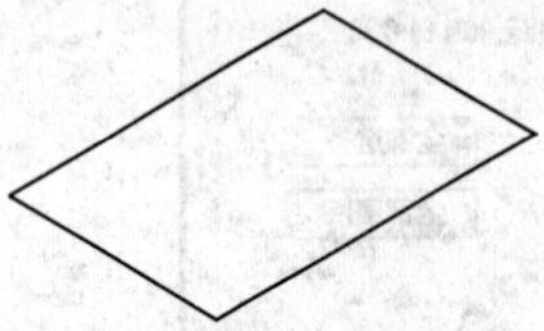

图 5-5　绘制矩形

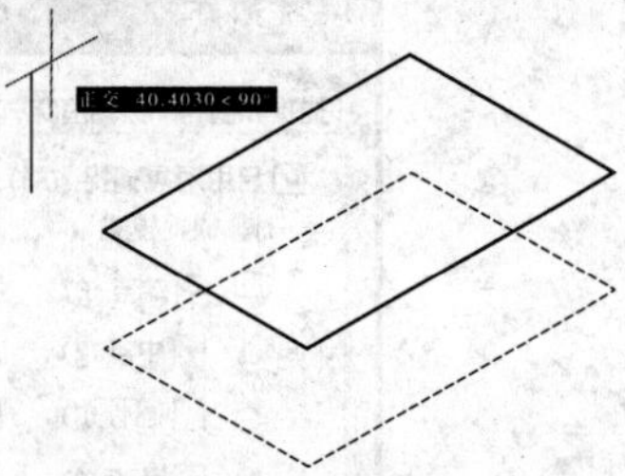

图 5-6　正交追踪

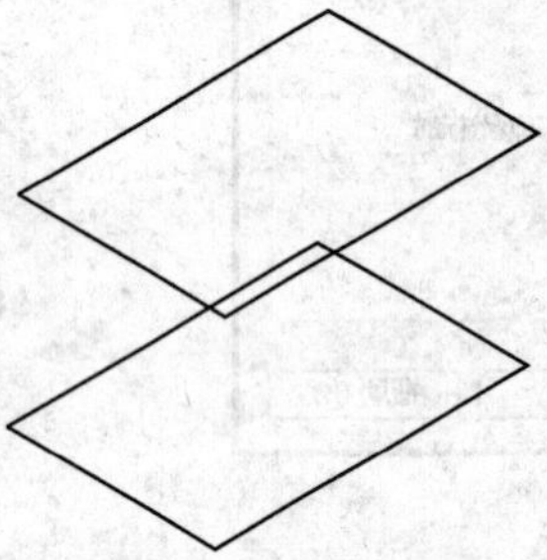

图 5-7　复制的矩形

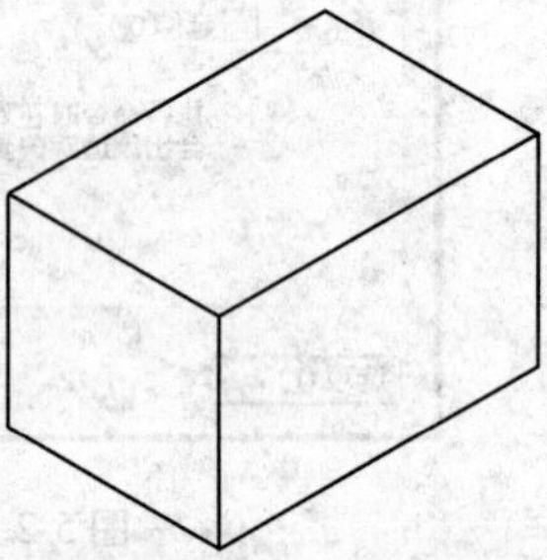

图 5-8　连接长方体棱

绘制斜角在左平面上的截面。单击直线命令图标（或快捷键“L”），单击如图 5-9 所示的点，按 F5 键，将光标切换到“等轴测上”状态，利用正交追踪，在如图 5-10 所示方向上输入“44”，回车确定，绘制线段。

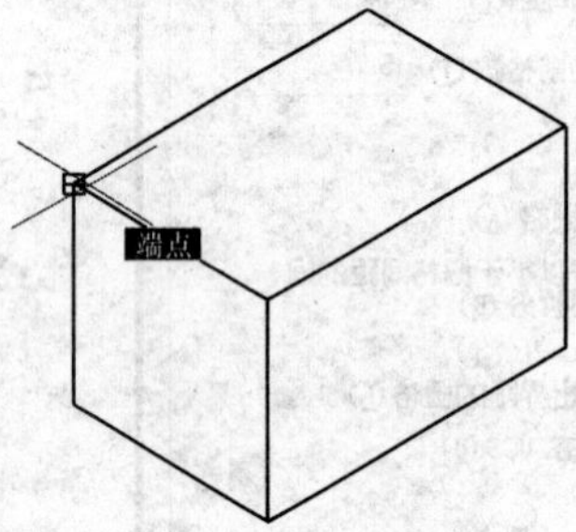

图 5-9　绘制直线（一）

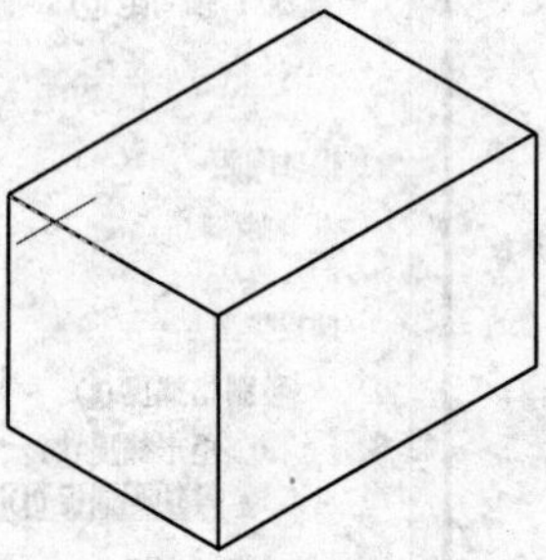

图 5-10　绘制直线（二）

采用同样方法绘制如图 5-11 所示长 42 的线段。连接线段断点，绘制如图 5-12 所示的线段。

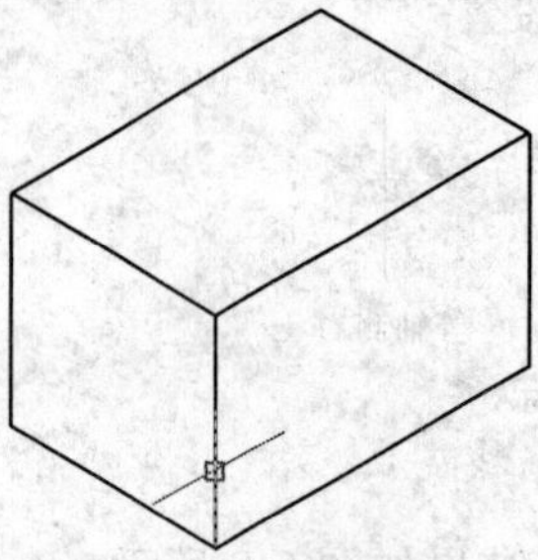

图 5-11　绘制直线（三）

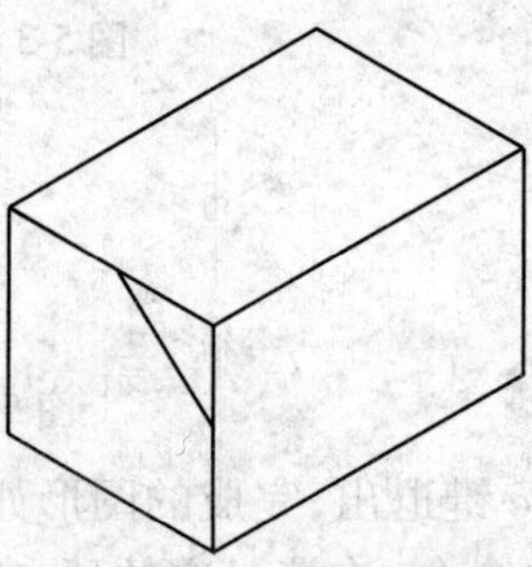

图 5-12　连接线段

接着在右侧面上复制出线段，并连接顶点，结果如图 5-13 所示。删除多余的线段，结果如图 5-14 所示。

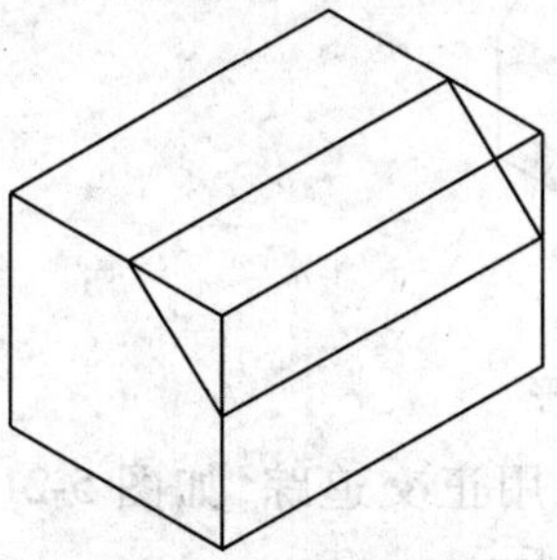

图 5-13 复制对象

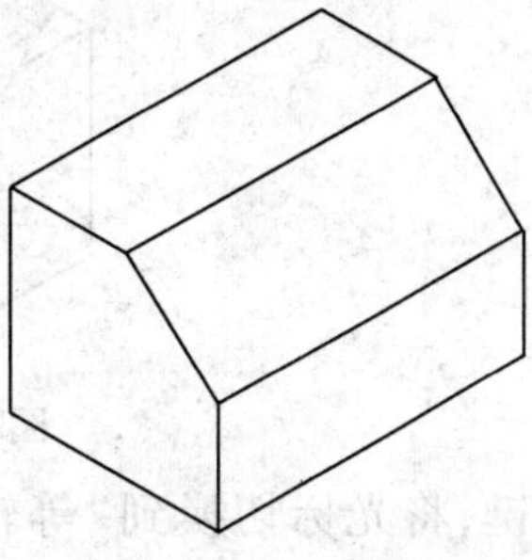

图 5-14 整理图形

（6）绘制前后的槽。

①在后面的平面上绘制槽的截面图形。

按 F5 键，将光标切换到“等轴测右”状态，单击直线命令图标（或快捷键“L”），从图 5-15所示顶点向下追踪，输入“51”，回车。

在如图 5-16 所示方向上输入“42”，回车，接着在此方向上输入“36”，回车，单击空格键确定，绘制如图 5-17 所示的图形。

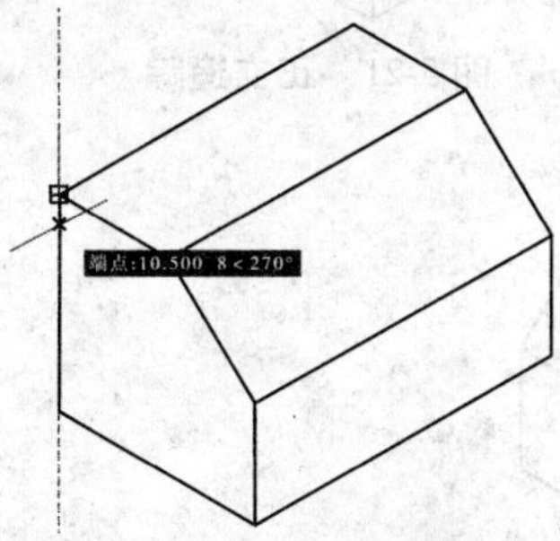

图 5-15 绘制直线（四）

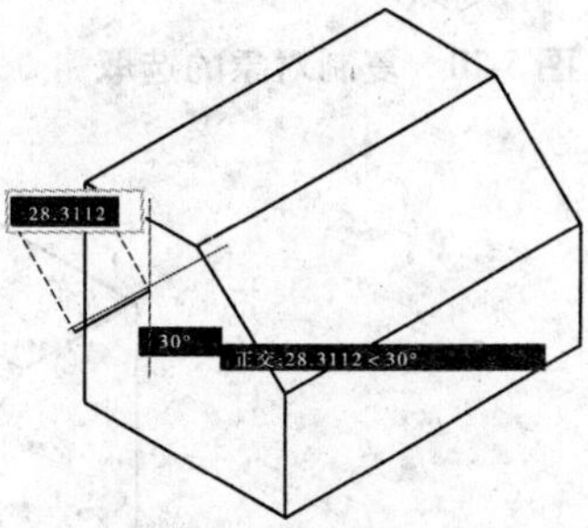

图 5-16 绘制直线（五）

采用同样的方法，绘制如图 5-18 长为 90 的线段。

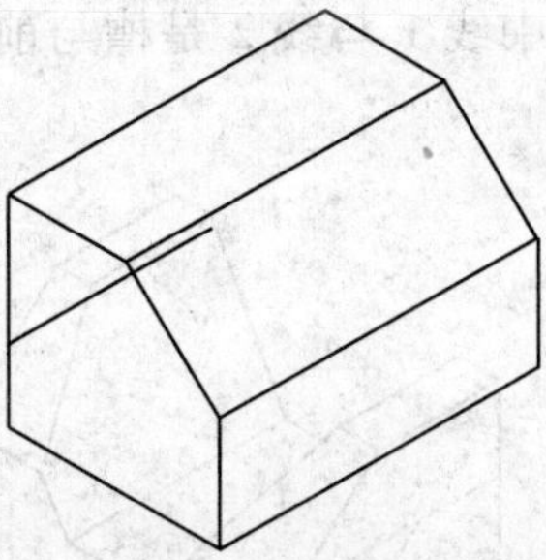

图 5-17 绘制直线（六）

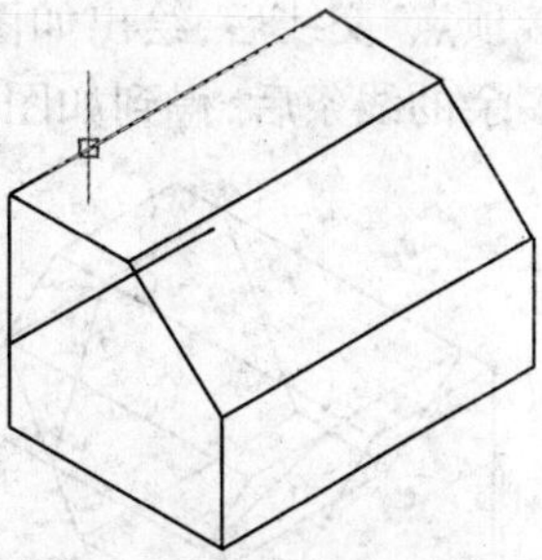

图 5-18 绘制直线（七）

连接顶点后，删除多余线条，绘制如图 5-19 所示图形。

②在前面的面上绘出截面图形。

单击复制命令图标（或快捷键“CO”），选中如图 5-20 所示的线条，单击右键，任意指

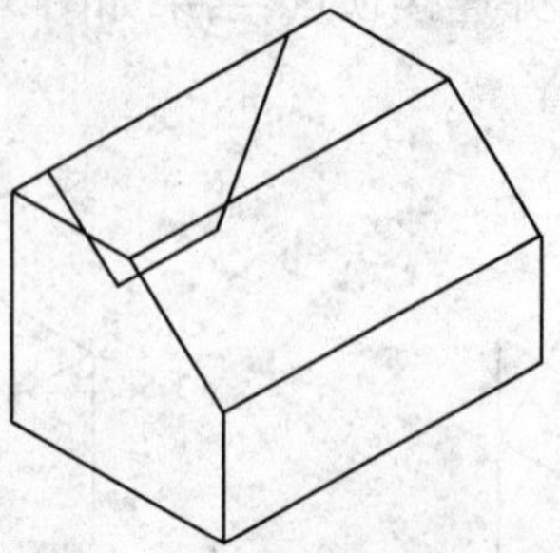

图 5-19　整理后的图形

定基点，按 F5 键，将光标切换到“等轴测右”状态，利用正交追踪，如图 5-21 所示。输入“80”，回车确定，按 Esc 键退出，完成的图形如图 5-22 所示。

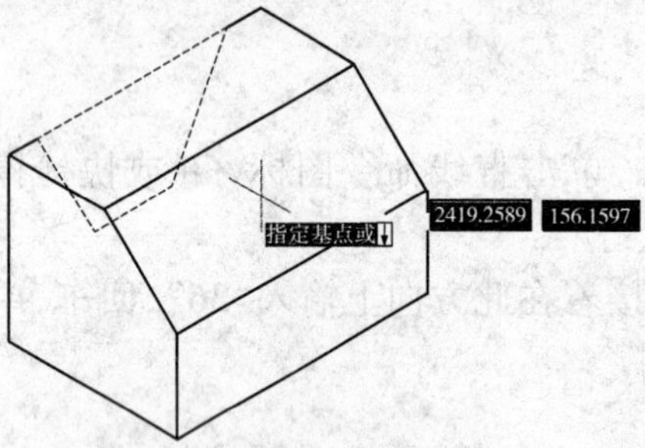

图 5-20　复制对象的选取

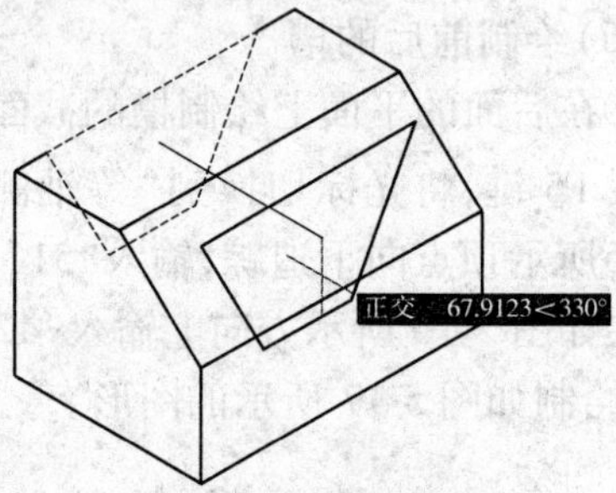

图 5-21　正交追踪

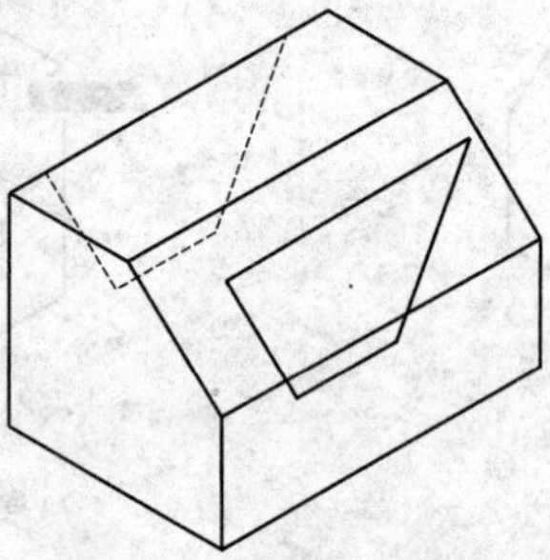

图 5-22　对象复制

③连接顶点、交线后，绘出如图 5-23 所示图形。其中线 1 与线 2 是槽与前面的面的交线。删除多余的线条后，得到如图 5-24 所示的图形。

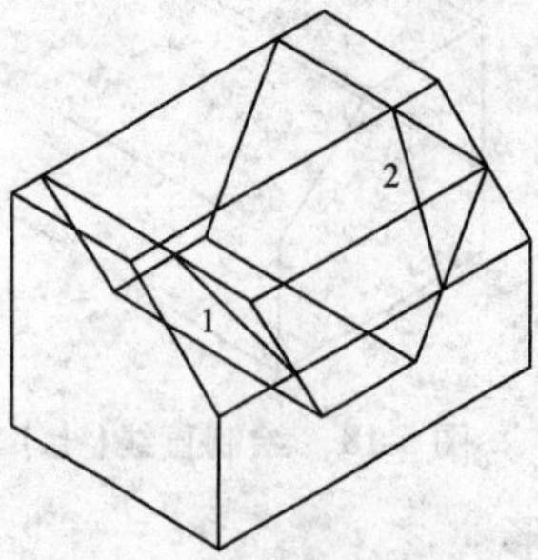

图 5-23　连接顶点及交线

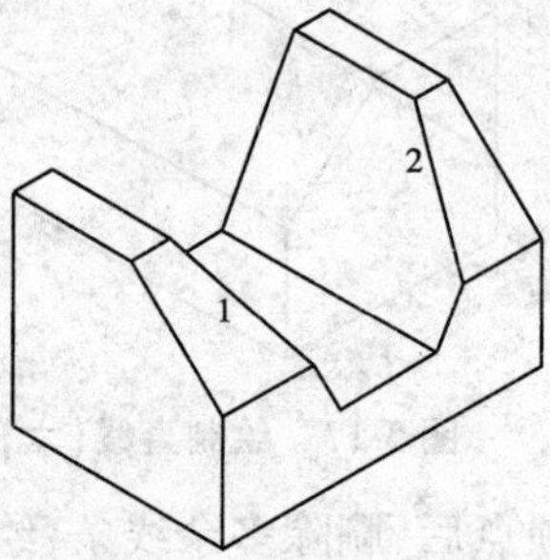

图 5-24　整理后的图形(一)

(7)绘制后面上下方向的槽。

①按 F5 键，将光标切换到“等轴测上”状态，借用正交追踪，在上表面上绘出槽的截面图形，如图 5-25 所示。

②采用上述方法，在底面上复制出相同的截面图形，并连接顶点，结果如图 5-26 所示。

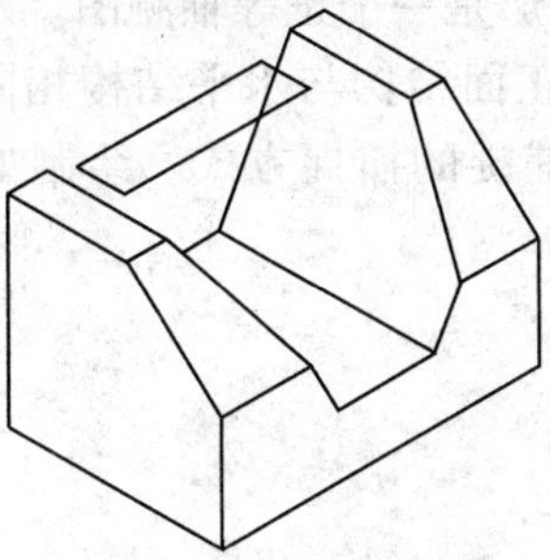

图 5-25　槽横截面图

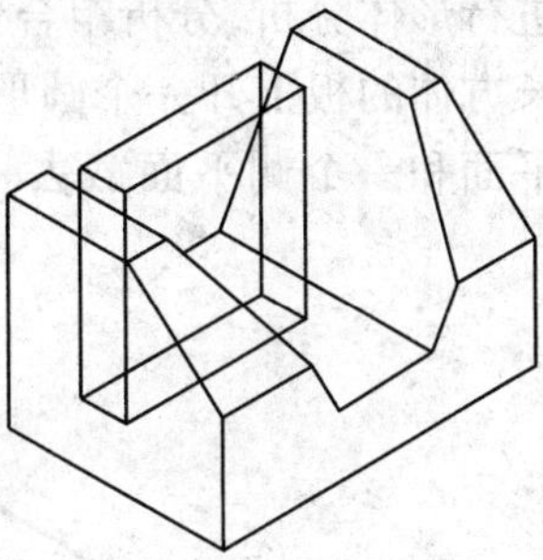

图 5-26　连接顶点

③找到切割后的棱，即截交线，如图 5-27 所示的截交线 3。依次画出其余截交线，如图 5-28 所示。

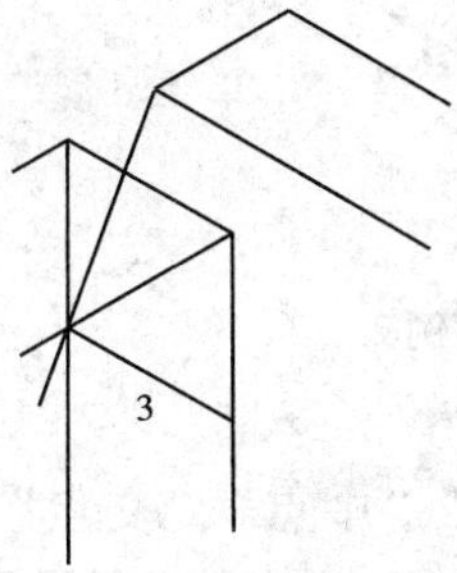

图 5-27　截交线(一)

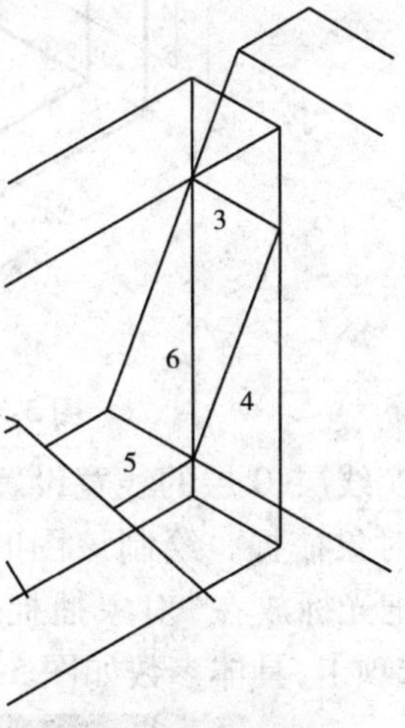

图 5-28　截交线(二)

删除多余的线条，结果如图 5-29 所示。打开线宽显示，正等轴测图绘图实例 1 的绘制结果，如图 5-30 所示。单击保存命令按钮（或快捷键“Ctrl + S”）保存文件。

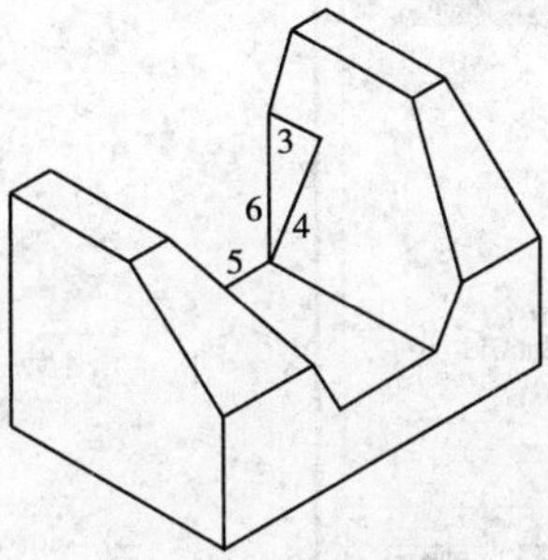

图 5-29　整理后的图形(二)

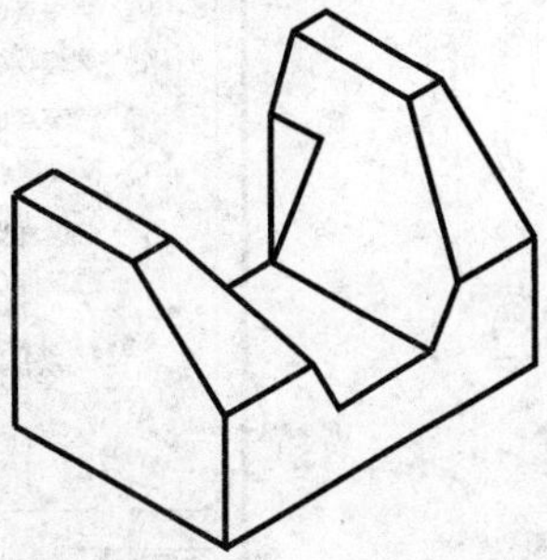

图 5-30　正等轴测图绘图实例 1 绘制结果

第二节　正等轴测图绘制实例 2

对图形进行形体分析，分析组合体的组成，作图。该图形是一个正等轴测图。水平方向上是在一个长方体的板上开一个圆形通孔，并倒有圆角。正面结构与水平结构相同。侧面上用一个水平面和一个侧平面截去一个角。设置等轴测捕捉的捕捉方式。绘制如图 5-31 所示图形。

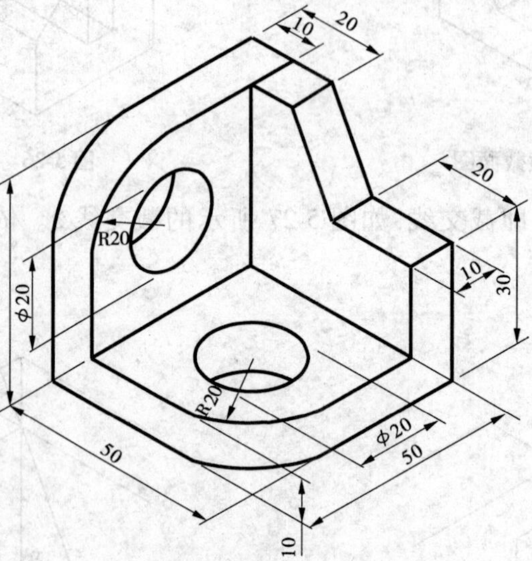

图 5-31　正等轴测图绘制实例 2

(1) 把粗实线层、0 层的线宽设置为 0.5。

(2) 设置对象捕捉。绘制该图时，会常用到“端点”、“中点”、“交点”、“圆心”、“象限点”等模式。把光标放在“对象捕捉”命令上面，单击右键，弹出“草图设置”对话框，设置“对象捕捉”选项卡，具体参数如图 5-32 所示。

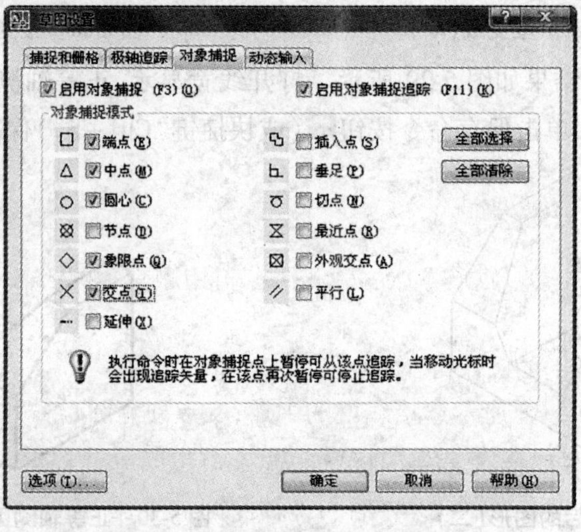

图 5-32　“对象捕捉”选项卡设置

单击图 5-32 中的“捕捉和栅格”选项卡，设置“捕捉类型”为等轴测捕捉。

(3)绘制水平底板。

按 F5 键，将光标切换到“等轴测上”状态，打开“正交”，单击直线命令，在屏幕上任意一点，向右移动光标，输入长度 50，回车。再向右向下移动光标，输入长度 50，回车。采用同样方法绘制另外两条直线，得到如图 5-33 所示图形。

用复制命令，选择要复制的对象(刚绘制的四条线段)，单击右键确定，在屏幕上任取一点作为基点，按 F5 键，向下移动光标，沿着竖直向下追踪的方向，输入水平底板的厚度 10，回车，单击空格键确定。用直线命令绘出四个棱，如图 5-34 所示。

图 5-33　矩形绘制

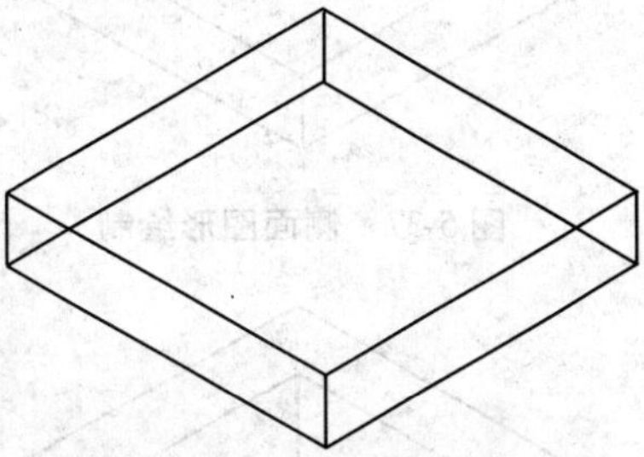

图 5-34　长方体绘制

(4)绘正面结构与侧面结构的长方体的轴测图。

采用同样方法，绘出正面长方体的一个面，如图 5-35 所示。复制该面，连接相应棱后，如图 5-36 所示。

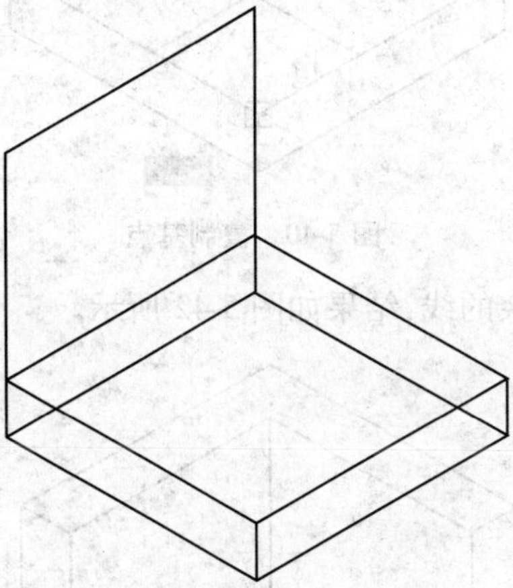

图 5-35　正面图形绘制(一)

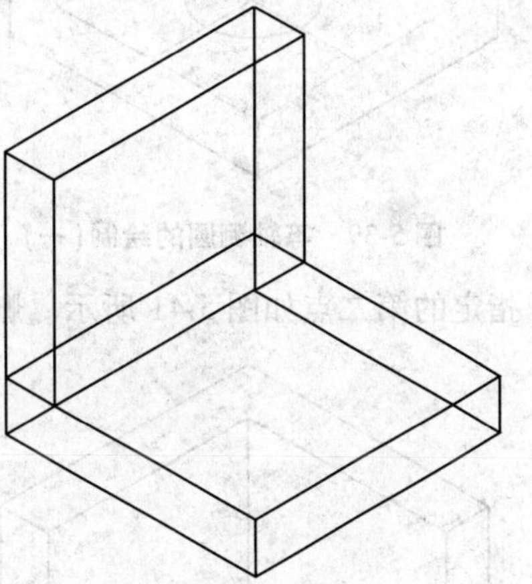

图 5-36　正面图形绘制(二)

采用同样方法绘制出侧面长方体的轴测图。再用删除和剪切命令，去掉不需要的线，结果如图 5-37 所示。

(5)绘制水平底板上的圆及圆角。

先确定圆心，如图 5-38 所示连接线段的中点，交点即为圆心。

单击“绘图”工具栏的椭圆命令图标，输入“I”，回车，当命令行提示“指定等轴测圆的圆心：”时，选择上面确定的圆心，再输入等轴测圆的半径 10，回车，绘出的图形如图 5-39 所示。用复制命令复制此等轴测圆，其中所选的基点如图 5-40 所示。

图 5-37　侧面图形绘制

图 5-38　找圆心

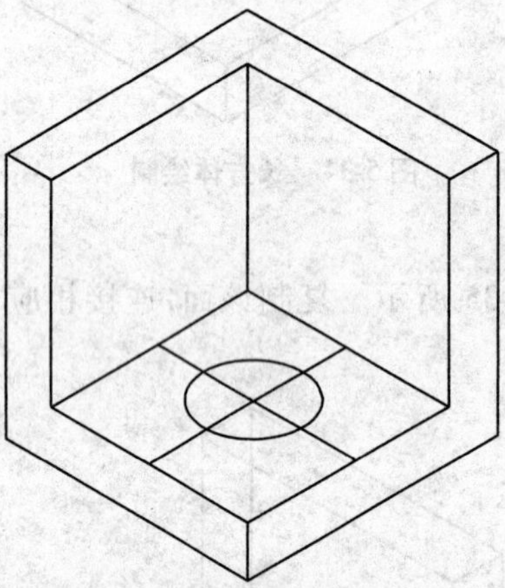

图 5-39　等轴测圆的绘制(一)

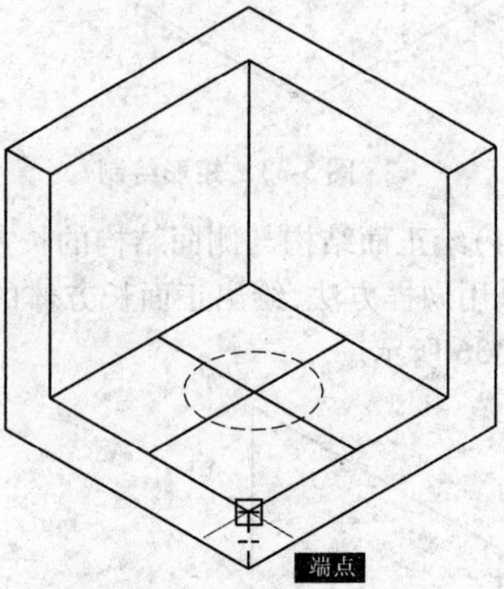

图 5-40　复制基点

指定的第二点如图 5-41 所示。删除或剪切掉多余的线,结果如图 5-42 所示。

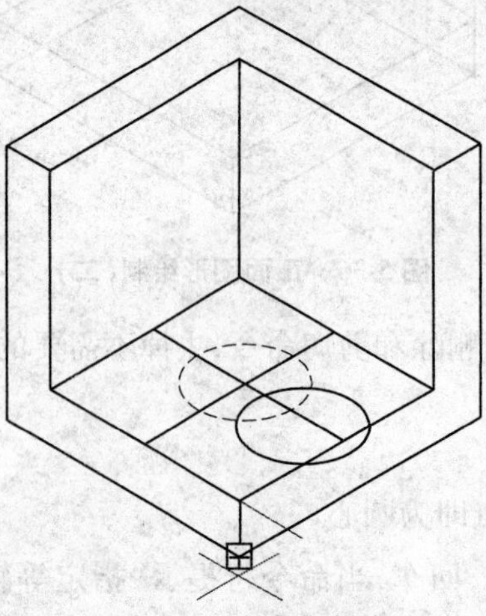

图 5-41　复制目标点

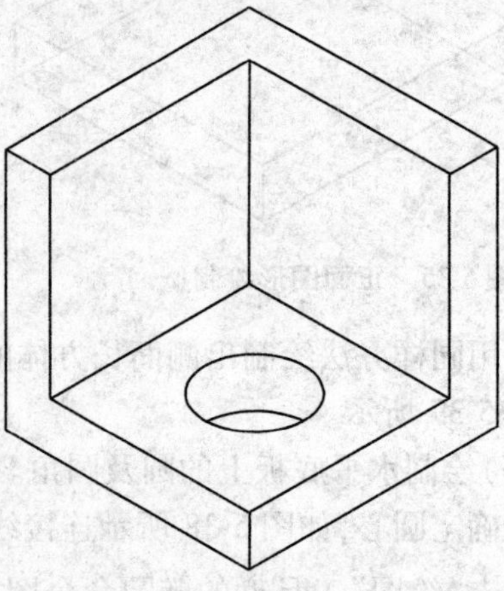

图 5-42　整理后的图形(一)

再用上述方法绘制与上面绘制的椭圆圆心在同一点、半径为 20 的等轴测圆，向下复制后结果如图 5-43 所示。修剪并删除多余的线条后如图 5-44 所示。

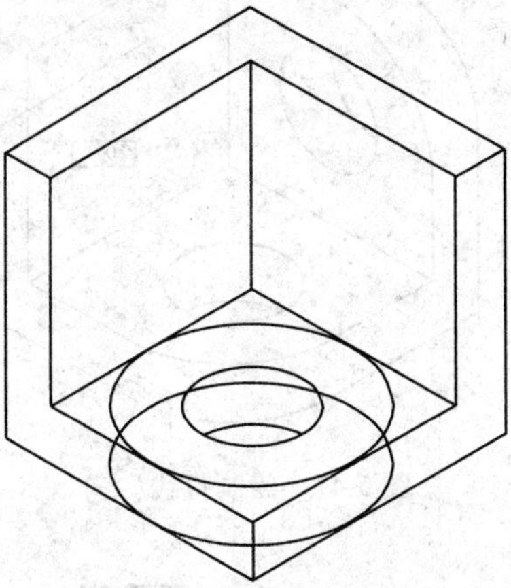

图 5-43　等轴测圆的绘制(二)

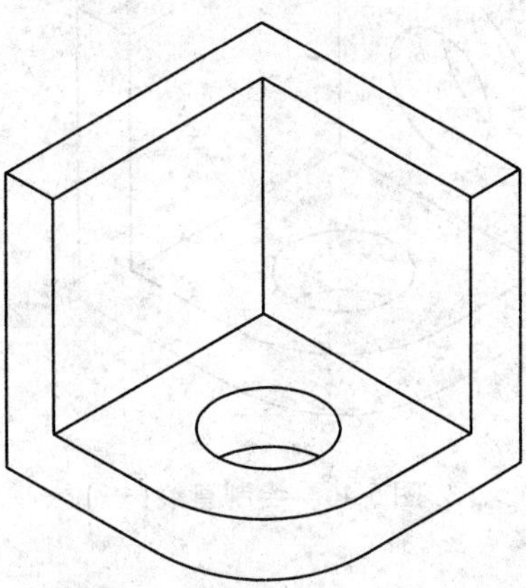

图 5-44　整理后的图形(二)

(6)绘制正面结构的圆及圆角。

调整光标至“等轴测右”状态，用上述方法绘制出正面结构上的圆及圆角，如图 5-45 所示。

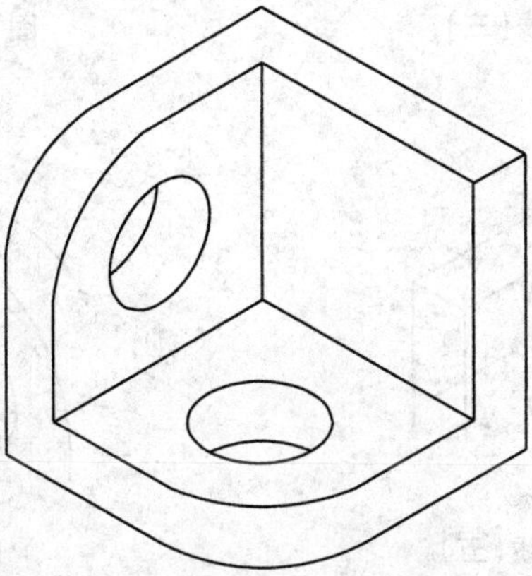

图 5-45　正面圆角的绘制

(7)绘制侧面结构。

把光标调至“等轴测左”状态，正交处于开的状态，用直线命令，从如图 5-46 所示的点处开始向上追踪 30 的距离。然后再向左上绘制出长 20 的线，回车，如图 5-47 所示。

输入直线命令，捕捉直线的第一个端点，如图 5-48 所示。在如图 5-49 所示方向绘出长为 20 的直线。

再接着绘出如图 5-50 所示直线。删除图 5-51 所选中的线段。

复制图 5-52 选中的线段，结果如图 5-53 所示。

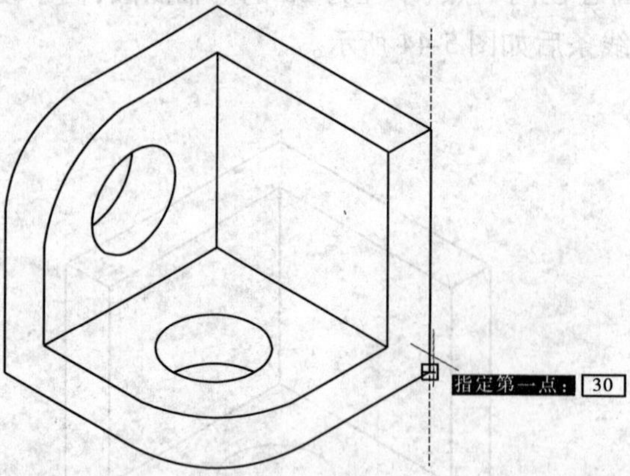

图 5-46　绘制直线(一)

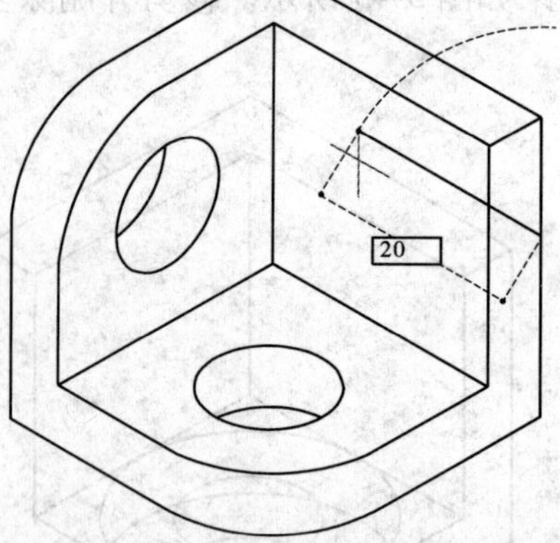

图 5-47　绘制直线(二)

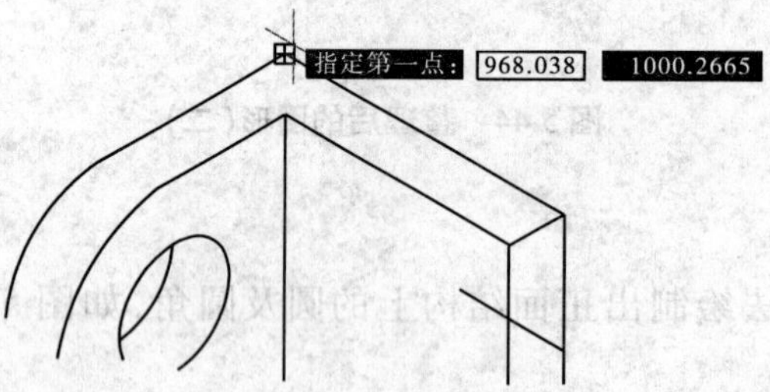

图 5-48　绘制直线(三)

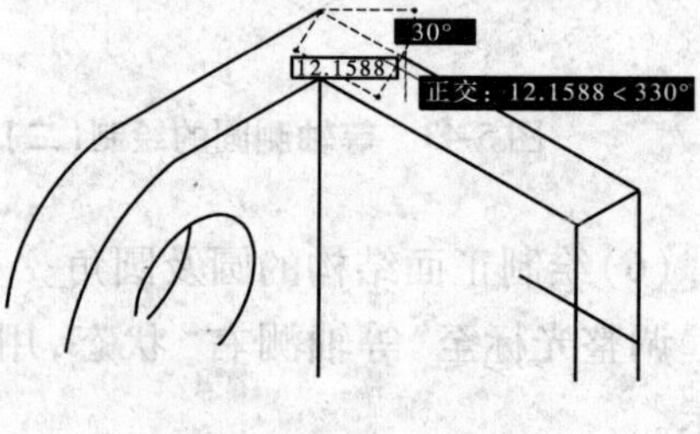

图 5-49　绘制直线(四)

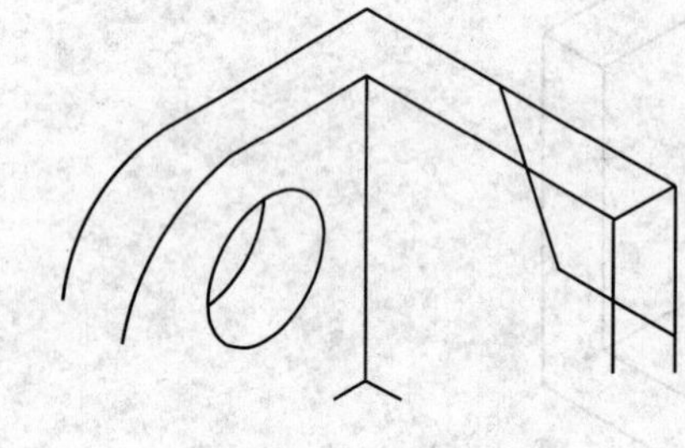

图 5-50　绘制直线(五)

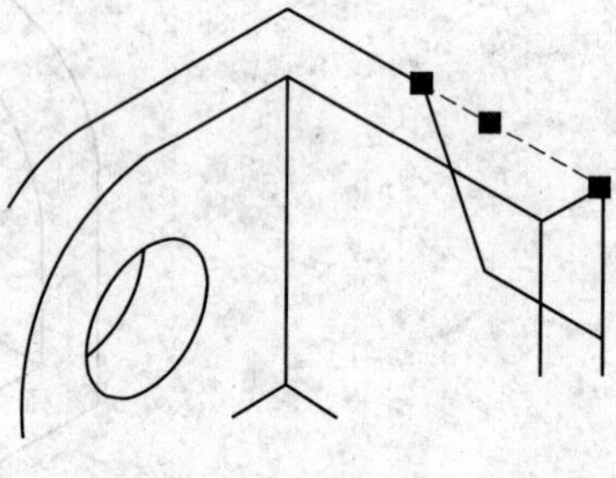

图 5-51　选取删除对象

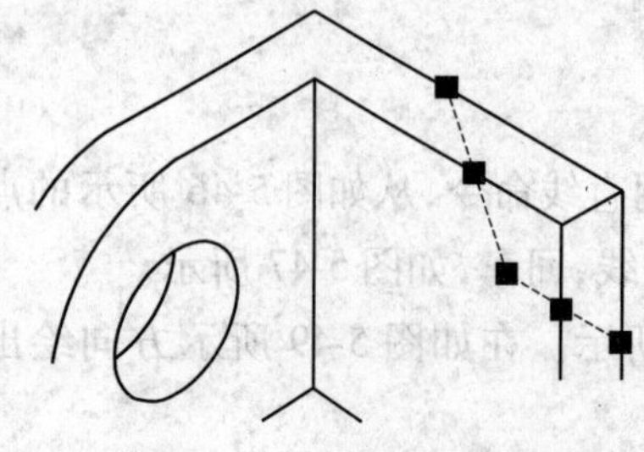

图 5-52　复制对象选取

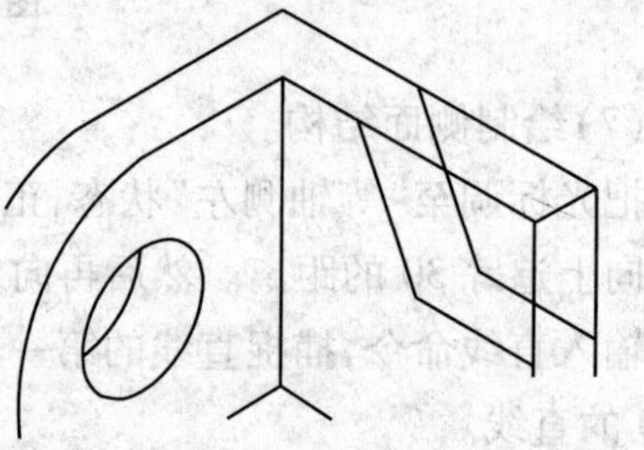

图 5-53　复制对象

最后加上棱，去掉多余的线条，图形绘制完成，打开线宽显示，绘图结果如图 5-54 所示。

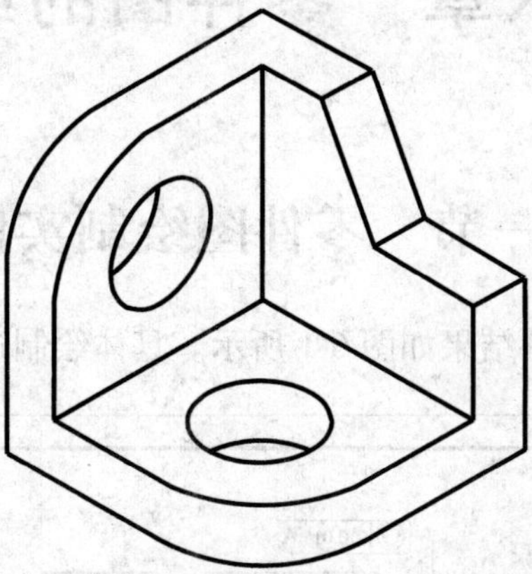

图 5-54　正等轴测图绘图实例 2 绘制结果

第六章　零件图的绘制

第一节　零件图绘制实例 1

零件图绘制实例 1 的绘制结果如图 6-1 所示。具体绘制过程如下所述。

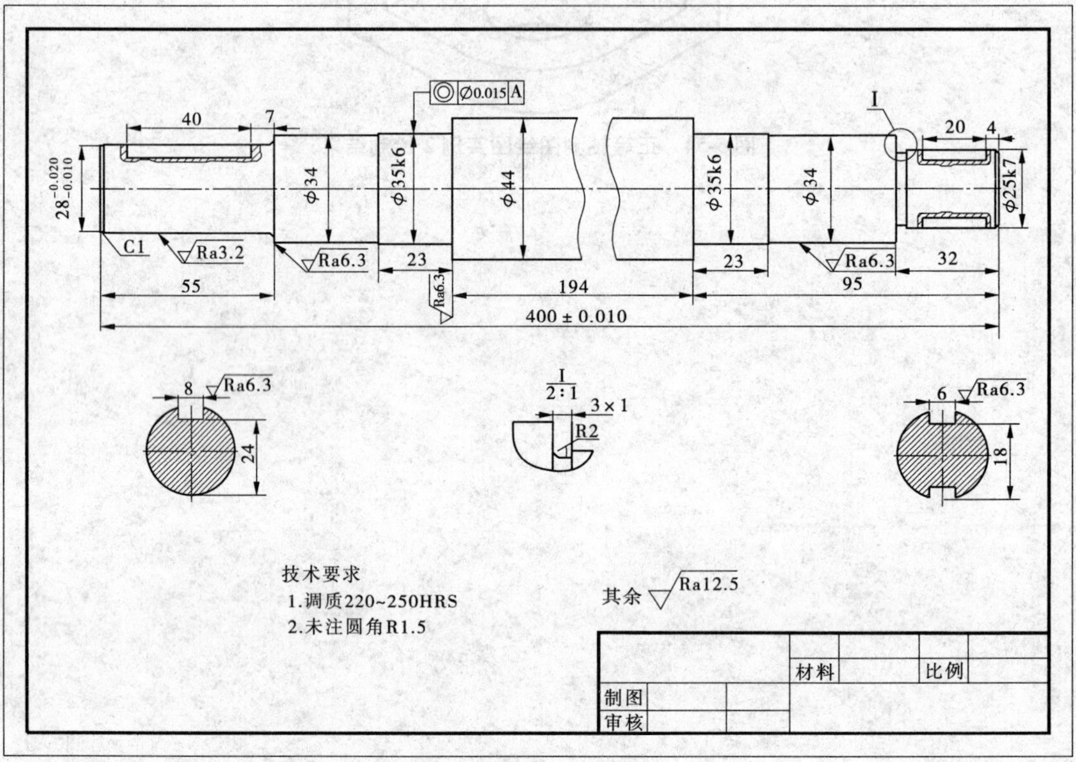

图 6-1　零件图绘制实例 1

一、调用样板图

在绘制一幅新图之前应根据所绘图形的大小及个数，确定绘图比例和图纸尺寸，建立或调用符合国家机械制图标准的样板图。在第一章中，建立了 A4 图框样板文件，可以在 A4 图框的基础上建立 A3 图框样板文件，以提高绘图速度。新建文件时，不选用系统默认的图形样板文件，而是选用自己创建的样板文件。

二、绘制图形

绘图前应先分析图形，设计好绘图顺序，在绘图过程中要充分利用缩放、对象捕捉、极轴追踪等辅助绘图工具，并注意切换图层。

（一）绘制主视图

轴类零件具有对称性，根据图形这一特点，我们可以先画出轴的上半部分，然后用镜像命令复制出轴的下半部分。利用对象追踪命令，绘制如图 6-2 所示图形。

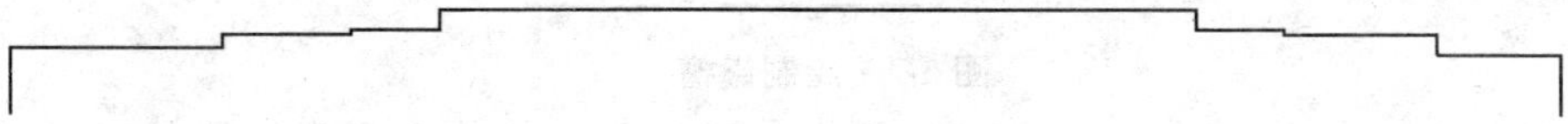

图 6-2　绘制图形上半部分

绘制出中心线，如图 6-3 所示。

图 6-3　绘制对称中心线

单击“修改”工具栏的延伸命令按钮，选择中心线为边界，按空格键确定，再选择要延伸的对象，完成的图形如图 6-4 所示。

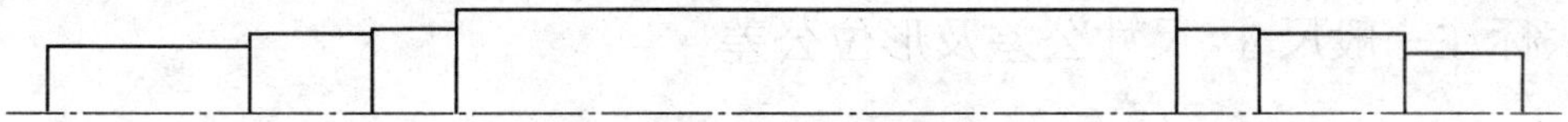

图 6-4　延伸对象

用镜像命令复制出轴的下半部分，得图形如图 6-5 所示。

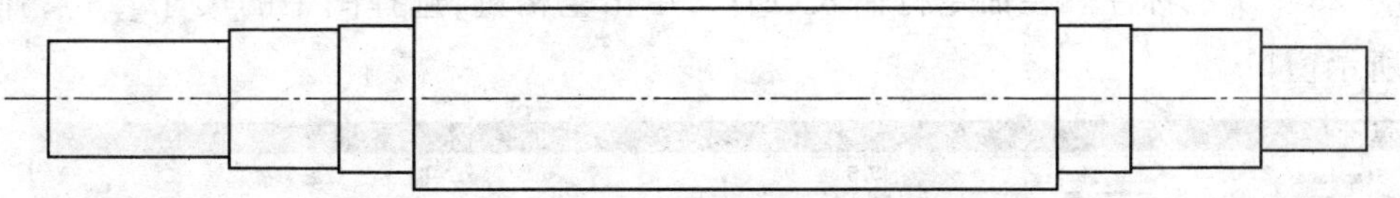

图 6-5　镜像对象

（二）绘制倒角及圆角

绘制倒角及圆角，修改图形后得如图 6-6 所示图形。

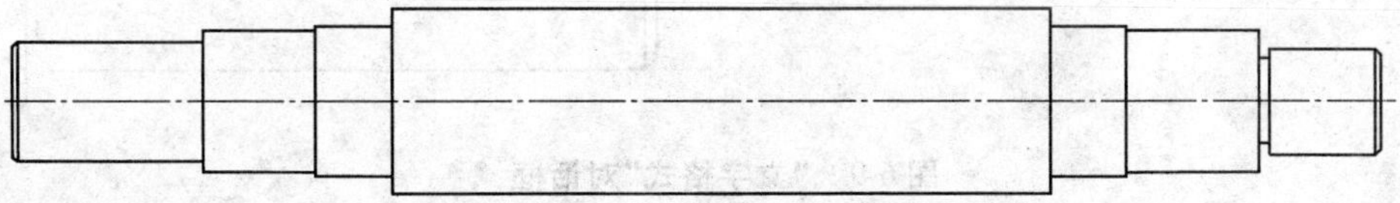

图 6-6　绘制倒角及圆角

（三）绘制键槽

用样条曲线命令绘制键槽局部剖视图的波浪线，并进行图案填充。然后用样条曲线命令将轴断开，绘制如图 6-7 所示图形。

（四）绘制键槽断面图和轴肩局部视图

绘制局部放大图时，先把要放大的区域用圆圈起来，然后复制到合适的位置，修剪后用缩放命令把图形放大，绘制的图形如图 6-8 所示。

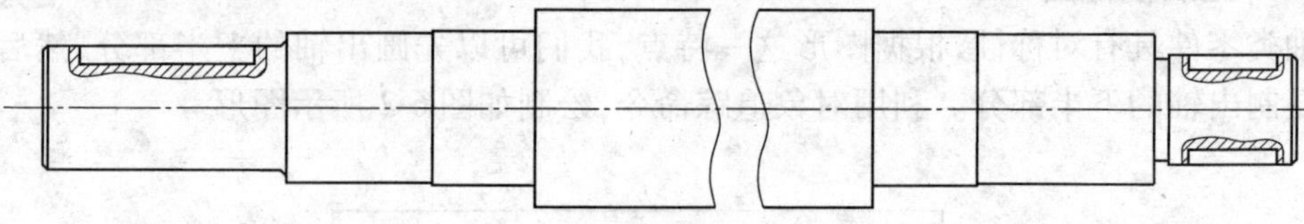

图 6-7　绘制键槽

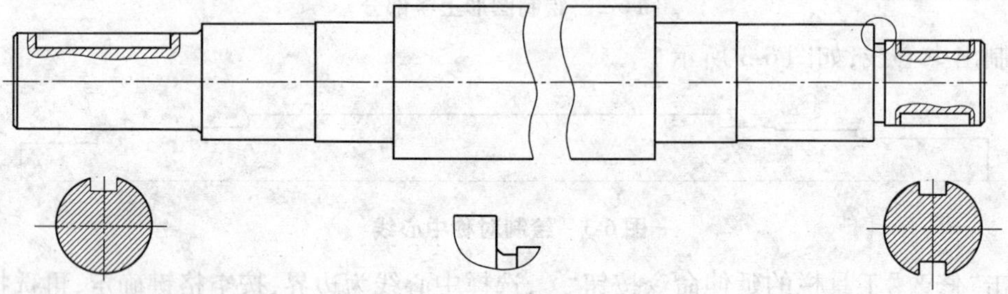

图 6-8　绘制局部放大图

三、标注一般尺寸、尺寸公差及形位公差

(一)一般尺寸标注

在标注尺寸之前,需建立符合要求的标注样式,前面已介绍,不再赘述。

(二)尺寸公差的标注

尺寸 $28^{-0.020}_{-0.010}$的标注。在命令行输入“ED”,单击空格键,选择图中的尺寸“28”,弹出如图 6-9 所示窗口。

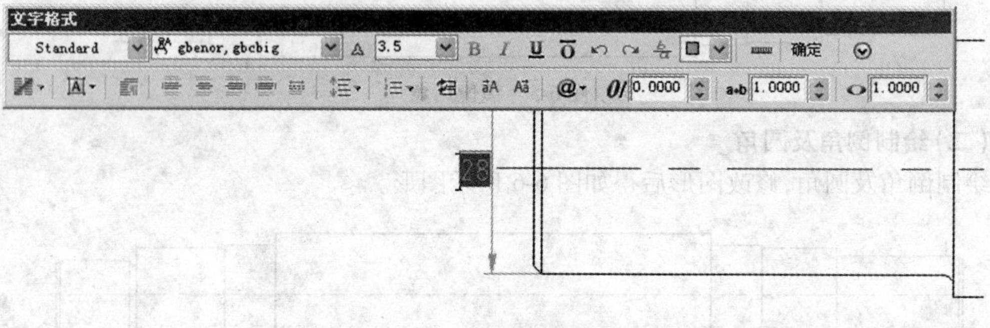

图 6-9　“文字格式”对话框

修改文字“28”为“28 -0.020^ -0.010”,如图 6-10 所示。再用鼠标拖动选中 -0.020^ -0.010,如图 6-11 所示。

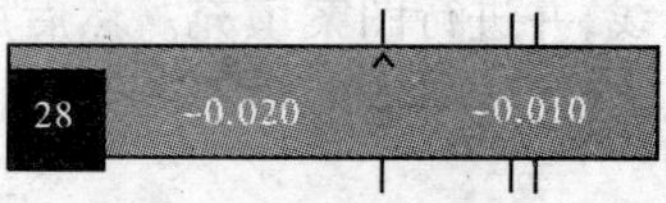

图 6-10　修改标注文字

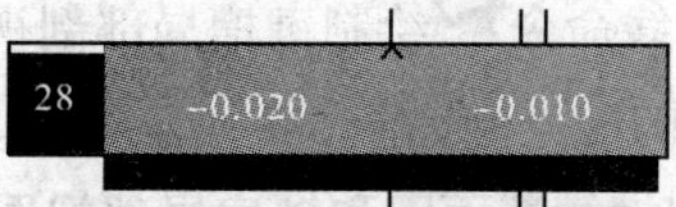

图 6-11　选中标注文字

再单击“堆叠”按钮,如图 6-12 所示。

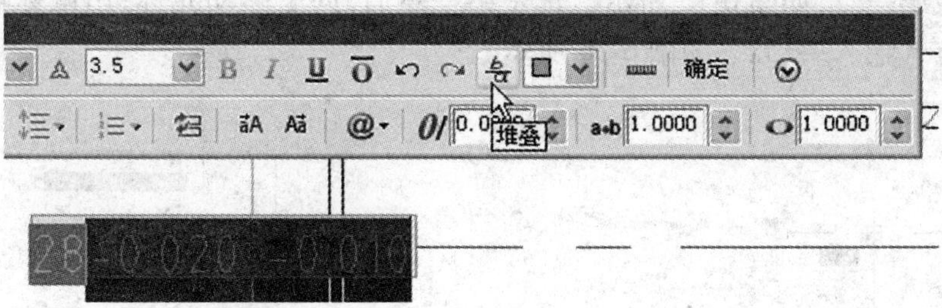

图 6-12 “堆叠”按钮

再单击空格键确定，完成尺寸公差的标注。

尺寸 400 ±0.010 的标注。先将 400 标注在图上，然后在命令行输入“ED”，选择特殊符号，如图 6-13 所示。

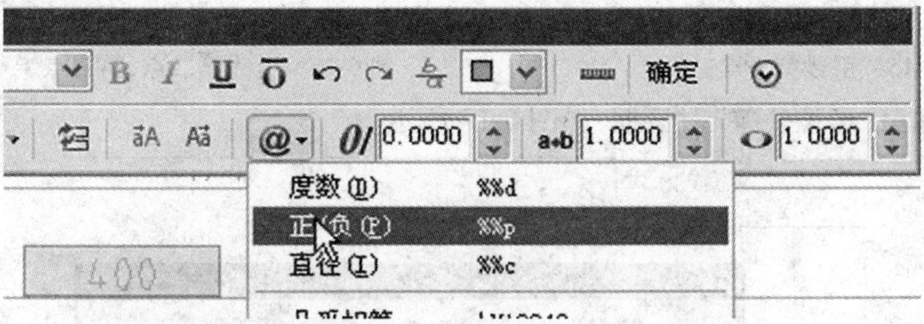

图 6-13 正负号标注

（三）形位公差的标注

如果是第一次标注形位公差，则需先设置。在命令行输入“LE”，单击空格键，输入“S”，单击空格键，弹出“引线设置”对话框，作如图 6-14 所示选择，单击“确定”按钮。

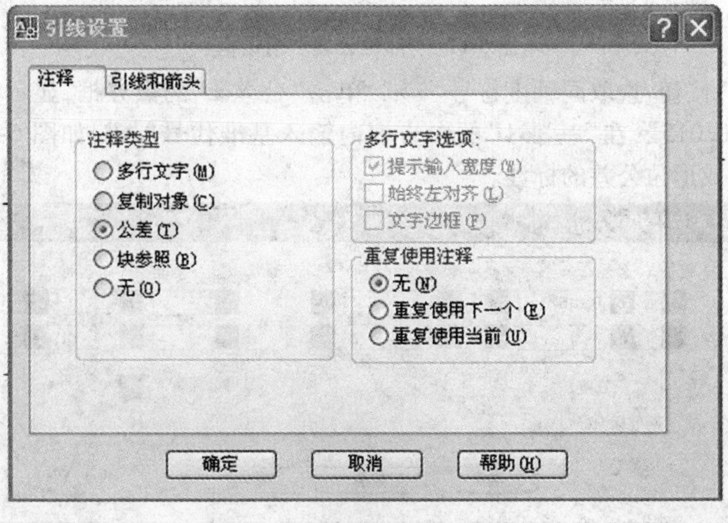

图 6-14 “引线设置”对话框

指定引线第一点，如图 6-15 所示。选中第一点后，向上移动光标，用鼠标输入第二点，并以同样的方式输入第三点，如图 6-16 所示。

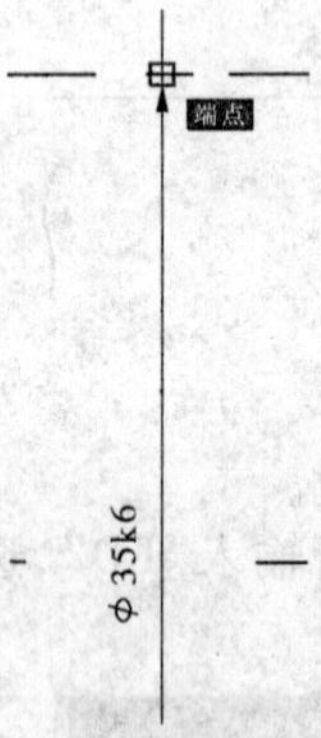

图 6-15　引线第一点

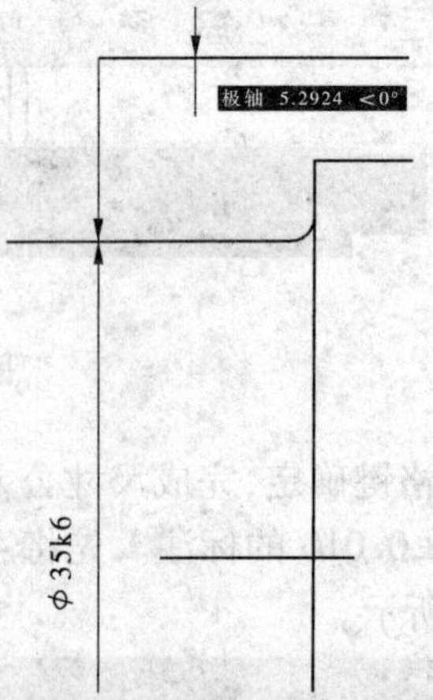

图 6-16　引线第二点、第三点

此后会弹出“形位公差”对话框，如图 6-17 所示。

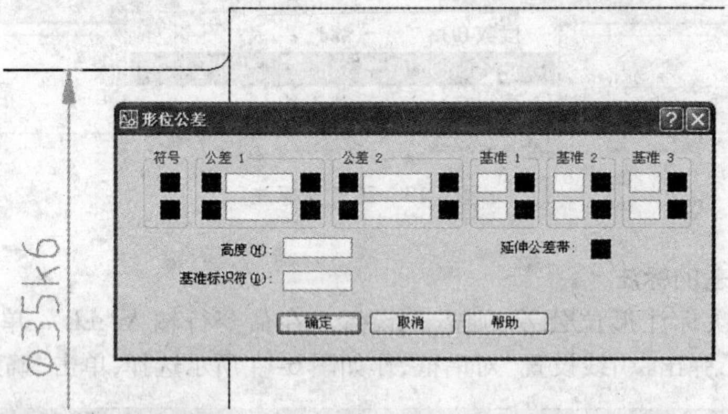

图 6-17　“形位公差”对话框

单击“符号”按钮，选取同轴度符号“◎”，单击“公差 1”的黑方框，显示 ϕ，在中间白框内输入公差值“0.015”，在“基准 1”的白方框内输入基准代号“A”，如图 6-18 所示。单击“确定”按钮，完成形位公差的标注。

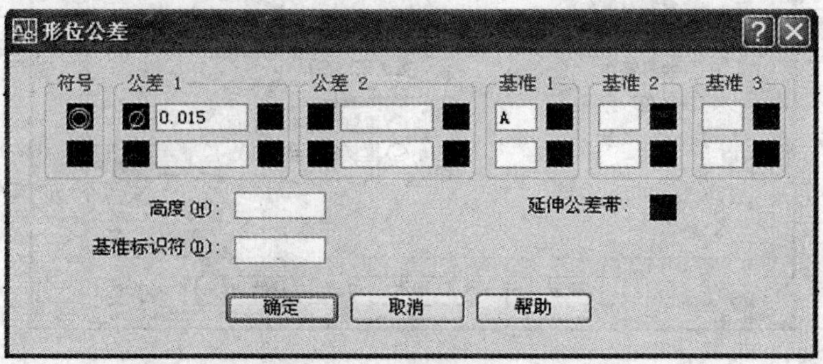

图 6-18　形位公差的设置

注:在标注形位公差时,若引线只需要两个点,那么在输入第二个点后可直接单击空格键,就会弹出如图 6-17 所示的对话框。

(四)表面粗糙度的标注方法

表面粗糙度在零件图中出现的频率较大,为提高绘图速度,可把表面粗糙度符号制作成块来使用。其操作步骤如下:

(1)画出基本符号图形,如图 6-19 所示。

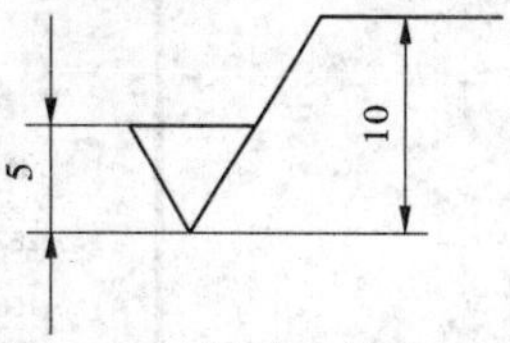

图 6-19　粗糙度的符号

(2)单击"绘图"—"块"—"定义属性"命令,打开块的"属性定义"对话框,如图 6-20 所示,设置属性文字,用拾取点的方式指定属性插入点,定义属性后结果如图 6-21 所示。

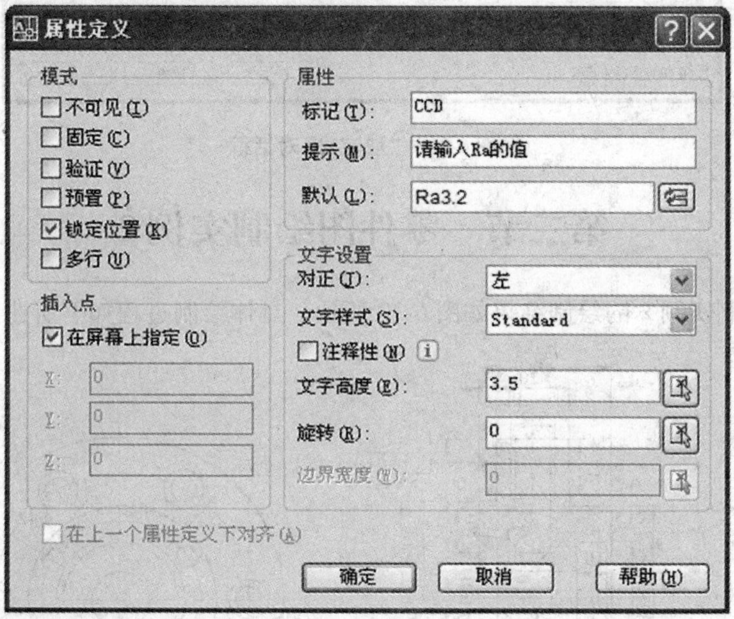

图 6-20　块的"属性定义"对话框

(3)定义带属性的块,单击"绘图"工具栏的定义块图标,如图 6-22 所示,填写块的名称,选择块的插入基点(调用时的插入点,表面粗糙度符号通常选择最下端的尖点作为块的插入点),选择对象,将图形和属性一同选中,单击"确定"按钮,便创建了一个块。

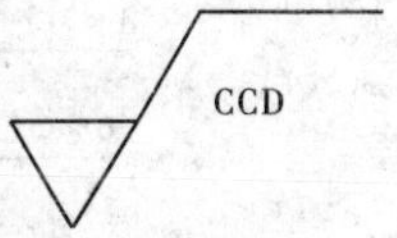

图 6-21　粗糙度块

(4)用 WBLOCK 命令将图块以文件形式保存,以便在其他文件中调用。

(5)当用到表面粗糙度符号时,可单击"绘图"工具栏上的插入块命令图标,把刚创建的块直接插入进来使用。

注:标注表面粗糙度时,也可以不用创建块。创建好一个表面粗糙度符号以后,其余的表面粗糙度用复制的方法来标注。

(五)技术要求的标注

单击"绘图"工具栏的多行文字命令按钮 A,填写零件图中的技术要求和标题栏中的内容。

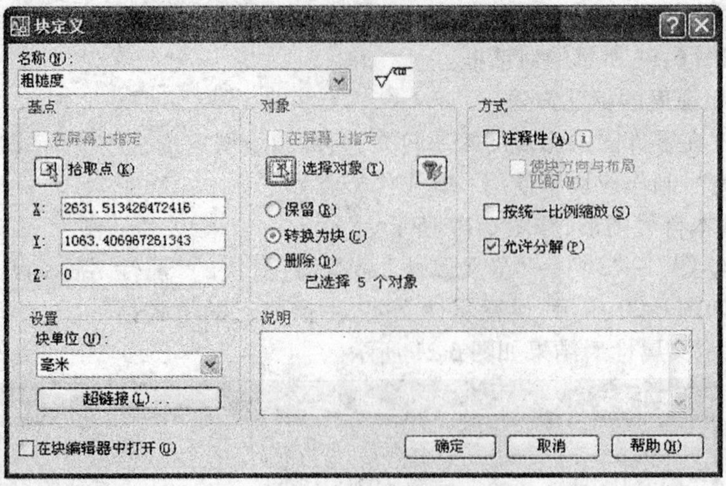

图 6-22 “块定义”对话框

第二节 零件图绘制实例 2

零件图绘制实例 2 的绘制结果如图 6-23 所示。具体绘制过程如下所述。

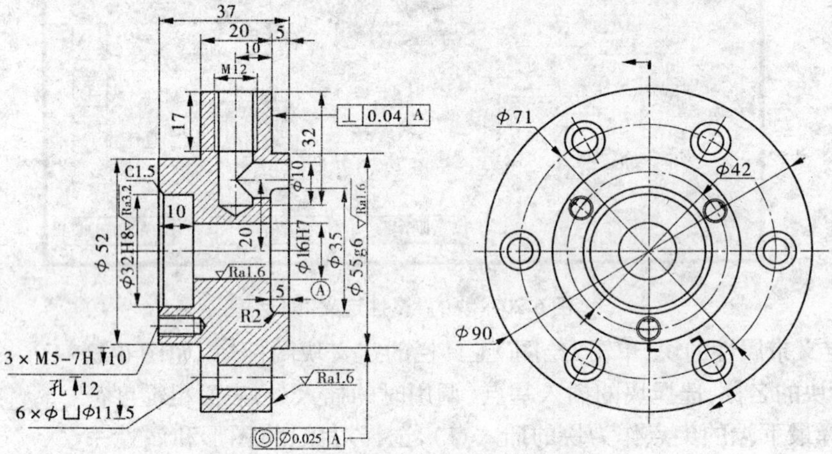

图 6-23 零件图绘制实例 2(新增图)

一、调用样板文件

调用 A3 图框的样板文件。

二、绘制图形

(一)绘制左视图

(1)在粗线层,单击圆命令图标(或快捷键“C”),绘制 φ90、φ71、φ52、φ42、φ35、φ32、φ16 的圆,其中每绘制一个圆后,单击空格键重复上一个命令,捕捉到圆心单击,定位下个圆的圆心,输入半径,单击回车键确定,再单击空格键重复上一个命令,连续绘制出所有的圆。然后,把不在粗实线层的圆放到相应的图层,补画中心线,必要时修改线型比例,绘制出如图

6-24 所示图形。

(2)在粗实线层,单击圆命令图标(或快捷键“C”),绘制最右边的阶梯孔,如图 6-25 所示。

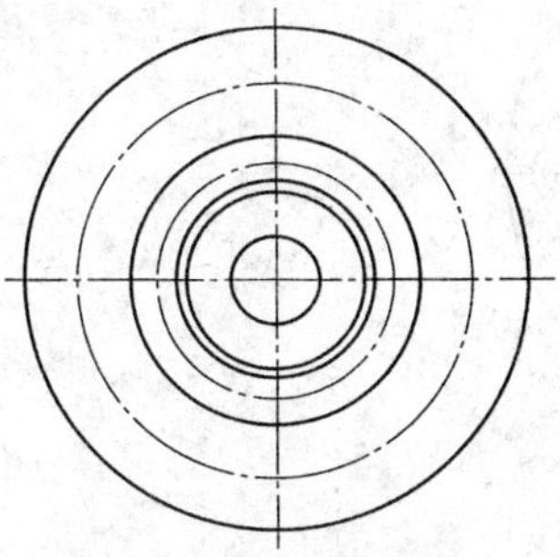

图 6-24 绘制同心圆

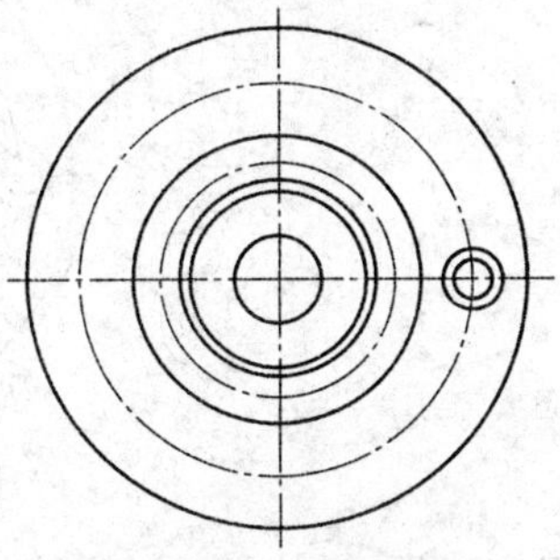

图 6-25 绘制阶梯孔

单击直线命令图标(或快捷键“L”),在中心线层绘制阶梯孔的水平中心线,如图 6-26 所示。

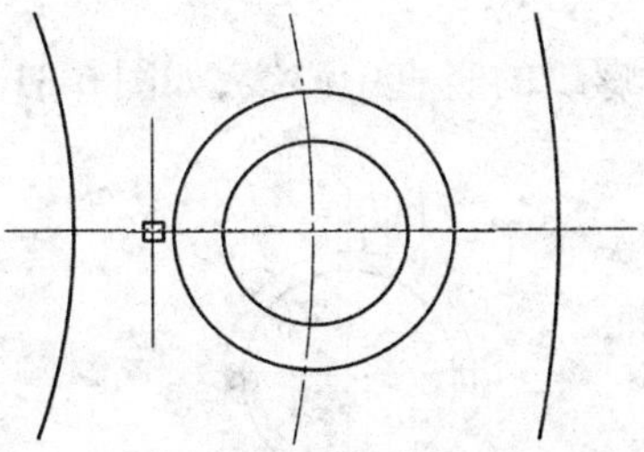

图 6-26 绘制阶梯孔水平中心线

(3)单击阵列命令图标(或快捷键“AR”),弹出“阵列”对话框,选定“环形阵列”项,项目总数设置为“6”,填充角度设置为“360”,具体参数如图 6-27 所示。

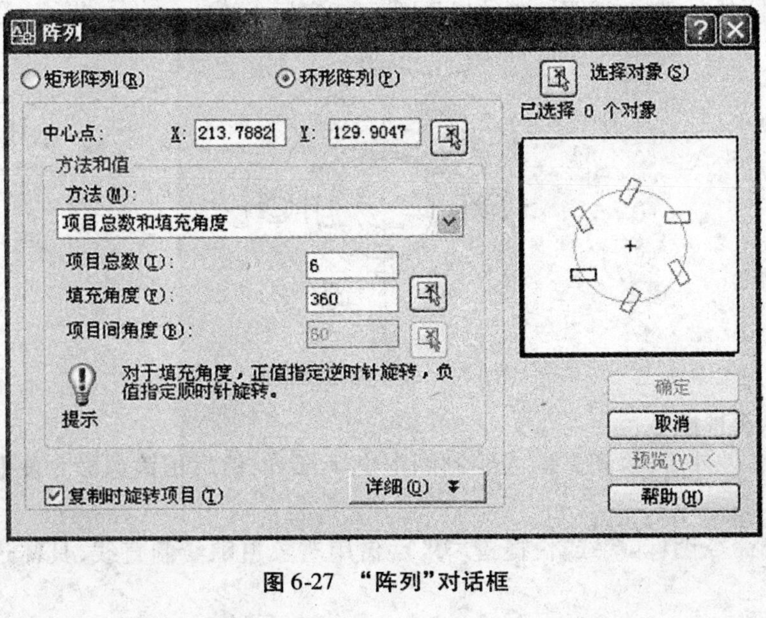

图 6-27 “阵列”对话框

单击选择对象前面的图标，连续选择上步绘制的阶梯孔及其水平中心线，单击空格键确定。再单击中心点右边的图标，捕捉到圆心，单击确定，阵列出如图 6-28 所示图形。

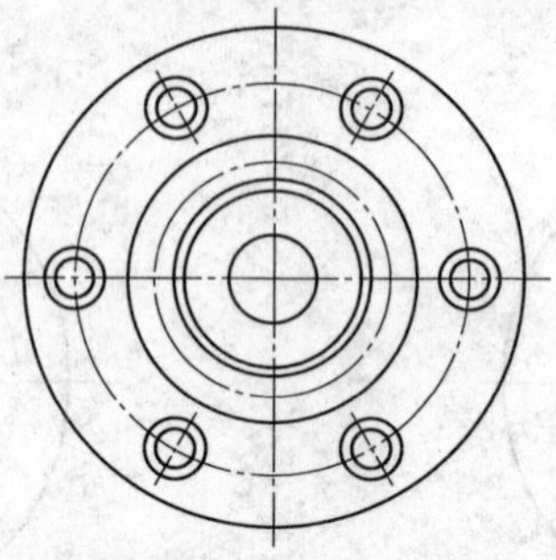

图 6-28　阵列对象

(4)在粗实线层，单击圆命令图标(或快捷键“C”)，绘制最下边的螺纹孔(大圆直径为 5，小圆直径为 5 ×0. 85 =4. 25)，并把外面的圆放到细实线层，绘制如图 6-29 所示图形。

(5)单击修剪命令图标(或快捷键“TR”)，单击空格键，选择修剪的对象，绘制如图 6-30 所示图形。

(6)绘制如图 6-30 所示的螺纹的竖直中心线，如图 6-31 所示。

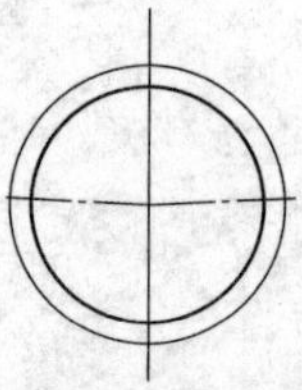

图 6-29　绘制螺纹孔

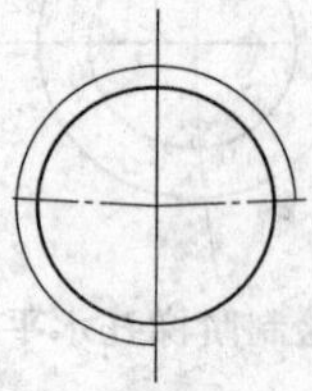

图 6-30　修剪后的螺纹孔

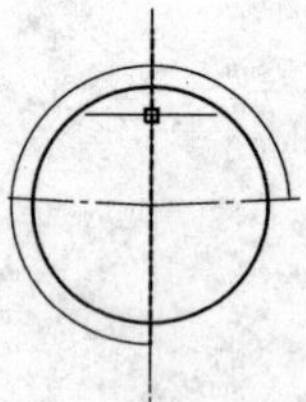

图 6-31　绘制螺纹中心线

(7)阵列图的对象，左视图绘制结果如图 6-32 所示。

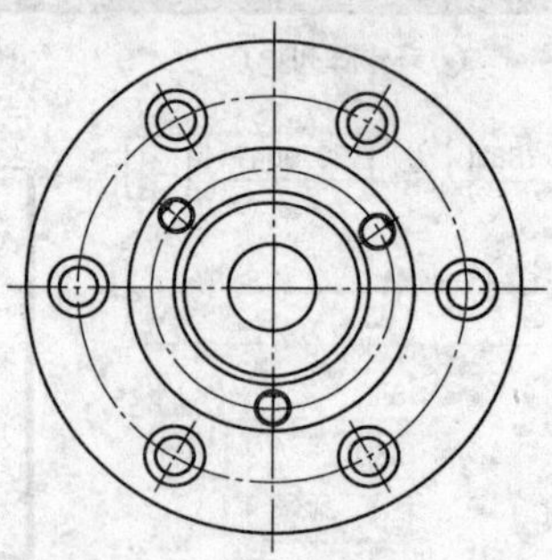

图 6-32　左视图绘制结果

(二)绘制主视图

(1)绘制零件外形，绘制方法为绘制图形上半部分，然后用镜像命令复制出下半部分图形。

单击直线命令图标(或快捷键“L”)，借用对象追踪绘制直线，具体过程如图 6-33 所示。

最终绘制出如图 6-34 所示的图形。

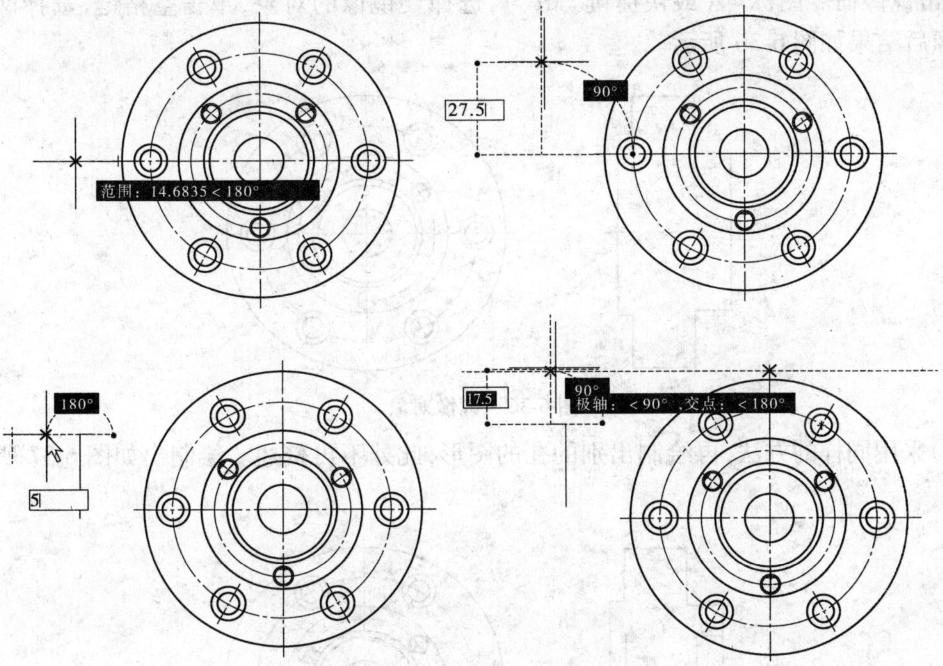

图 6-33　借用对象追踪绘制直线

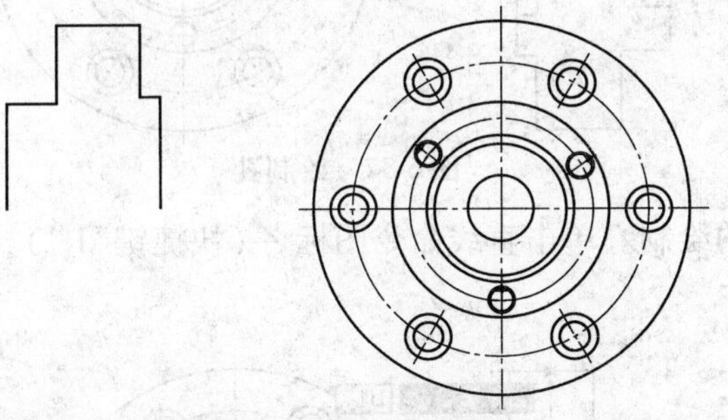

图 6-34　绘制直线（一）

单击直线命令图标（或快捷键“L”），借用对象追踪，绘制一水平中心线。单击特性匹配命令图标（或快捷键“MA”），单击空格键，选择源对象（任一中心线线型对象），选择目标对象（所绘制的直线），单击 Esc 键，完成直线线型的改变，绘制图 6-35 所示的图形。

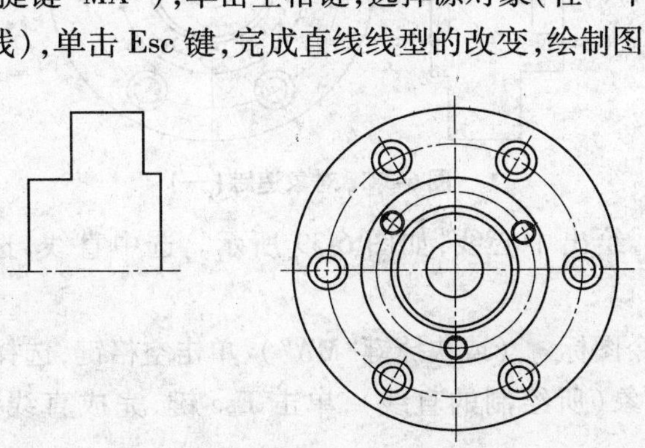

图 6-35　绘制中心线（一）

单击镜像命令图标(或快捷键“MI”),选择要镜像的对象,单击空格键,选择两镜像点,镜像后结果如图 6-36 所示。

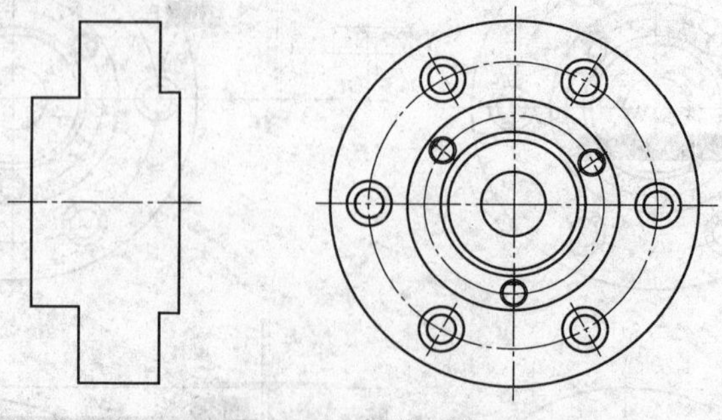

图 6-36　镜像对象

(2)采用同样的方法,再绘制出别的孔的图形,此处不再赘述。绘制出如图 6-37 所示图形。

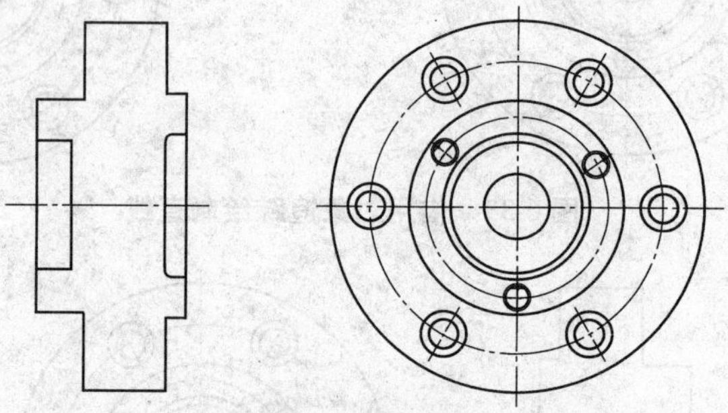

图 6-37　绘制孔

(3)螺纹孔 M12 的绘制。单击直线命令图标(快捷键“L”),借用对象追踪,输入距离 10,如图 6-38 所示。

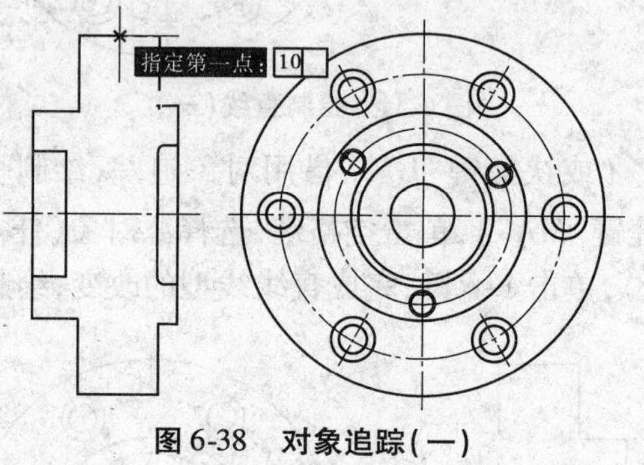

图 6-38　对象追踪(一)

回车后向下追踪,绘出中心线,如图 6-39 所示。选中直线,选中夹点,向上延长,如图 6-40 所示。

单击特性匹配命令图标(或快捷键“MA”),单击空格键,选择源对象(任一中心线线型对象),选择目标对象(所绘制的直线),单击 Esc 键,完成直线线型的改变,如图 6-41 所示。

单击直线命令图标(或快捷键“L”),借用对象追踪,输入距离 5. 1(12 × 0. 85 ÷ 2 =

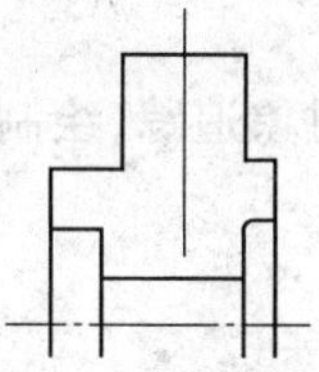

图 6-39　对象追踪(二)

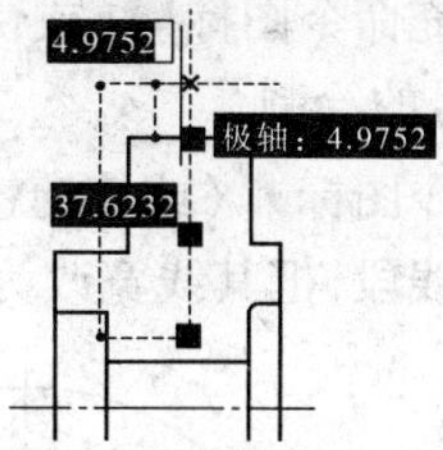

图 6-40　延长直线

5. 1)，向下追踪 32 的距离，绘制出如图 6-42 所示直线。

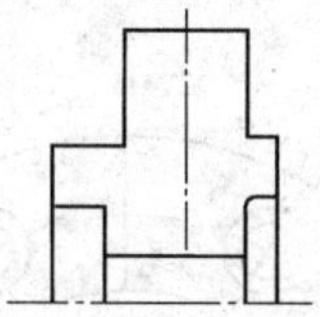

图 6-41　特性匹配

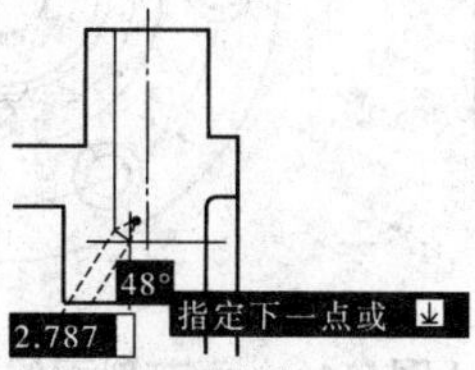

图 6-42　绘制直线(二)

输入“ < -30”，回车，可在 -30 度的方向上绘制直线，追踪到此线与中心线的交点，单击，绘出如图 6-43 所示图形(必要时延长中心线)。其余图形的绘制不再赘述。

(4)绘制下端阶梯孔。

单击偏移命令图标(或快捷键“O”)，把水平中心线向下偏移 35. 5。单击打断命令图标(或快捷键“BR”)，修改中心线长度，绘制如图 6-44 所示图形。剩余部分不再赘述。

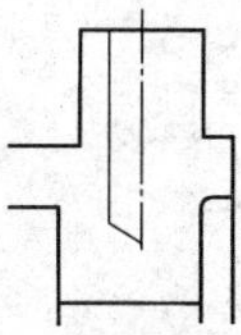

图 6-43　绘制直线(三)

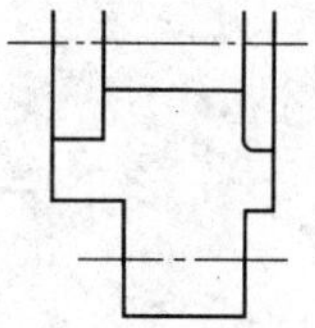

图 6-44　绘制中心线

最终完成图形如图 6-45 所示。

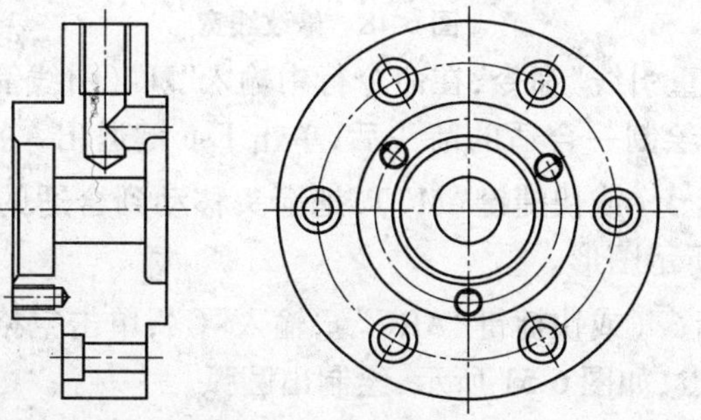

图 6-45　绘制直线(四)

单击图案填充命令图标(或快捷键“H”),进行剖面线的填充,结果如图 6-46 所示。

(5)剖切符号的绘制。

单击直线命令图标(或快捷键“L”),在粗实线层,借用对象追踪,绘制如图 6-47 所示的直线。选中此线段,把其线宽改为 0. 70 毫米,如图 6-48 所示。

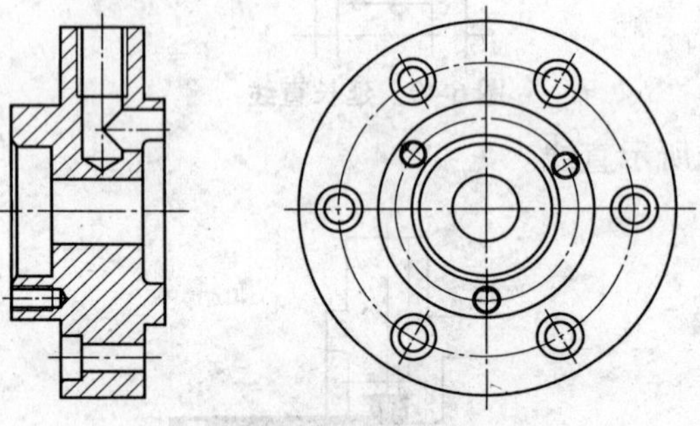

图 6-46　填充剖面线

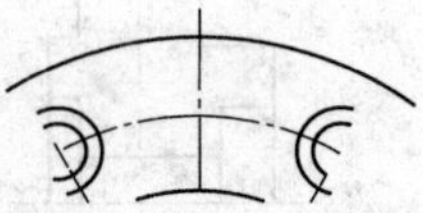

图 6-47　对象追踪(三)

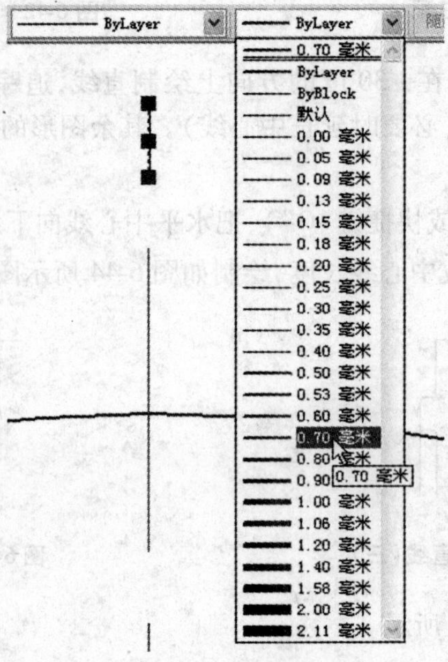

图 6-48　修改线宽

单击“标注”—“多重引线”命令,在命令行中输入“H”(引线箭头优先)或是输入引线快捷键“LE”,在任意地方绘制一合适的箭头后,单击 Esc 键退出。把所绘的箭头放到细实线层。单击移动命令图标(或快捷键“M”),把箭头移动到合适的位置,绘制图形如图 6-49 所示。绘制如图 6-50 所示图形。

单击圆弧命令图标(或快捷键“ARC”),输入“C”,单击空格键确定。捕捉第一点,借用对象追踪,拾取第二点,如图 6-51 所示,绘制出圆弧。

单击打断命令图标(或快捷键“BR”),在要打断的地方单击打断的第一点,如图 6-52 所示。

按 F3 键,关闭对象捕捉,再单击要打断的第二点,如图 6-53 所示。完成圆弧的打断。

图 6-49　引线绘制

图 6-50　绘制直线(五)

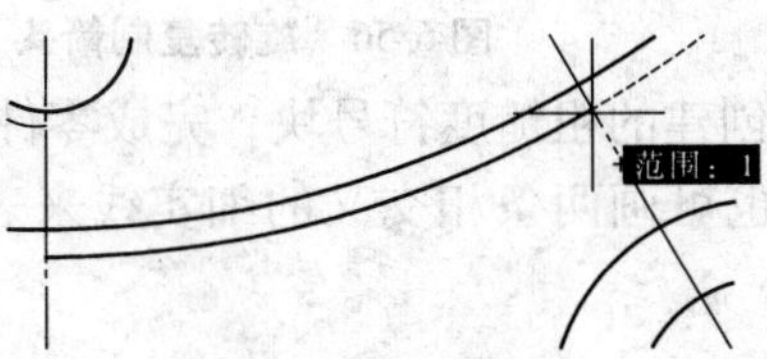

图 6-51　绘制圆弧

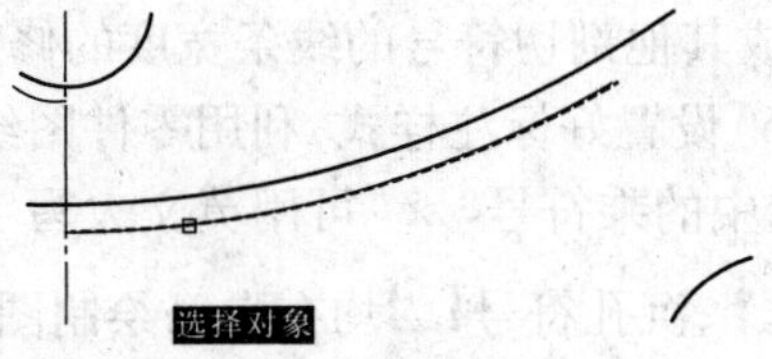

图 6-52　打断点的选取(一)

按 F3 键,开启对象捕捉,单击直线命令图标（或快捷键“L”),绘制剖切线下一部分。如图 6-54 所示。

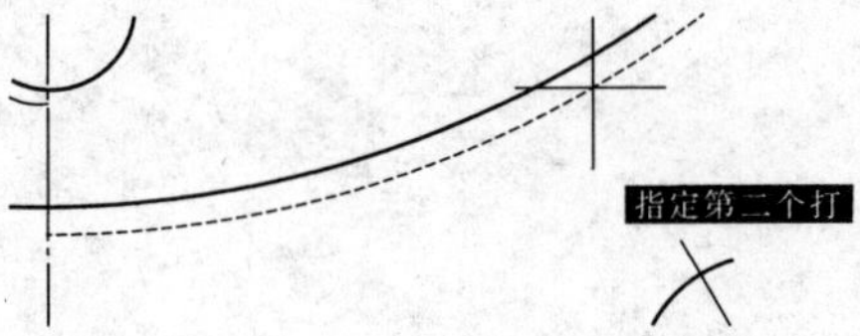

图 6-53　打断点的选取(二)

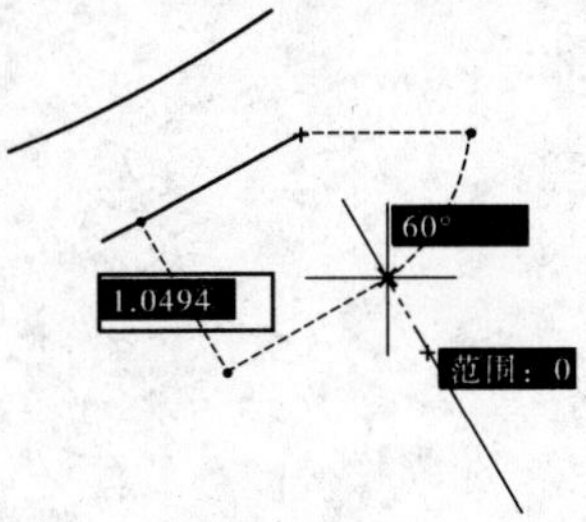

图 6-54　绘制直线(六)

单击直线命令图标（或快捷键“L”),捕捉到一点,如图 6-55 所示。

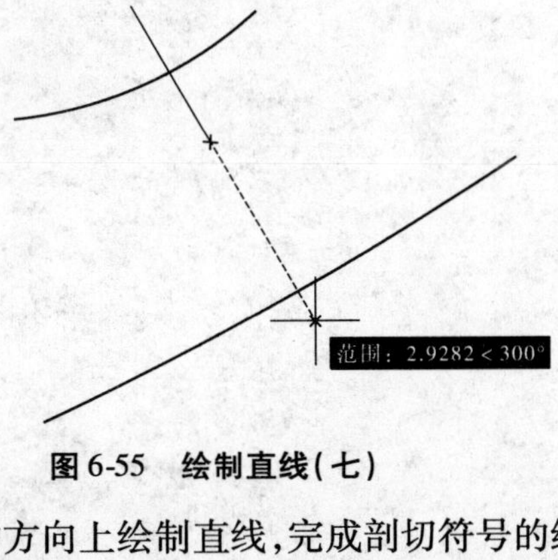

图 6-55　绘制直线(七)

输入“ < -60”,在 -60 度的方向上绘制直线,完成剖切符号的绘制。

单击旋转命令图标（或快捷键“RO”)。

命令行提示:

选择对象：（选择剖线上的箭头,单击右键确定)

指定基点：（选择箭头尾部端点)

指定旋转角度,或[复制(C)/参照(R)] <30>: (输入 C,单击空格键确定)

指定旋转角度,或[复制(C)/参照(R)] <30>: (输入 30,单击回车键确定)

绘制出如图 6-56 所示的图形。

单击移动命令图标(或快捷键“M”),把复制出的箭头移动到所需的位置。

单击特性匹配命令图标(或快捷键“MA”),选择原对象为图中数值线段,目标对象为其他剖切符号的线条,完成其他剖切符号的线条宽度的修改。

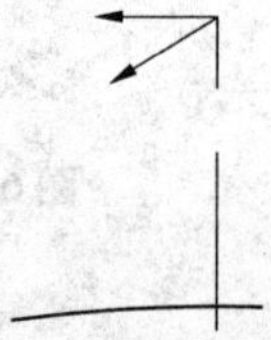

图 6-56　旋转复制箭头

(6)设置好标注样式,利用零件图绘制实例 1 中创建的粗糙度符号块,完成零件图的标注。图中的乘符号“×”可用英文大写字母 X 替代,也可画两条相交叉的细实线来表示;深度符号↧、沉孔符号⌴均在自己绘制图形时创建。

图形其余部分请读者自行完成。

附　录

AutoCAD 2008 常用快捷键一览表

绘图命令			
直线	L，*LINE	圆	C，*CIRCLE
矩形	REC，*RECTANGLE	多行文本	T，*MTEXT
正多边形	POL，*POLYGON	样条曲线	SPL，*SPLINE
填充	H，*BHATCH	椭圆	EL，*ELLIPSE
射线	XL，*XLINE	块定义	B，*BLOCK
定义块文件	W，*WBLOCK	插入块	I，*INSERT
面域	REG，*REGION	等分	DIV，*DIVIDE
编辑命令			
移动	M，*MOVE	复制	CO，*COPY
镜像	MI，*MIRROR	偏移	O，*OFFSET
删除	E，DEL 键 *ERASE	修剪	TR，*TRIM
倒直角	CHA，*CHAMFER	倒圆角	F，*FILLET
延伸	EX，*EXTEND	比例缩放	SC，*SCALE
阵列	AR，*ARRAY	旋转	RO，*ROTATE
打断	BR，*BREAK	修改文本	ED，*DDEDIT
拉伸	S，*STRETCH	分解	X，*EXPLODE
对象特性			
属性匹配	MA，*MATCHPROP	图层操作	LA，*LAYER
重新生成	R，*REDRAW	文字样式	ST，*STYLE
编辑属性	ATE，*ATTEDIT	打印	PRINT，*PLOT
视窗缩放			
平移	P，*PAN or 中键	实时缩放	Z+空格+空格
局部放大	Z	显示全图	Z+E
尺寸标注			
直线标注	DLI，*DIMLINEAR	直径标注	DDI，*DIMDIAMETER
半径标注	DRA，*DIMRADIUS	角度标注	DAN，*DIMANGULAR
快速引出标注	LE，*QLEADER	对齐标注	DAL，*DIMALIGNED
标注样式	D，*DIMSTYLE	形位公差标注	TOL，*TOLERANCE
编辑标注	DED，*DIMEDIT	连续标注	DCO，*DIMCONTINUE
基线标注	DBA，*DIMBASELINE		
常用 Ctrl 快捷键			
[Ctrl]+Z *UNDO(放弃)		[Ctrl]+X *CUTCLIP(剪切)	
[Ctrl]+O *OPEN(打开文件)		[Ctrl]+P *PRINT(打印文件)	
[Ctrl]+S *SAVE(保存文件)		[Ctrl]+V *PASTECLIP(粘贴)	
常用功能键			
[F1] *HELP(帮助)	[F3] *OSNAP(对象捕捉)	[F8] *ORTHO(正交)	

参 考 文 献

[1] 吕长恩. AutoCAD 2008 实例教程[M]. 北京:机械工业出版社,2009.

[2] 刘力. 机械制图[M]. 3 版. 北京:高等教育出版社,2008.

[3] 刘力. 机械制图习题集[M]. 3 版. 北京:高等教育出版社,2008.

[4] 华红芳,马宏亮,姚民雄. AutoCAD 工程制图实训教程(项目教学)[M]. 北京:机械工业出版社,2009.